我
思

敢于运用你的理智

W. T. 斯退士（Walter Terence Stace，1886—1967），公共哲学家、教育家、认识论专家。出生于英国，1908 年毕业于都柏林三一学院，后长期任职于英国公务员系统，业余研究哲学。1932 年正式开始学术生涯，执教于普林斯顿大学哲学系，直至 1955 年退休。《纽约时报》曾称其为"英语世界杰出的哲学家之一"。主要著作有《批评的希腊哲学史》（1920）《黑格尔哲学》（1924）、《知识与存在理论》（1932）、《道德概念》（1937）、《时间与永恒》（1952）和《神秘主义与哲学》（1960）等。

庆泽彭，哲学翻译家。译有《批评的希腊哲学史》（商务印书馆，1931 年）、《哲学大纲》（世界书局，1933 年）、《中古哲学与文明》（商务印书馆，1934 年）、《逻辑原理》（上、下册，商务印书馆，1959、1962 年）等。

批评的希腊哲学史

〔英〕W. T. 斯退士 ■著

庆泽彭 ■译

长江出版传媒

崇文书局

图书在版编目（CIP）数据

批评的希腊哲学史 /（英）W. T. 斯退士著 ；庆泽彭
译 . -- 武汉 ：崇文书局，2025. 8. --（崇文学术译
丛）. -- ISBN 978-7-5403-8269-8

Ⅰ . B502

中国国家版本馆 CIP 数据核字第 2025UE3015 号

本书英文版首次由麦克米伦出版公司（Macmillan and Co., Limited）
于 1920 年出版，此译本据该版本译出。

批评的希腊哲学史
PIPING DE XILA ZHEXUESHI

出 版 人　韩　敏
出　　品　崇文书局人文学术编辑部・我思
策 划 人　梅文辉（mwh902@163.com）
责任编辑　黄显深（bithxs@qq.com）
装帧设计　书与设计工作室
责任印制　李佳超
出版发行　长江出版传媒　崇 文 书 局
地　　址　武汉市雄楚大街 268 号 C 座 11 层
电　　话　（027）87679712　　邮政编码　430070
印　　刷　武汉中科兴业印务有限公司
开　　本　880mm×1230mm　1/32
印　　张　10.25
字　　数　233 千
版　　次　2025 年 8 月第 1 版
印　　次　2025 年 8 月第 1 次印刷
定　　价　48.00 元

（读者服务电话：027—87679738）

译者序

希腊哲学为西洋哲学之渊源，现代欧洲一切思想的胚胎，大抵都包含在希腊哲学之内，实际上，晚近西洋文明也就可直称为希腊文明。所以要想研究西洋思想，对于希腊哲学，非先有一个相当的认识不可。当然我们如欲作进一步的研究，必须取各大哲学者的原书读之才行，仅看一本哲学史是不够的。不过在初下手的时候，先作一个历史的研究，把全部的进程的各阶段和其一贯的关系作一个鸟瞰，是很可以帮助我们后来的研究的。尤其是研究的时候要取一个批评的态度，这实在是探求一切知识的一个极重要的条件，实学者必须很早地养成这种习惯才行。译者作成此书一半是自己练习记忆，一半便是要供给这种需要。

译者很惭愧，自己的学问很浅，从未出国门一步，文笔是很笨拙的，而且译这本书的时候，因为环境的关系，手边一本参考书也没有，以致有几个佛教的专名的中文译名没有寻出，只得译音，其他错误缺漏的地方一定也是很多的，还望读者和朋友们不吝指教，俾将来可以有改正的机会，这实在是私衷所至切盼祷的。

1930 年 4 月 10 日，庆泽彭

作者序

这部书的材料以及文字的大部分，都是我在 1919 年春间的讲演，不过目次为便利起见是重新划分的。当时听讲的人不止是学生，也有许多普通的人，大都没有哲学的素养。所以这部书和原来的讲演一样，也不假定读者预有特殊的知识，虽然普通教育程度是不可少的。凡是哲学上专门术语，初引用时，都加以详细说明。对于每个哲学的观念，尤极力用可能方法使之明了易解。但是须知我们的许多最广大最艰深的概念都从希腊哲学里面而来。像这些观念本身都是很困难的，无论说得怎样清楚，也要费思索的。要讲靠着大量说明能使哲学变为容易，那便是欺人之谈。

希腊哲学就在今日也绝不能算为古物。它的价值绝不仅限于考古学和历史学上。在这部书里，我们所讨论的是活泼泼的东西，并不是已死的东西，绝非一个过去时代所留存的残骸与朽骨。而我编成此书，也只是为着活人，绝非为着那些采掘化石的人。我要是不相信从希腊哲学里至少可以找出来一点不曾老朽的真理，纵然叫我在这上面牺牲我的生命的五分钟，我也不肯的。

现代有名著作家威尔斯（H. G. Wells）在他的《最先和最后之事》（*First and Last Things*）里有一段说："我们不教青年运用其心智于所谓形而上学那不多的几个普遍的基本的问题之上。……我们不教青年用其心智探讨问题，从而矫正其心智，发展其心智。这正是希腊人的方法，我们崇拜这个民族如神明，却是不采用他们的方法。我们对于我们的青年，不讲哲学，而讲哲学家；我们仅教他们读了一本书，再读一本书，只告诉他们别人对于这些问题的议论是什么样。我们躲避形而上学的问题，而大谈具有各别的程度和性质，言语不通，环境悬殊的别人对于这些问题的讨论和解答之半消化了的见解。……这正如教授数术，入手先讲罗马数码的渊源，再及于住在西班牙的阿拉伯数学家的历史和动机，或教化学而先讲培根（Roger Bacon），或教比较解剖学而先讲欧文爵士（Sir Richard Owen）一样地无用。……时候到了，负教育之责者不能不知道所有的哲学问题，在每个人的心里都最要重新做作一番的。我们所需要的是哲学，不是浮泛浅薄的哲学史的知识。……研究形而上学的正当方法，和研究数学或化学的正当方法一样，也是要讨论人类思想在这等问题上的积聚了的和消化了的结果。"

这些话一般人是很欢迎的，实则似是而非，断不可当作完全靠得住的。这固然也有一部分真理，我们的教育系统弃口语的讨论这个有力的武器——希腊人用之如是有效的武器——而不用，提倡书本知识而丧失原创的思想，这实在是毫无根据的。然而就以希腊人而论，我们也须知：（1）他们之所以不甚研究哲学史，也因其时没有许多哲学史可以研究，（2）假如一人以为希腊的大思想家于组织他们自己的体系之前，不已完全通达他们的前人的思想，他便是大错，而且（3）有些地方，对于口语的讨论之太过的信任——这个错误正和我们的相反——也引起了知识上的不足实、诡辩、浮夸、浅薄、对于真理的不尊重，以及一切原理的缺乏，智者学派的情形便是这样。

至于以数学、化学等比方哲学，这实在由于一个虚伪的见地，由于不能明了哲学的真理的本质，及其与数学的、化学的或物理的真理的根本区别。假如埃拉托色尼（Eratosthenes）估计地球的圆周如彼，而现在发现了如此，新见解便推翻了旧见解，取消了旧见解。一个是准确的，一个是不准确的。不准确的见解，我们可以完全忘记它，抛弃它。但是哲学进展的原理与此迥不相同。哲学的真理绝不比数学，其解答可断为确定的最后的正确或非正确。哲学的真理是逐渐开展的，在时间里面循序产生许多连续的哲学体系，必于全部的程序之中，才能见出全部的真理。亚里士多德的体系不仅推倒和取消柏拉图的体系，斯宾诺莎（Spinoza）也不仅是推翻笛卡儿（Descartes）。亚里士多德乃是所以完成柏拉图，斯宾诺莎之于笛卡儿亦然。其余的人从来也莫不如是。埃拉托色尼的计算是单纯的错误，所以我们可以把它忘掉。然而柏拉图、亚里士多德、斯宾诺莎、莱布尼茨（Leibnitz），以及其他的体系却都是真理的一样的分子。他们在今日是真理，无殊于在他们各自的往日，虽然他们不是——从前也绝不是——整个的真理。所以他们不是单纯的错误，已经成就了，完毕了，结束了，从而我们也不能够把他们一笔勾销。要把各家学说总合起来，把真理的所有的各样分子连接起来，而造成一单纯的有机的整个体系，可以代表知识的最近的总结果，是不是可能的，另成一个问题。不过像这样的一个企图从来固为人所努力不息的，但是如果对于先前的所有的体系不先有一个彻底的知识，即是，对于真理的各别的成分不先有一彻底的认识，要想了解这个企图，造出这样的一个总结果，这是没有人肯认为可能的。而这个企图现在也正是哲学史的一部分的目的。

所以任何哲学思想，如对于过去的体系不先有一彻底的研究，以为其根基，断然陷于浅薄而无价值。其认为这种研究可以不需，凭着我们的头脑可以造出各样的东西，每个人都可做他自己的哲学家，都可照他自己的方法建设他自己的哲学——像这些观念实在是很空虚而肤浅的。这种思想的一个很好的证例便可于刚引用的这位有名的著作家的形而上学的态度中见出。他的所谓形而上学完全根据这个假定，就是，知识及其对象是并存而分开的，一个在这里，一个在那里，遥遥相对，而知识便是一种工具，这个工具由外执捉其对象，使为自用。其实这里一用到"工具"这个名词的时候，其余一切，包含知识的无效在内，便都成了当然的结论。这个假定——知识是工具——我们的这位有名著作家用来实在太武断了。他一点也不曾显明他曾觉得这是一种假定，还需考虑，或者，别人能够另是一种想法。但是一个人只要是不仅乎浮泛地涉猎过哲学史，而是真实地受过它的训练，一望便可知道这是一个假定，而且是一个很可怀疑的假定，这个假定谁也不当毫不踌躇地告人，一若其为不可辩驳的真理。他还许能发现这是一个错误的假定。他定可以见出威尔斯先生思想途径表现一种主观主义，和希腊哲学精神衰颓时所发露的主观主义性质上相同，这正是希腊哲学最后没落的原因，实在是很不祥的征候。

因此，我要劝告青年不必注意那些华而不实的议论，在形成他们自己的哲学主张之前，必须彻底地和忠实地研究和贯通所有过去的哲学进展的历史，先自希腊，再及现代。诚然，这个目的仅凭读一本或几本撮要的哲学史是不能达到的，到底必取大思想家自己的著作而研究之始可。但是物有本末，事有始终，这样的哲学史的作用并非所以完成哲学的教养，而是所以肇始哲学的教养；把后来所须精心研究的先作一概括的鸟瞰，实为初学下手最好的方法。不宁唯是，对于各种哲学的发展的经过和历史的关联之研究，在哲学家自己的著作里也是找不到的，而在哲学史上则为一重要的工作。

这本书里有两处缺略，这里要说明一下。

第一，在讨论柏拉图政治学说的时候，我是根据他的《理想国》的，没有说到《法律篇》。这在一部政治思想史是不许的，纵是在一本哲学史，若对政治特别着重，也是少不得的。不过在我看来，政治和哲学的关系比较地最为疏远，所以对于这个题目的讨论是可以从略的。此外，《理想国》一书无论著作先后，在我看来，实在显示柏拉图的见解，而非苏格拉底的见解，毕竟是柏拉图的政治的观念的明白彰著最具特性的表现，不过这个观念到后来因为迁就实际，大有出入。

第二，有人说观念论是苏格拉底的主张，并非柏拉图的学说，柏拉图自己的哲学不外乎一种神秘的数论，连带着些有神论的和别的思想。抱这种见解的，伯奈特教授（Professor Burnet）便是一人。我不相信此说，但是在这部书里不便详细讨论，我以为与其语焉不详，不如置之不论，所以没有提到它。这个问题和伯奈特教授关于巴门尼德的解释，其立足点也全然不同，他的这个解释我在后面是讨论过的。那是关于一种哲学的真意的说明，而这不过是关于一种哲学的创立者为谁的问题。那是原理的问题，这只是人的问题。那对于哲学家是极重要的，而这仅乎对于历史家和考古家有关系。这就如同培根和莎士比亚的问题（Bacon-Shakespeare question）一样，真正爱戏剧者实在不必管这个问题。无疑的，柏拉图和苏格拉底的问题对于考古学家是很有功的，但是无论观念论是出于何人之手，根本上毕竟没有多大关系，我们所需要的是了解这个学说，正确地认识它在哲学上的价值。本书注重各种哲学的观念、真理、意义和关系，至于考古学上的争辩，一概从略。本书固不仅为哲学的概念的讨论，且亦为哲学史。但是这里所谓史之意义是把哲学思想就其历史的继续和关联而顺序说明，期于使人能明哲学演化之递嬗。因为思想是向着一个一定的目的而进展的，其逐渐地和稳定地发达而臻乎理想主义的顶峰，继而衰落，终于崩溃。其一贯的轨迹不仅乎是深堪玩味的历史的现象，而且对于这个轨迹没有一个具体的概观，要想对于哲学本身得一正确的概念也是不可能的。如果不是这个缘故，威尔斯那便一定是对的，而我个人就定必完全抛弃照着历史的秩序讨论的方法。最后，让我声明这部书称作"批评的"的意义，其为批评的是不在年月时日卷秩文字及其他相似的考据上，而只限于哲学概念上。

我在这里谨致感谢于锡兰（Ceylon）高尔（Galle）麻亨德专门学校（Mahinda College）前校长握笃华德先生（Mr. F. L. Woodward, M. A.），承他们的盛情，帮助我编成了专名索引，还给了我不少别的助力。

目　录

第一章　哲学概说及希腊哲学之来源与进程

在开始研究任何一种学问之前，我们先须知道这种学问所研究的是什么。植物学是研究植物的，天文学是研究天体的，地质学是研究地壳崖石的。哲学有什么特殊的领域，其研究的对象为何呢？要想把哲学下一个简单明确的定义，实在不如任何别种科学那样容易。这个缘故，第一，就因哲学的内容是随着时代改变的。哲学的范围跟着知识之进步而愈来愈狭，昔时包含于哲学之内者，今日多分离而独立；柏拉图时物理学和天文学乃哲学之一部，而现在都成了各别的专门科学，即是一例。然而这还不是最大的窒碍，其是使人难于下一哲学定义者，就在不同的思想家对于哲学的本义，都有不同的见解，议论纷纭，莫衷一是。斯宾塞（Herbert Spencer）派的哲学定义，必为黑格尔派所否认；黑格尔派对于哲学的界说，亦必为斯宾塞派所不取。我们若谓哲学是对于"绝对"的知识，有些思想家固以为然；而另一派人则必根本否认有所谓"绝对"之物；或有人以为"绝对"虽许存在，但不可知，故哲学不能为对于"绝对"之知识；更有人主张"绝对"无论存在与否，可知抑不可知，惟其知识终属无用，故不必求之。在这种情形之下，对于各家各派学说，若不先有相当的了解，实在谈不到下一哲学定义。换言之，要想下一哲学定义，其适当之处，不在研究哲学之始，而在研究哲学之后。必先通达各方面的见解，然后这个问题才许有解决之望。

所以这里不能给读者以一个明确的哲学定义，只可指出哲学之所以不同于他种学问的几个主要特点，并举出哲学家通常所要解决的几个重要问题来以为证例，自然断难详尽，不过借使读者明了其大概。哲学不同于他种学问的第一个特点就是，一切科学都取宇宙的某一特殊部分做研究的对象，而哲学之所注目者却非特殊的部分，而是宇宙的全体。宇宙是统一的，故其观念的知识亦必是统一的。但是分工求精的原则之适用于这一方面和在其他地方一样；所以天文学只取宇宙的一部分——天体——而研究之，植物学专力于植物的研究，心理学只研究关于心理的事实，其他科学无不如是。但是哲学却不管这等特别的事实，而以全部的实在为对象，求有以表明宇宙为一单纯的整然的万物体系。所以哲学也可称作一般事物的科学，它的问题是整个的宇宙。一切科学的目的，都在归原各种多杂的特殊的事实于单纯的一般的定律；而哲学则期于实现此目的到最高点，概括全宇宙一切的一切，而以最少数或唯一单纯的普遍的终极的原理说明之。

因此，各种特殊科学问题和材料上总要假定一些事物而不穷其究竟，而哲学则对于一切事物，非穷究至其终极的根源，绝不放过。也许有人以为这句话不对，因为现代科学的最要律令岂非也是说任何事物非经证明，不能接受，不能断定，一切都须拿证据来吗？这句话在一定范围内是不错的，但出了范围便大有不然。各种科学确实都有一些原理或事实为它所假认为确定的，最后的，不容再加探讨。而哲学就是要穷究各种科学所不再穷究的这些东西。所以哲学的领域是在科学达不到的地方。哲学起始之处，正是科学终止之境。哲学所研究的便是科学所认为当然的事物。今举例言之如下：

几何学是研究空间定律的科学，但其视空间一如常识之视空间，认为当然的确定的，不再有什么问题。没有一个几何学家会问空间是什么，而这正就是待着哲学家来讨论的问题。又几何学乃是建立于所谓不假考证而自明的公理之上。例如“两直线不能包围一空间”和“两等式相加，其结果亦为等式”。这些公理何所依据，几何学家不必问，而哲学家却必须加以追究。这也并非哲学家有意为难不信这些公理为真理。只是我们因何对于某种说明，非经证实，绝不置信，而对于别种说明，则不待思考而认为当然？这实在有研究的价值。何以有些原理彰然自明，而有些原理非证明不能令人相信？此其不同，究由何故？这样一想，我们便会觉得不要一点证据而能对于事物作广泛的必然的说明，这实在是心的一种非常的作用。我们谓两直线不能包围一空间，其意不仅指我们所据以实验过的所有特殊的两直线为然，而是断定这种事实绝对不能发生，绝对没有例外。百万万年以前，两直线不能包围一空间，百万万年而下，也是不能的；在地球上如是，就是在最辽远的星球上，也必如是。当然我们不能亲见百万万年而后之事，也不能目睹辽远的星球彼此间的情形；然而我们相信我们的公理是必然的，无论何时何地都是一样准确的。我们所以有此公理并非根据得于经验的盖然性，也没有人要去实验，或用望远镜测量这种公理是否正确。这些公理何由而能自明？何以心能不凭证据而发出像这样的确定的普遍的断论？这种问题几何学家是不问的，他们认为这些事实是当然的，便就了事；而哲学家便是要追究这种问题，而必求有以解决之。

同样，物理科学都假定了物质这种东西之存在，便不再追问；哲学却要探究到底物质是什么。初视之，这好像不是哲学家的而是物理学家的问题，因为"物质之组织"岂非物理学的重要问题之一么？但是仔细一想，便可知这和哲学所要解决的问题迥然不同。无论科学家说物质成于以太也好，原子也好，电子也好，或任何别的东西都好，这和我们的那特殊的问题，实在根本无关。凡此理论纵使确实可靠，也都不过显明各种不同的物质均为某一种物质的存在的表式。但是我们所要知道的，乃是物质的存在自身为何。证明一种物质是由别一种物质构成的，实际上并未说明物质的本质是什么。这个问题是科学所不能解决的，于是遂成为哲学的问题了。

同样的道理，一切科学都假定一个宇宙便完事，而哲学却要问这个宇宙究竟怎样来的。譬如，是否有一单纯的终极的实在，万物都由之而发生？假如是有的，那么这种实在究竟是什么？是心，抑是物，或既非心亦非物而是一种别的东西？是善的还是恶的？假如是善的，为什么世界上又有恶？

此外，一切科学除了纯粹数理的科学而外，无不认定因果律为确实。凡略知逻辑学者，大概都晓得因果律是各种科学的根本规律。若因果律而被否认，即是一切事物之发生必有其原因，同情况之下必有同事物出现这条定律而被否认，则一切科学必立刻都被根本推翻。因为一切科学的探讨，离开因果律，便都成为不可能。试问一动物学者何以能知一切骆驼都是食草兽，那么他必先拿经验来说，这是因为曾经观察过无数骆驼都是食草兽。但是这仍然不过限于那些曾被观察过的各个骆驼，其未曾观察到的尚不知几何，将何由而能断为食草兽呢？于此，他便要捧出因果律来，指出这是从骆驼的身体的特别的构造不能够消化肉食的事实推论出来的，有那样的因，当然有这样的果。同样，我们何以能知水在摄氏零度定会结冰（忽略压力等问题不计）？何以能知这就在地球上向来没有人到过，没有人见过的所在，亦必如是？这个缘故就因我们相信在同情况下必有同事实发生，同样原因必然产出同样结果。但是我们何以知道因果律自身是实在的呢？这个问题科学家是付之不问的，科学家追溯到了因果律，便不再前进。科学家拿出因果律来就够了。至于因果律为什么可靠？何由而知其为实在？那便是让哲学家去管的问题。

也许有人怀疑这些问题，尤其是关于终极的实在的问题，是否为人类心智之所能及；所以与其白费精力于不可解决的太高了的问题，不如致力于切近的事物的探讨之为得当。因为以有限的心智，欲求捕捉无限，其可能与否实在是一个疑问。诚然，这些话都是应该要问的，并且非获得一明确的答案不可，关于这一层，现在不便多说，这里我们只要知道这些问题本身便是哲学的重要问题之一，直到于今，实在还没有完全考查清楚。希腊人不曾提出这个问题（怀疑派及其他的理论虽也曾牵涉此问题，但绝未有以今日特殊的形式讨论之者）。因为这个问题自身便为哲学问题之一，所以我们讨论这个问题，应该出以虚心，不要屡人成见，不要臆断以图迅速了事，而要先下一番细心分析的工夫才好。实在所谓人类有限之心智不足以了解无限这句话，也和其他许多流行的言论一样，并不真是可信，只因大家欢喜说它，于是遂好像具有显然之理，以至使人不知不觉地被其昧。其为此说者也未必有什么真知灼见的理由，不过因其为一般人所乐道，遂纵而道之，而不再辨别其可征与否。可是这里至少我们先须问清当我们说"心""有限"和"无限"时，我们心里所想的究竟是什么意思，于是我们就可以知道我们的困难绝不是这样可以了结的啊。

那么，哲学是研究整个宇宙的，和不含糊假定任何事物，一切都要加以彻底的探究的。除此两点而外，还有一第三点尤为重要，虽则讲到这一点，有许多地方大家不像那样一致。就是，哲学根本上是一个从感觉的思想往纯粹的即非感觉的思想上升的运动。现在详细说明如下。

我们通常都觉得——姑如是说——有两个世界，其一是外在的物质的世界，又一是内在的心理的世界；前者我们向外一望就可见出，后者我们反省一下便能默识。但是如谓外在的世界为纯粹物质的，殊不尽然，因为其中包含有别种心在。我知觉有你的心，但你的心在我也就是外界之一部。不过这里所说的，并非我们推想而知的，只是我们直接看见的。我不能直接看见你的心，只能看见你的形体。我之所以能料到你的心之存在者，乃由起于你的物质的事实——看见你的四体之动作，听到从你的口里发出来的声音——推想而知。至于我所真能直接体认而知的，实在只有我自己的心。由此可知有一个物质的世界在我们之外，又有一个心理的世界在我们之内。

然则这两个世界哪一个能自然而然地被人认为最实在的呢？不待言，其最先和人相接，最常与人相见，而最为人所熟悉者，一定被人认为更实在，而这个当然便是存乎吾人之外的物质世界。婴儿出世，开眼见光，这是他看见外物之始，后来才逐渐地看见房中各种不同的物件。他初看见他的母亲之际，也必如同看见一种物体，和别的物件没有什么区别，必经过长时间之后，才能辨明他的母亲与别的东西不同，而是一具有心或灵魂的人。简单说来，我们所有早期的经验都是属于物质世界的。心理世界必由内省而起，而内省的习惯必来于少年或壮年时代，有些人甚至终身难达此境界。所以当我们早年易受印象，对于宇宙一切的观念一成难变之时，和我们发生关系的差不多完全限于物质世界。至于心理世界既不若物质世界之为人所熟睹，自然成为比较地虚幻而不实在了。所以自始人的思想便带了唯物主义的倾向。

个人如此，种族亦复如此。原人绝不会多费思索于其自己内心的事实。因为生存竞争的紧迫，纵是寻找食物，御敌防身，已足消磨其大部分的生命。就以现代而论，大多数人亦尚须牺牲大部分的时间精力于计虑外物，而无暇去思想。由于各个人所受的训练和长久的遗传的习惯两种动力之推进，于是人遂自然而然地都承认物质世界比心理世界更为实在。

这在人类言语组织中，便有许多的证据。通常我们都以熟知之物说明难见之物，常见之词显示少有之词。我们的文字，其表明心理的事实，总是要借助于物质。比如，我们说某人是一"清澈"（clear）的思想家，"清澈"本是形容物质的，水不含有他种杂质，便是"清澈"。又如说某人的思想极"明显"

（luminous），这也是取譬于物质——光。我们又时常说"心中"或者"心头"有什么事，其实心何尝有上下表里之分，我们不过把它想象成一个占空间的物质的东西罢了。我们通常所说"注意"，这个意思就是移注心力于某一特殊方面，又如"返想"，其意就是折回思想于思想自身。但是我们须知只有物质的东西才可移注或折回；我们不过是借物质为比喻来表白心理的事实。由此可知唯物主义之在人心是怎样地根深蒂固。如果倒转过来，心理的世界比物质世界更为人所熟悉，则文字的组织必全然相反，最先所成之字必限于表明心理的事实，而后来我们必借心理为比喻以说明物质的事实的。

东方人常谓东方理想主义（idealism）和西方唯物主义（materialism）是对峙的。这句话固不能说是没有一点相对的真理，却是若谓东方人或世界上任何一种民族生来便是理想主义者，那便是妄谈。唯物主义实发于一切人的内心深处，凡人无论其为东西，生来都没有不是唯物论者。因此所以当我们设想通常认作非物质的上帝或灵魂时，我们要想不把它想象为物质的东西，总是极困难的，因为这实在违反我们的自然的根性，不合于我们历数千万年而传至今日的唯物论的思想的习惯。这在一般人对于鬼的观念中便可见出。信鬼的人大都以为鬼是脱离了躯壳的灵魂。许多报章杂志上登载的鬼的相片所显明的，似乎是鬼也是物质构成的，不过是一种稀薄的物质，就和水汽一样。还有几派印度思想家自命唯心论者的，也告诉我们思想或心是一种极细致的物质，其细致的程度远在物理学家、化学家所处理的一切物质之上。这里所说的，就在他们好像也自知不能以物质拟思想，而又摆脱不掉深入人心的唯物主义的支配，没有别的方法，只得把它想作极稀薄极细致的物质。这正如处女生了私儿，说她的私儿很小，以为辩解，一样的可笑。须知细薄的物质，无论细薄到什么程度，然而到底总还是物质，和铅或铜一样。所以这些体系还是属于纯粹唯物主义的。于此可见，通常人心欲图超越感觉的而上升于非感觉的纯粹的思想是怎样地不易。这些体系正是唯物主义深入人心、牢不可破的明证。

这种自然而然起于人心的唯物主义，便是一切神秘主义和象征主义的根源。凡是一个象征的思想总包含两项，一为表记，一为其所代表的实在。表记总是感觉的或物质的东西，或是这种东西的意象，实在总是一种非感觉的东西。人之所以乞灵于表记者，其缘因就在于不能离开感觉的东西而思想，故而不得不拿物质的符号来代表为他的心所不能把捉的非物质的东西。比如我们常说上帝是"众光之光"。无疑的这乃是宗教意识的一种极自然的表现，自有它的意义。但是这当中是毫无真理可言的。光是一种物质的存在，上帝绝不是光，如同绝不能是热或电一样。一般人说起象征主义来，总把它当作怎样高超不可思议的东西，殊不知这正是我们的心智之不健全的表征，不是显明我们的力量，而是暴露我们的弱点。它的根苗就是唯物主义，而那班人之所以产出它和提倡它，就因为他们的思想不能越出唯物主义的水平之上。

哲学根本上就是要超越这种象征的和神秘的思想之外，突入一切表记的后面，而捆捉真理自身之一种努力。那些较低的思想方式在思想落伍者固可以为救助，而对于要想达到真理的最高的水平的人，则是一种大累。

寻常提起哲学来，人都知其困难，而不知其所有的困难完全就在于求有以超乎感觉而思想。无论什么时候，我们在哲学上只要遇到一个困难，它的根源大概总是由于要以感觉的方法来拟想非感觉的东西，即是要把非感觉的东西造成一种心影或意象，以期便于思想。因为一切心影意象都是感觉的物质构成的，故与纯粹思想绝无适合之一日。这简直是一道打不开的难关，从来最伟大的哲学家都没有能够逃得过的。像巴门尼德（Parmenides）或柏拉图（Plato）这样的大思想家，其陷于之境，也就是由于达到纯粹思想的境界之后，又复跌回到感觉的思想桎梏中，欲以影像来代表万万为这种影像所不能代表的东西，以至自相矛盾。这是我们研究哲学时须要时常铭记于心的。

今日，哲学有不同的划分，如形而上学（关于实在的理论）伦理学（关于善的理论）和美学（关于美的理论）。但是现今的分类不能完全适合于希腊哲学，它的分类我们可以听其自然发展，不必硬将我们的材料纳入这些范型。

现在我们若环顾世界而一问，像上面所说的纯粹思想，在什么时候，什么地方，曾经发达到很高的程度，那么，无疑的，我们便就要指出古代希腊和现代欧洲来。固然埃及、中国、亚述（Assyria）等处也产出了伟大的文明,各有独特的艺术和宗教，然而绝不能说他们有哲学可言。纵是古罗马对于世界哲学思想，也不能说有什么贡献。罗马的哲学家如马可·奥勒留（Marcus Aurelius）、塞涅卡（Seneca）、爱比克泰德（Epictetus）、卢克莱修（Lucretius）之流，都不过摭拾希腊人之余唾，并没有什么新颖的创见，他们的著作固亦有丰富的精彩，高贵的格调，惟其精髓实在都发自希腊人，而非出于罗马人之手。

但是印度可否算是有哲学呢？对于这个问题，一般人的意见也许很参差。《奥义书》（*Upanishades*）包含一种宗教哲学的思想。其后印度哲学又有所谓六大宗之别。通常哲学史不把印度哲学列入，这个理由，第一，是因为印度哲学从来不能离开宗教的和实际的需要而独立。很难找出为知识而求知识的观念。其所以求知识，不过欲借为手段，以求超脱。亚里士多德谓哲学和科学起源于惊奇——为知识与了解之故，而求知识与了解的愿欲。印度思想则不然，乃由于个人欲逃避生存的灾难和痛苦之一种焦虑的感情而发生。所以印度思想的精神不是科学的，而是实际的，以之产生宗教则可，以之产生哲学则不能。固然哲学与宗教也非完全隔绝的东西，二者根本上是有亲密关系的。然而他们毕竟不能视为一物。大概最真确的见解是哲学和宗教本质相同而形式则异。两者的本质同是那绝对的实在和万物，包含人在内，对此实在之关系不过哲学乃以科学的精神、纯粹思想的方式表现其问题，而宗教则出之以感觉的图片、神话、影像和表记。

印度思想不能归入哲学，只能归入宗教，其第二个理由也就在于此。印度思想从不能摆脱感觉的束缚，达到纯粹思想的境界；是诗歌的，而非科学的；不求合理的说明，而以象征和譬喻自足。故其所显示的只是宗教的真理，而非哲学的真理。例如《奥义书》，其根本思想不外乎宇宙乃起源于一单纯的、不变的、永恒的、无限的实在，这个实在便是婆罗门（Brahman or Pramatman）。若问宇宙是怎样从这个实在产出来的呢，那么，便有这么一段说明："有如万千火焰热铁四射，一切众生都从不变者来，亦归于彼。"又说："如蛛吐丝，如火发花，独一大魂，生出一切禽兽，一切世界，一切神灵，一切存在。"这样的话在

《奥义书》中不胜枚举。但是很显然的，这些话根本不能，而且不是说明，翻来覆去，都不过是空洞的喻言，谓为含诗意则可，而欲其有裨于理性的认识则断乎不可。又如黑天（Krishna）于《薄伽梵歌》（Bhagavad Gita）中谓其自己如良夜宫殿中之明月，辉煌众星中之旭日，崇山峻岭环拱之"须弥山"（meru）。从这些话里，我们只看见堆砌了许多感觉的影像，对于绝对的实在之本质为何，还是一点也不能明白。因为日、月和"须弥山"都是感觉的对象，所以这种思想还是没有摆脱感觉的思想。哲学的目的，就是要达到纯粹思想。上面所引的那些话仍然被囚禁于象征主义之下，而哲学却必须超越象征主义制限之上，然后始能产生。诚然，人类思想的能力是否足以捆捉无限的本体，抑或不能不乞助于表记，这也未尝不可怀疑。可是无论思想可以摆脱感觉的羁轭，达乎纯粹的境地与否，这实在另成一个问题，并无害于哲学之毕竟为这种企图。

还有一层也是印度思想被除外于哲学史的缘故，就是印度思想由于地理上的隔阂以及别种的障碍，和人类进化的主流始终没有发生多大关系。所以印度思想无论其本身有何价值，但是对于哲学并无多大的影响。

东方人有时欢喜说希腊哲学乃从印度而来，若此说果确，则以上所说当然完全不能成立。不过这种话实在是不足信的。以前人固曾以为希腊哲学渊源于东方，但此之东方乃指埃及而云。就以此说而论，现在也不足置信。希腊文化，特别在数学和天文学方面，其得务于埃及之处虽多，然而若谓希腊哲学亦来于埃及，实在毫无证据。其以希腊哲学为导源于埃及之说，大抵出于亚历山大里亚僧侣和一些别人之口，彼辈唯一目的就在宣传希腊哲学光荣的成功为受埃及之赐，以图快其浅狭的民族夸大心理。所以凡是见了一种好东西，他们总说是由他们来的。也就因为同样的心理，所以才有希腊哲学来于印度之说。不过这实在是无根之谈，其所依据的不外乎两方有一点很相似。这一个相似点，事实上是不可解的。但以希腊哲学的本质而论，实在纯然是欧洲的产品，绝不能牵扯到东方去。通常所援引的这一点，大抵为轮回说，这正是印度教义显著的特征，也正为毕达哥拉斯学派所主张，此派又以之传于恩培多克勒和柏拉图。毕达哥拉斯学派乃由俄耳甫斯教派（Orphic sect）得来此说，俄耳甫斯教派也许间接受之于印度，不过这实在是很可疑的。纵使这句话可信，也绝不足以证明什么东西。因为轮回说在希腊哲学上实在无甚重要；就算柏拉图最喜道之，其于柏拉图的根本思想亦殊无关；不仅无关而已，并且反为柏拉图哲学之累。轮回之说对于柏拉图的影响是很坏的，柏拉图思想极大的困难就因被其所误而起，竟不能不待亚里士多德来为之补救。这些等至我们讨论柏拉图和亚里士多德时，便可明了。

由上所论，可知希腊哲学并非来于印度，亦非起于埃及或希腊以外任何他处。希腊哲学是希腊人自己创造的。我们考察希腊的思想史，不是从一个发达程度极高之点开始，我们是一直追溯至其最初萌芽之时。自胚孕时代直至最隆盛之期，首尾毕现，成为一贯的系统。自其初基之树立，直至亚里士多德登峰造极，其间逐步进展的历程，班班可考，根本没有一处有假定外来势力之必要。

希腊哲学造端于西历公元前 6 世纪，那也就是人类初始想到"什么是宇宙的说明"这个问题，而要求一个科学的解答之时。

在此时期之前，固亦有诗人的各种神话、宇宙论和神学，但是他们的目的都不在事物之物理的说明，只属于诗歌和宗教的范围，不能算是哲学。

复次，我们说希腊哲学之时，我们切勿以为仅限于现在地理上称为希腊的地方而言。在历史上很早的时候，希腊人就已移民到爱琴海诸岛、西西里、意大利南部、小亚细亚沿海一带，以及其他各处，造成了许多繁盛的殖民地。哲学史上的希腊乃包含上述各地而言，故与其认为土地的意思，毋宁解作民族的意思。简单说来，希腊哲学便是希腊人的哲学，而与其处地无关。但是事实上第一期的希腊哲学全然是希腊殖民地的思想，直到苏格拉底前不久时，哲学才由殖民地移入希腊本土。

希腊哲学以其自然的历程可分为三个时期。第一，苏格拉底前为一时代，和苏格拉底同时，有些并且先于他的智者学派并不算入此一时期中。这一期是希腊哲学的生发期。第二，智者学派至亚里士多德为第二期，这一期包含苏格拉底和柏拉图在内，是希腊哲学的成熟期，而以亚里士多德为达乎极点。第三，亚里士多德后又为一期，这一期是希腊哲学盛极而衰的时期。这三个时期各有其特点，容在以下各篇详言之。

最后，关于苏格拉底以前的哲学思想，我们的知识的来源，这里要顺带说明一下。我们欲知柏拉图和亚里士多德的思想，读他们的著作，就可以研究出来。但是早期哲学家的书，多为我们所不及见，或者残缺不全，有的并且没有从事过著作。所以关于他们的思想，我们只有靠着专门家利用所能有的材料，辛苦考据的结果。幸而这种材料还很不少，通常有三种来源：一，是当时哲学家残遗的原著，这些有的很短很少，但是有的很丰富又很重要。二，是柏拉图和亚里士多德书中的引证，其中尤以亚氏的《形而上学》第一编最为重要，因为这就是一部直到亚氏为止的哲学史，也就是我们的第一部哲学史。三，是在亚氏以后，但仍然属于古代的哲学家的著作，其中也含有巨量的参考资料，无甚价值的固多，但可珍贵的亦复不少。

第二章　伊奥尼亚学派

希腊最早的哲学家都属于后来人所称的伊奥尼亚学派（Ionic school），这个名称的由来，就因此派三个主要代表者：泰勒斯（Thales）、阿那克西曼德（Anaximander）和阿那克西美尼（Anaximenes），都是伊奥尼亚（Ionia）即小亚细亚沿海的人。现在分论如下。

一、泰勒斯

泰勒斯是米利都（Miletus）人，为哲学史上头一个学派的创立者，通常都认为哲学的始祖，生于公元前624年，死于公元前550年。但是须知这个年限不过是概然的，差不多所有古代哲学家的生卒时期都不能确定。关于泰氏的生卒年月，不同的哲学史家所言各异，相差至于十几年。我们也不必多费精神来考虑这个问题，因为这实在并无多大关系。本书所采用的年数都是这样，不过是近似的。

但是从各方面考证起来，泰勒斯断然是和梭伦（Solon）及克娄苏（Croesus）同时的人。他长于数学和天文学，又富有实际的才能，在当时极其出名。所有古来所传的七圣传，统都有泰氏之名在内。这种传说虽然不尽可信，但是各家所传七圣之名尽管歧异，唯独于泰勒斯之名，从无一家或缺，由此也可以略知他在古时是怎样的重要了。据说，公元前585年有一次日蚀，泰勒斯预先就说出那次日蚀什么时候要发现，这在当时天文学上要算一次奇迹。他一定又是一个伟大的工程师，因为当克娄苏带领大军临哈吕斯（Halys）河上，不能飞渡，无法可想之际，他曾设法转移了河流的方向，使人马得以安然行过。此外，古来还有过关于他的许多故事，可惜失传，所以他的其余的事迹现已无从考知了。

他的著作在亚里士多德时便已无存。由现在考据而观，似乎他也没有写下什么。他的哲学，假如可称为哲学的话，照我们所知，不外乎两句话：一、水为万物的本体，一切都由水来，亦返于水；二、地是一个平圆体，浮于水上。第一句自然是主要的定理，这个意思就是，水为唯一的根本的存在，宇宙万物都只是水的变形。于此，我们自然要问为什么泰勒斯单要用水来做他的第一原理呢？并且在他的意见，由水到万物其间的经过是怎样，即是，宇宙是怎样由水而产出来的呢？对于这两个问题，我们找不出他有什么明确的答案。依亚里士多德说："大概泰勒斯之所以得到这种观念是由于他看见一切物件的滋养质都是潮湿的，纵是热也可借湿而发，至于动物的生活更不可须臾离水，并且一切物件的种子无不含着湿性，因此，遂而认为水是万物的本源。"此说也说是很对的，但是须知纵是亚里士多德说这句话时当头也要提出"大概"两字，所以他的话也不过是一种推测罢了。究竟宇宙是如何由水产出，泰氏自己的见解，现在自然更是无从确定了。也许他没有想到这个问题，故不曾有过什么说明。无论如何，他自己的见地，我们现已一点不得而知了。

以上便是泰勒斯的哲学的大概，也就是他的全部的体系，我们一看马上便要怀疑，为什么以这等粗糙得可笑的观念，而泰氏也居然博得哲学的鼻祖的荣衔呢？怎么哲学的发达便以此为起点呢？殊不知泰氏之所以重要并非因水的哲学本身有什么价值，而是因他就是我们所知道的丢开了神话和拟人的神灵，只凭自然的和科学的原理，以求宇宙的说明之第一个人。苏格拉底前期的哲学的问题、趋向和特征，都是由泰氏而决定的。这一期哲学的根本思想不外乎是宇宙之间变化万端的现象之里，必有一个单纯的本质。自泰氏以至阿那克萨戈拉（Anaxagoras），所有的哲学家都是要解决"宇宙万物所从而起的第一原理之本质是什么"这个问题。他们的体系都只是对于这个问题的解答。他们的解答各有不同，泰氏以水为宇宙的本质，阿那克西曼德以无定物质，阿那克西美尼以气，毕达哥拉斯学派以数，爱利亚学派以"存在"（Being），赫拉克利特以火，恩培多克勒以水、气、火、地，德谟克里特以原子……所以希腊第一期的哲学的特质是宇宙论的，而这个特质便是由泰氏决定的。他的重要在于首先提出问题，而不在给人以合理的解答。

在第一章里，我们已知人自然地是一个唯物主义者，而哲学是一种从感觉的思想趋向非感觉的思想的运动。此所以哲学也必以唯物主义为起点。终极的实在为何之一问题，其最初的解答便以感觉的实质——水——来做这种实在的本质。和泰氏一派的阿那克西曼德和阿那克西美尼也都是同样的唯物的思想家。自他们起，我们可以看见希腊思想逐渐进展，由伊奥尼亚学派的这种唯觉论，中经爱利亚学派的半唯觉的理想主义，终于达到非感觉的、纯粹思想的最高点，柏拉图和亚里士多德的理想主义，其间虽难免挫折，而进程则未尝摇动。我们最须注意的是哲学史，绝不仅是各种纷歧的观念和学说无有关系，无有规律的连续的记录，哲学史必形成一整然的体系，显示论理上和历史上进化的历程，其每一阶段必为前一阶段之所决定，而又超过前一阶段，渐近于一确定的标的。此种标的，我们今日是看得见的，但是古代思想家自己是不知道的。

凡人之感知和思索必先及于外界的世界，而后及于其自身，这个事实也就决定了希腊哲学第一期的特征。初期希腊哲学思想不出自然的范围，其所注目的是外在的世界，其于人乃视为自然之一部分，其所要求的便是自然的说明。所以初期希腊哲学是自然的、宇宙的哲学。诸如人的、生命的、伦理的各种问题，第一期概罕说及或竟未提到。直至智者运动兴起，希腊哲学才始反射到它的自身上来，于是这些问题乃被注意。随着这个转变，希腊哲学也便由第一期而进入了第二期。

又，因为伊奥尼亚学派的哲学家都是唯物论者，所以他们又时常被称为物质说者（Hylicist），这个名词的原文是由希腊文 hulé 一字转成，就是物质的意思。

二、阿那克西曼德

继泰勒斯而起者为阿那克西曼德，他的天才极高，魄力极大，大约生于公元前611年，死于公元前547年，也是米利都人。据说他是泰勒斯的学生，这句话是否真实虽不可知，但是大概他总是和泰勒斯同时，却比泰氏为幼，生的时候约迟二三十年，那就是正值泰氏声望极隆之际。他是希腊哲学家中头一个作下一篇哲学论文的人，可惜这篇著作久已失传。他特别以天文和地理的知识出名，为世界上第一个会画地图的人。但是他的生平详细事迹现在已经不得而知了。

上面说过，泰勒斯以水为宇宙之本质。认为宇宙的本质是物质的，在这一点上，阿那克西曼德是和泰氏一致的。但是阿那克西曼德不认它是水，也不认它是某种特别的物质，而认为它是一种绝对无形的不定的物质。我们晓得，所谓物质总是指一种特别的物质，例如铜、铁、水、气之类而言的。不同的物质各有一种特质，气之所以异于铁者，就因气有气的特质，而铁有铁的特质。但是阿那克西曼德所说的无定物质乃是未经分化成为各种不同的物质先前的物质，所以无形像，亦无特质。因为它的质是无定的，所以它的量也是无限的。据他所说，这种物质展布空间，无有涯际。但是何由而知这种物质之必为无限的呢？他说这种物质如若是有限的，那么经过无量数的世界之创生与毁灭，必要早已枯竭了，所以这种物质不能不是无涯的。这些所谓无量数的世界，照古来所传的阿那克西曼德的意见，是一个接一个连续发现的，第一个世界由创生而发达而毁灭，第二个世界便接之而出现，也由创生而发达而毁灭，这种周期的世界循环,继续发生,永恒不绝。但是据伯奈特教授所说,阿那克西曼德心目中的无量数的世界不一定是逐一连接发生的,也可以同时并存。信如是说,则同时可有许多世界存在了。不过纵是这样,这些世界也不能永存不灭,而要同样地由发生而长成而毁灭,终于为新世界所替代。

但是这些世界是怎样由阿那克西曼德的无形的不定物质发生出来的呢? 对于这个问题, 阿那克西曼德的意见是很暧昧的,不能算有什么明确的说明。他只说原始无定物质,经过一种程序, 分为寒热两部, 究竟这种程序是怎样, 他也没有说明白。分化之后, 寒者阴湿, 变而为地, 位于宇宙之中心。热者凝成一个火罩, 包围地面。地本液体, 因受周围热的熏蒸, 化气上升而密集于地之四周。初期希腊人是把空气和水气当为一物的。这种气或水气在热的作用之下, 继续涨大, 将外面火罩冲破而成为几层轮形壳, 如同大车轮一般, 箍于地上。但是这些轮形壳既是火变成的, 为什么不继续发出火光呢? 这个缘故, 他说,就因他们外面都有很厚的不透光的水气包着, 所以火光不能为我们所见。然而这个水气层上面却有许多小口或管状洞, 可以漏光, 这就成了我们所看见的日月星辰。照此说来, 月亮当然也是火, 并非如我们现在所知道的那样, 仅是一反射日光的无热的星球了。这样的大车轮据他说共有三道, 第一道上面出太阳, 离地最远, 出月亮的一道较近, 最近的一道是恒星所在之处。这三道包含天上各种物体的轮形壳, 借着气流的力量, 绕地旋转不停。但阿那克西曼德对于这宇宙中心的地, 不认为球形的,而说是圆柱形的, 人就居于这个圆柱的顶上。

他又发明了一种极可注意的关于生物原始和进化的学说,

他说太初之时，地原是液体，其后因蒸发作用而渐干，在这当中，生物乃由湿和热里产生出来。其初只不过是低级的有机物，因为适应环境的作用，遂逐渐发展而成为高级的生物，一天比一天进步。人本是生于水中的鱼类，后来水渐干涸，有了陆地，一部分水中生物迁上岸来，为着要便于在地上行动的缘故，于是原来的鳍遂慢慢地变成了四肢。这种理想和现代进化论实相仿佛，虽然是出乎偶然，但阿那克西曼德在他的那个时代，凭他自己的幻想，竟能发明一种学说，和近今物种起于适应环境的中心观念相合，也真不能不佩服他的思想之卓越了。

阿那克西曼德和泰勒斯之不同，就在泰氏以水为万物的本源，而阿那克西曼德则以无定物质为宇宙之本体。无形的物质和水相比起来，其思想和抽象力实在进步多了。其次，阿那克西曼德总可算曾企图来说明无定物质怎样产生现实世界其中的程序，而泰氏于原始的水如何发展而成为世界之一问题，则全未置问。这些地方实在都是阿那克西曼德的哲学思想的显著的进展而为泰氏之所不及。

三、阿那克西美尼

阿那克西美尼也是米利都人，约生于公元前588年，死于公元前524年。他曾写下一篇论文，其一部分至今尚保存着。他也认为宇宙的本质是物质的，不过他和泰勒斯一致，认为它是一种特殊的物质而不承认它是如阿那克西曼德所说的无定物质。但泰勒斯以水为这个本质，而阿那克西美尼则以气。他说，这种气展布于无限的空间，具有内在的大力，不断地运动，由此运动遂而产生宇宙万物。宇宙之发生必经由两种相反的作用，一是稀化，一是凝集。稀化就是热化作用，凝集就是冷化作用。由稀化作用，气变成火，火上升入于气中，遂成星辰。由凝集作用，气变为云，云再凝集，遂以次而成为水、土、崖石。世界发展到一定的时候，仍须分解复归于气。阿那克西美尼和阿那克西曼德一样，也说有无量数的世界，据传说他也以为这些世界是一个一个地相续而发生。但是伯奈特教授谓他所说的那些世界也不必定然一个一个的相接，而是可以并存的。照阿那克西美尼所说，地是一个平圆体漂浮于大气之中。

　　阿那克西美尼之所以宣扬这种一元气说，大概是由于看见一切生物必须呼吸才能生活，故而认气为生命的要素。他的学说初看起来，好像是开倒车，回到阿那克西曼德的后面去了，因为以一种特殊的物质为宇宙的原理，这便是复归于泰勒斯的地位。但是至少有一点，阿那克西美尼实比阿那克西曼德进步一些。就是阿那克西曼德对于无定物质之怎样变成万有世界，并无什么精密的说明，而阿那克西美尼用稀化和凝集两种作用说明宇宙发展的程序，实在给予我们一个明确的观念。因为假如我们相信各种不同的物质都从一个原质而来，那么立刻便要发生一个问题，即是，各种不同物质既然都出于同一原质，为什么其性质上又能有千差万别的分化呢？譬如，假定纸是由气而成，那么，纸的颜色、硬度、组织等又从何而来呢？这些属性若非凭空而起，则必本具于气中；既本在气中，则原始之气，显然必非单纯的物质，而是各种不同的物质的混合物。如其不然，则各种性质必无从而起。因为若气非原来即具各种物性于其自身，怎样能够凭空忽然发出各式各样的性质来呢？要解决这个难题，简便的方法，自然是把质放在量的上面，以同容积的物质的量的多寡来说明质的差别，而稀化和凝集之说正是这个意思。凝集作用不外乎是压蓄更多的物质于同容积内，而稀化作用恰与此相反。说明高度的压蓄作用使多量的气聚入于较小的空间，便很可以解释，譬如，土或石的颜色、重量、硬度以及其他的特质的由来了。于此，阿那克西美尼较之阿那克西曼德，其理论实在更为完密而明确，虽然在发明的才力上他是比不上阿那克西曼德的。

四、伊奥尼亚学派的其他学者

以上所论为伊奥尼亚学派的三大主要思想家，此外虽还有人，但都没有什么特别的贡献。有的附和泰勒斯，以水为万物之本，如希朋（Hippo）；有的继续阿那克西美尼以气为宇宙之源，如伊戴乌斯（Idaeus）是。最晚出的一个是阿波罗尼亚（Apollonia）的第欧根尼（Diogenes），和阿那克萨戈拉同时。他在他的那个时代犹抱着伊奥尼亚学派的简单的唯物论，高唱万物本于气之说，以与当时进步了的哲学思想对抗，颇受人注意。他可算是这一派的尾声。

第三章　毕达哥拉斯学派

关于毕达哥拉斯（Pythagoras）的生命，现已不详，流传至今的有三种传，上面都是记着他所做的奇迹异事，充满了怪诞离经的神话，反而使我们越发难得认清他自己。现在可以称为确知的事实就是他大概是在公元前 580 至 570 年之间，生于萨摩斯（Samos），约在他的中年，迁居意大利南部克罗顿（Croton）。据说他在迁到意大利之前，曾经漫游埃及和东方诸国。但是这句话在历史上没有一点证据可寻，所以未必可信。大概因为他的学说带有东方的气味，遂而有此传说，也未可知。他中年到了意大利，便住在克罗顿，创立了毕达哥拉斯公社，自己做这个公社的首领很久。至于他的晚年和死时情形，现已不得而知了。

这个毕达哥拉斯公社本非研究哲学的团体，乃是一班偏重宗教和道德的僧侣，就是一班宗教改革家的集团。他们承继了俄耳甫斯教派的灵魂移植说，就是轮回说，相信人可转生为畜，谓人必求有以解脱于轮回之外，而免转世投生、循环不已之苦，两者的礼拜仪节也大致相同。不过毕达哥拉斯学派又相信知识之追求，科学和哲学之培植，以及对于宇宙万物的终极之知识上的一般的领悟，是有裨于灵魂之解放的，因此有了发展科学和哲学的倾向，于是他们的哲学遂逐渐离开了宗教仪式而达到了半独立的地位。所以我们把他们的哲学确认为哲学，是没有什么错误的。

毕达哥拉斯学派的伦理思想是非常严厉的，主张弃世绝欲，注重纯洁的生活。他们也戒肉食，不过这是到后来才有的，据我们所知，毕达哥拉斯自己不是一个完全禁肉者。他们又不吃豆子，穿的是他们自己的特殊的服装。他们说身体是灵魂的囚笼与坟墓，但是又说人不能自杀以求解脱，因为每一个人都是上帝的财产，上帝的牲口。他们不同于现代意味的政客，但是他们的行为对于当时的政治可算干涉到极点。他们好像要教克罗顿人都要服从他们的规律，要把国家化为他们的一派，并且夺过了一次政权，只是没有持久。就因这个缘故，所以他们引起了当时人的仇视，到了他们不许克罗顿人吃豆子，又教他们在任何情形之下，都不准杀自己的狗吃的时候，一般人不能忍，遂发生了大屠杀的惨剧。他们的会所被焚，团体瓦解，会员是杀的杀了，逃的逃了。这件事是公元前440至430年之间发生的。过了许久之后，这个公社又恢复，继续活动起来，但自公元前400年之后，它的历史便不大清楚。

这一派大抵是一个神秘的结社。他们产生了他们自己的许多神秘的仪节。大概关于毕达哥拉斯生平的许多异闻，都是由于这一派的神秘的倾向和他们所公有的奇特的通性而来。但是他们在科学上的活动也很重要。他们不单注重道德的自制，而且竭力讲究艺术、技艺、体育、音乐、医药和数学。早期希腊数学知识之进步，大部分就是他们努力的结果。据说欧几里得（Euclid）几何第四十七条定理就是毕达哥拉斯发明的，他发现了这个定理时，特宰了一头牛，举行庆祝；从各方面考察起来，我们很可相信欧几里得第一编全书材料都出于毕氏之手。

现在讲到他们的哲学，提起他们的哲学，我们须知这绝非毕达哥拉斯一个人的哲学，而是毕达哥拉斯一派的哲学。因为这派的哲学其从毕达哥拉斯而来的成分，和从他的承继者而来的成分，各为几许，实在无从辨别。他们的哲学的大意不外乎是我们对于宇宙间的万物，都须凭其性质才能认识，这些性质大概总不是普遍的，而是特殊的。有些东西具有这样性质，有些东西又具有那样性质。譬如，有种叶子是绿色的，但是一切叶子并非都是绿色的。还有些东西是无色的。其他如嗅、味等亦莫不如是，例如，有些东西是甜的，又有些东西是苦的。但是有一种性质其范围是绝对普遍的，没有一样东西能外于此，那就是有形和无形的区别。凡有形之物都必可以数计。若要想象一个宇宙，其中找不出数来，任你如何想法，总是不可能的。你能够想象一个世界，其中无色、无嗅甚至可以没有重量，但是你绝不能想象一个世界，其中没有数。那是一个想不出来的事情。可见数是万物极重要的现象，为宇宙组织的根本要素。毕达哥拉斯学派的基本思想就建立于数的现象上面。

他们指出，平均、秩序和调和是宇宙的三大基调。我们试一探这三种观念的内容，那么便要见出他们无一不和数有密切的关系。例如，平均必由数的相互关系始可表明。秩序也必由数而显出。我们通常说兵队有秩序，这个意思就是兵队排列，各人相距一定的距离，可以用尺来量的。至于调和的观念比较复杂。我们今日如说宇宙是一调和的整体，我们应该知道这不过是用音乐为比方。但是在毕达哥拉斯学派的时候，思想还很幼稚，所以他们把宇宙的调和与音乐的调和混为一谈，看作一样的东西。音乐的调和以数为基础，这是毕达哥拉斯学派所发明的。音调之变化乃由于发音器振动数之不同，音阶便建立于数的比例之上。因此，毕达哥拉斯学派以为宇宙是一调和的谐音，从而认为数是宇宙的根本特征。他们的这种理想，因研究数学而益获证明。因为下自算术是研究数的，上至各种数学都无不可归原于数。譬如，几何上的角，均可以度数表明的。

由以上各种事实看来，我们诚然可以断定数为宇宙最重要的并且最根本的现象。只是毕达哥拉斯学派不免说得太过，他们好像以为世界便是由数而造成。这个结论实在令人骇异，而这却正是毕达哥拉斯学派的中心思想。和泰勒斯以水为万物的本源一样，毕达哥拉斯学派认数为宇宙的本质，万物都由数而构成。

至于这个数的本质怎样化成万物之详细的说明，他们的话不外乎空想和浮夸。他们首先是说一切数都由单一构成。单一为数之始，所有其余的数都是集多数单一而成。所以在宇宙万物发生的次数上，单一居于首。又数有奇数和偶数之分。毕达哥拉斯学派谓宇宙是由反对的、矛盾的配偶所组成，而这些矛盾的特质，就起于其所由而组成的奇数和偶数之区别。他们又认为奇与偶和有限与无限是同一的。其所以认为同一的理由不大明了，但是显然和二分说有关系。偶数可以二除尽，对于二分无限，所以是无限的。奇数不能以二除尽，对于二分为有限，所以是有限的。因此，所以有限与无限是宇宙的两大根本原理。

复次，有限又和单一相同，而单一又和宇宙中心之火相同。有限首先产出，继续吸引无限于其自身，而施以限制的作用，于是万物遂从而形成。这便是宇宙发展的程序。他们又定了一个组成宇宙的十大矛盾表，就是：（1）有限与无限，（2）奇数与偶数，（3）一与多，（4）左与右，（5）男与女，（6）静与动，（7）直与曲，（8）光明与黑暗，（9）善与恶，（10）方与圆。

他们的这种一元数说，再往下讲，便成了独断论，例如，他们说 1 是点，2 是线，3 是平面，4 是立体，5 是物质的性质，6 是灵性，7 是理智、康健、爱情和智慧。显而易见的，这实在不是理论。究竟什么东西和什么数相合，要想确定，实毫无标准可据，只是凭个人的幻想。纵是毕达哥拉斯学派人自己对于什么东西是什么数，也不能一致。例如，他们说正义的意思是用相等的还报相等的，我若害人，则正义必使法庭加我以相等的惩处，以求公平。所以正义必是相等对相等的数，而像这样的数只有平方数为然。二乘二等于四，四是相等对相等的数，故四为正义。但九是三的平方，也是相等对相等的数，所以毕达哥拉斯学派又有人主张九是正义。

据毕达哥拉斯学派最出名的当中的一个，菲罗劳斯（Philolaus）所说，物质的性质视其所由而组成的最小分子的边数而定。五种有规则的立体，毕达哥拉斯学派就已知道了三种。菲氏谓物质之最小分子是四面体者为火，换言之，就是，火便是最小分子，是四面体的一种物质。地是许多立方体组成的。宇宙是一个十二面体。这种思想在柏拉图的《蒂迈欧篇》中，发挥得格外详尽，把所有五种有规则的立体都用到了。

上面所说的和单一相同的中心之火，乃是毕达哥拉斯学派一个重要的发明。因为一直到那个时候，人都相信地是宇宙的中心，各样的东西都绕地而行。而毕达哥拉斯学派却谓地不是宇宙的中心，乃是环绕宇宙中心之火而旋转的。但是这里所谓中心之火绝非就是太阳。太阳和地一样，都绕中心之火而旋转。我们所以看不见中心之火者，就因我们所在的地面时时总是离开它。照这样说，地绕中心之火所需的时间便等于地自转的时间。总之，毕达哥拉斯学派是首先见出地为行星之一，丢开了地为宇宙中心之迷信的。他们说环绕中心之火或宇宙的火炉而旋转的物体，其数有十。一为反对地（counter earth），这是毕达哥拉斯学派发明的一种不存在的东西。其次为地，其次为日、月和五大行星，最后为恒星天。论理他们的这种特别的体系，在天文学上，应该能产生很大的影响。而其所以不能者，实在是受了亚里士多德的阻力。他老人家不赞成这种话，坚持地为宇宙的中心。却是后来哥白尼（Copernicus）还是受了此说的启导，发明了太阳中心说，所以毕达哥拉斯学派的见解毕竟获到了最后的胜利。

此外，他们又有一种长年说，谓世界由生成到毁灭约需一万年，每过这个期间，世界必转换循环一次，其进展的轨迹完全相同。

由上所述，我们很易见出毕达哥拉斯学派的哲学体系是很粗浅的，不值怎样批评。其论数结果不过成为一种空虚的神秘的玩意儿。这里黑格尔有一段话说得很好，今引于下，以为本篇结论。

> 我们由于联想的作用，辄喜将最普遍的观念和最简单的数目相合，如谓"一"是表明简单和直接，"二"是差别

与调和，"三"是两者的总合。但是这种联想实在全然是表面的，至于数字的本身里面，根本没有一点东西足以表现这些观念。照这样子，硬将一个一个的数字配合一定的观念，实在越来越觉勉强……如今许多秘密结社往往把种种数码附上重要的意义，这固然是一个于人无害的把戏，但也确是一种智短弱的表征。也许数字里面涵着深奥的意义，耐人寻味。但是须知哲学上的要点不在你可以寻味着什么，而在你实在思维着什么。清澄明洁思想之光必求之于思想的本身，断不能望之于勉强挪来的符号。①

---

① 见瓦莱斯（Wallace）译黑格尔著《小逻辑》（*Smaller Logic*）第二版，第 198 页。

第四章　爱利亚学派

爱利亚学派（Eleatics）这个名称的由来，也是因为这一派的发源地就在爱利亚（Elea），是意大利南部一个镇市。它的两个主要代表者巴门尼德（Parmenides）和芝诺（Zeno）又都是爱利亚人。直到这里我们所讲的只不过是极粗糙的思想体系，略具哲学之雏形而已。到了爱利亚学派，我们可算正式进入了哲学的天地。爱利亚学派的哲学才可视为真正的哲学，虽然他们的思想还是很幼稚的，但是毕竟不能不认为希腊哲学之第一步的大进展。这是确实的，哲学绝不如一般人之所想象，仅是许多奇异的想念的堆积，我们可顺其历史的次序研究之，而结果只有上帝知道我们应该相信哪一个是对的。反之，哲学史必显示一贯的进化的历程。真理是随着时间之流而一天比一天进展的。

一、塞诺芬尼

开创爱利亚学派者，据说是塞诺芬尼（Xenophanes），不过他曾否到过爱利亚很为可疑。而且塞诺芬尼与其说是属于哲学史，毋宁说是属于宗教史。实在爱利亚学派的真正的开创者，要算巴门尼德。但是巴门尼德的思想却渊源于塞诺芬尼，所以要想明白巴门尼德的学说，首先必得一说塞诺芬尼的主张。塞诺芬尼大约是公元前 576 年生于伊奥尼亚之科罗封，他很长的一生就流浪于希腊的诸城中。他是一个诗人而兼歌者，靠着在宴会场中为人唱歌奏乐以供给自己。上面已说过，他最后是否住在爱利亚，现已不能确定，但是我们晓得他直到九十二岁的时候，还在希腊各处流浪着。他的哲学思想全是表现在他的诗里。但是他也没有写下什么哲理诗，他所作的只是些感物兴怀的悲歌和讽刺诗，不过偶然流露他的宗教见解于其中。这些诗至今尚存有片段。

塞诺芬尼是引起哲学和宗教之争的第一个人。他排斥所有当时流行于希腊的宗教观念，想要另创一种更纯洁的、更高尚的神的理想。当时希腊流行的宗教相信有许多神存在，和人的形状一样。塞诺芬尼极力掊击这种以神为具有人形的谬见。他说，谓神也一处一处地乱跑，如希腊神话中所描写的一样，那实在是笑话。以为神也有一个起始，那真是胡说。至于说神也有欺骗、淫邪、偷盗、诡诈之事，那直是对神的亵渎。他痛骂荷马（Homer）和赫西俄德（Hesiod）当初传布了这许多辱神的邪说。他又反对多神论。他说神圣的只能有一个，因为天下只能有一个最好的，所以上帝也只有一位。这一位上帝，无论在形体上或智慧上，绝不能和人相比的。"上帝是全眼全耳全思想"（God is all eye, all ear, all thought），不待勉强，而可随其心意统御万有一切。但是照塞诺芬尼的意见，你若以为上帝另存于世界之外，从外面管制世界，好像一个将官带领人马似的，那就大错。塞诺芬尼认为上帝和世界是二而一的。世界就是上帝，无需乎感觉器官而可以感知一切。塞诺芬尼扩观天地之大，一言以蔽之日"一为上帝"（The one is God），所以塞诺芬尼的思想，与其认为一神论的，毋宁认为泛神论的。上帝是不动不变的，不可分的，恒久宁定，永无挂碍的。统上以观，塞诺芬尼实在更近于是个宗教改革家，而不能认为哲学家。但是他首先提出了"万有是一"（All is one）之说，其后巴门尼德即据此以建设爱利亚学派的哲学的基础，所以塞诺芬尼在哲学史上自不能不有他的地位。

塞诺芬尼还有些别的见解仍然保存着。他考察了许多化石，距海很远的贝壳成就的陆地，和出现于叙拉古（Syracuse）石矿以及别的许多崖石上面的鱼和海草的形状，从而断言地是从海里起来的，将来还要部分地沉到海里去，人类必随之而灭亡。但是久后海里必有地重新升起，人类必又复兴。他谓太阳和群星都是燃烧着的水汽团。在他看来，太阳并非绕地而旋转，而是循着一直线飞跑，晚间到了极远之处，便归乌有。所以明日的太阳绝非今日的太阳，每天都有一个新太阳由海中水汽里形成出来。此说和他对于当时流行的宗教的态度是有关系的，其要旨就在显明太阳和星辰都不是什么神圣的东西，也是生灭无常，和别的物件一样。对于毕达哥拉斯学派，塞诺芬尼也极力加以嘲骂，尤其是他们的轮回说。

二、巴门尼德

巴门尼德约在公元前514年生于爱利亚，他的身世现已不详。他在幼年时代本属于毕达哥拉斯学派，后来舍弃了这派的主张，创立了他自己的哲学。由于他的学问的渊博，人格的崇高，他极受当时人的推崇。柏拉图说起他来，总是深致拳拳私淑之意。他的哲学思想尽在一本哲学的诗里。这本诗分为两部，前一部是说明他自己的哲学思想，名为"真理之路"，后一部是叙述当时流行的各种错误的观念，名为"观念之路"。

巴门尼德的思想由对于万物之变化流转，无有穷极的观察而出发。我们看得见，我们所处的世界是一个变动不居的世界，其中万物不断地生灭，无一恒定，无一常在，瞬息万变，不可捉摸。差不多对于任何事物，谓其为有固可，而谓其为无亦未尝不可，这个现世界既然如此变动无常，要想得到它的知识实有所不能，所以真理绝不能求之于此。因此巴门尼德要努力探求宇宙万物流转中之常住，变化中之恒定，于是遂发生了"存在"（Being）和"非存在"（Not-Being）的对立。只有"存在"是绝对实在的，"非存在"是不实在的。"非存在"即是无。巴门尼德认为"非存在"就是"变化"（becoming），就是变动不居的万物，由感觉而知的世界。感觉的世界不是实在的，是虚伪的，只不过是一种幻象，并不存在。只有"存在"是实在的。和从前泰勒斯以水为唯一的实在，毕达哥拉斯学派以数为唯一的实在一样，巴门尼德认为唯一的实在，宇宙的本质，是"存在"，绝对不搀杂"非存在"在内，绝对排斥一切生长变化于其中。至于这个"存在"之特质若何，他的说明全然是些否定的话。

它是绝对不变的,不动的,不生不灭,无始无终的。因为假如"存在"而有所谓始,那么,"存在"非起于"存在",就必起于"非存在"。但是如谓"存在"起于"存在",便还是无所谓始。如谓"存在"起于"非存在",这便不通,因为我们如何可以断定"存在"必起于"非存在"之后,而不能起于其前呢?"存在"不能起于"非存在",犹之乎本来一点东西没有,绝不能凭空忽然发现什么东西出来一样。"无中不能生有"(*Ex nihilo nihil fit*)这句话便可代表巴门尼德的根本思想。又,我们也不能说"存在"有所谓过去、现在和将来。它是永劫的(eternally),永劫的(timelessly)现在。它是不可分的,因为凡物只能被与它自己不同东西所分,除了"存在"之外,便只有"非存在",所以根本没有东西可以划分"存在"。它是不动的不乱的,因为运动和扰乱都是变化的现象,一切变化均被排除于"存在"之外的。"存在"绝对只是它自己,它不起于异乎它自己的东西,亦不变为异乎它自己的东西。它的全体就在于它自己,它的实在毫不借助于别的任何东西。它绝不改换它的样子,它是不动不变,永恒如是的。"存在"绝无一定的特质,它的唯一特质就是它的存在。"存在"不能说是这个或那个,也不能说有这个性质或那个性质,也不能说在这里或那里,这时或那时。它只是存在。简单说一句,"存在"就是"有"(isness)。

巴门尼德的话,我们所要注意的,就是他第一次分开了感觉和理性的区别。他说由感觉而知的世界乃是非存在的变化的世界,虚影幻象的世界。真正的实在的"存在"必由理性,必由思想而得知。所以照巴门尼德所说,感觉是谬妄的根本,真理必求之于理性才可。这种见解在哲学史上至关重要,因为真

理存于理性而不在感觉的世界之说，实为一切理想主义的根本
思想。

以上所述的"存在"说占了巴门尼德所著诗的前篇，其后
篇便是观念之路。但是在这一篇里，巴门尼德的用心是在陈述
当时他所认为错误的各种哲学思想（要是这样，便不大适合）；
抑还是完全犯了矛盾，想要阐说他自己在原诗上篇所已否定了
的虚幻的世界的起源，以说明他自己的宇宙观，这实在不大明了。
可是这个问题，我们也不必去多管。我们只要知道，他在这一
篇诗里所说的不外乎是宇宙是两个相反的矛盾所组成，就是冷
与热或光与暗。热多则生命愈盛，实在愈增，冷多则死甚而实
在减少。

现在我们要问，巴门尼德在哲学史上究竟占怎样一个地
位呢？我们将怎样估定他的体系呢？诸如黑格尔、艾尔德曼
（Erdmann）和施韦格勒（Schwegler）一班人总把巴门尼德的
思想解作理想主义的，而又有人与此正相反对，伯奈特教授便
是其中之一，他说："巴门尼德绝不如一般人所说是理想主义的
始祖，反之，他的学说乃是一切唯物论的根基。"但是毕究巴门
尼德是一个理想主义者，还是一个唯物主义者呢？我们如果不
能解决这个问题，便算不得了解巴门尼德的哲学，所以我们第
一步先须回答这个问题。现在我们先来一看以唯物主义解释巴
门尼德哲学的，其所根据之点何在。这一点直到这里没有提过，
就是要留在这里讨论的。巴门尼德谓宇宙的本质是"存在"，而
"存在"是占空间的，有限的，并且是球形的。凡是占空间的，
有定形的，当然是物质。所以巴门尼德所讲的宇宙的本质，不
问而可知是物质的，而这正是唯物主义的根本思想之所在。这

种解释又因巴门尼德在"存在"是有限的或无限的之一问题上，和麦里梭（Melissus）的极端相反对，而益可证实。麦里梭是爱利亚学派的一个青年的哲学家，对于这个问题特别注意。他的哲学见解和巴门尼德的大体上相同，惟对这个问题的意见却彼此枘凿。巴门尼德说"存在"是球形的，所以是有限的。但是他的学说的要点之一是虚无一物的空间是"非存在"，是不存在的。虚无一物的空间既是"非存在"，而又存在，那便是自相矛盾。所以照巴门尼德所说，虚无一物的空间是根本不能有的。例如，在物质的各微分子的当中，绝不能有孔隙，即虚无一物的空间，之存在的。"存在"是圆满充实的，绝无虚无一物的空间搀杂于其中。在主张没有虚无一物的空间之存在这一点上，麦里梭和巴门尼德是一致的。但是麦氏谓"存在"如果是球形的，则不能不有虚无一物的空间围于其外。因为这是不可能的，所以"存在"不能是球形的，有限的，而必然是无限的，展布空间，无有边际。他们两人的话虽不同，但是由此显然可见巴门尼德和麦里梭，以及一般的爱利亚学派中人，在多少意义上，实在都是把"存在"看作物质的。

现在我们再来一看以巴门尼德为理想主义者的，其所根据为何。第一，我们可以说，巴门尼德所说的宇宙的本质，不问他把它想作怎样，事实上终归不是物质的，还是一种抽象的理想，一种概念。"存在"不是在这里，也不在那里，无空间，亦无时间，不能由感觉而知，只能凭理性认识。我们形成这种"存在"的观念，是靠着抽象的方法。例如我们看见一张桌子，我们对于这张桌子的认识，全部都是由认知它所有的性质而来的，例如这张桌子是方的、褐色、坚固、精致，等等。现在我们若把这些性质——颜色、体积、形态之类——从我们的思想，统都剥除下去，结果必然一无所有，仅乎剩下它的存在。于是我们便不能再说它是坚固、黄的、方的等等，而只能说它是存在而已了。巴门尼德谓"存在"是不可分的，不动的，不变的，不在那里也不在这里，无那时亦无这时，仅乎是"有"而已。这便是爱利亚学派的"存在"的观念，而这实在纯然是一个概念。我们可拿"白"的观念来和它比较一下。"白"是看不见的。我们只能看见白的物件，却看不见"白"之自身。然则"白"究竟是一种什么东西呢？它只是一个概念，换言之，它不是一个特别的物体，而是一个普遍的观念，是我们综合一切白的物件的公通点，抹杀其余的所有互相歧异的性质，抽象而成的。恰和这个一样，我们若观察宇宙万物，求其公通性质，而不计其千殊万别的差异，我们便要见出他们当中的通点不外乎是"存在"。所以"存在"实只是一个普遍的观念或概念。它只是一种观念，绝不是一个物体。于此可知巴门尼德实际上的确是把绝对的实在置于理想里面，虽则他许是把它想作物质的。但是说宇宙万物之所由而起的绝对的实在存乎观念或概念之中，这正是理想主义的根本主张。所以在这个场合，巴门尼德实在不能不说是一个理想主义者。

而且巴门尼德在感觉和理性之间又明白划出了一道鸿沟。"存在"不能由感觉而知，只能由理性达到，这个区别实在是一切理想主义的基础。唯物主义的要旨便是实在就存于感觉的世界之中。而巴门尼德正和此相反对，主张实在必求之于理性。又实在和幻象（reality and appearance）的分别也是从巴门尼德手里才始明白。自然巴门尼德没有用过今日所用的名词，但是这种见解实在流露于巴门尼德的思想中，而不容忽视。他谓外世界，即感觉的世界，乃是虚影幻象的世界，实在却在它的后面，是感觉所看不见的。但是唯物主义的根据地就在于物质的世界，它的主张是感觉的世界便是实在的世界。只有理想主义才认感觉的世界为虚幻的世界。由此而观，巴门尼德实又不能称为唯物主义者。

上面所说对于巴门尼德的两种相反的意见，倒是煞费调停的。但是在我看来，这个矛盾巴门尼德自己就没有调和好，直到现今还是在不断的冲突。不过巴门尼德没有看出他自己的矛盾。我们若着重其此一方面，他就是一个唯物论者；若着重其彼一方面，他就是一个理想主义者。事实上，希腊哲学史上自此而后的哲学家不是着重巴门尼德思想的这一方面，便是着重其那一方面。所以巴门尼德实在是唯物主义和理想主义的公共的始祖。他的密近的继起者，恩培多克勒和德谟克里特就是立足于他的思想的唯物的方面，而发扬光大之。巴门尼德的根本思想就是"存在"不能起于非存在，"存在"是不生不灭的。这种观念引用到物质上面去，便是今日所谓物质不灭之说。物质是无始无终的。万物像是忽生忽灭，而实际上不过是物质的微分子之忽聚忽散，至于其本身实在是无所谓毁灭的。这恰是德谟克里特的主张,而这正是从巴门尼德的"存在"不起于非存在，亦不变为非存在之说推演而来的。

巴门尼德学说之理想主义的方面直到柏拉图时，才被发达。柏拉图以其卓绝的天才，于是遂捉住了巴门尼德所涵蓄的理想主义的根绪,而使之发扬光大起来。柏拉图深受巴门尼德的影响，那是不消说的。他的主要理论就是说实在的世界必求之于概念或观念。他并且说明他所谓观念和巴门尼德的"存在"是相同的。

然则这两方面究竟哪一方面可算巴门尼德的真理呢？历史上的巴门尼德究竟是属于哪一方面呢？柏拉图以理想主义来解释巴门尼德，是不是带了自己的主观的眼镜呢？我们今日如称巴门尼德为理想主义者，是不是挟着晚近的理想主义而硬将其放入呢？这些话可说完全是对的。因为照巴门尼德所讲的看起来，他分明是把万物之终极的实在看作物质的。所以若谓巴门尼德学说具着完满的理想主义，那实在是妄谈。假如你在当时告诉巴门尼德说他是一个理想主义者，他一定不懂你说的是什么意思的，因为那时所谓唯物主义和理想主义之分还没有明白。假如你在那时对他说他所讲的"存在"是一个概念，他定然也是不懂的，因为概念之说直到苏格拉底和柏拉图的时候还没有证明。所以这里历史的批判的第一个责任就是不要让后来的思想附加到巴门尼德身上去。此外，历史学者在这里还有一个同等重要的责任，那就是要在巴门尼德思想的混沌的状态中，寻出更高级的思想的萌芽，认清他暗中之所摸索的是什么，阐明他的模糊的见解，显出他的隐晦的意思，借以明白他的学说的内容，而辨别其孰为有价值的、重要的，孰为不足取的、无关宏旨的。在这个意味上，我以为巴门尼德的根本精神确乎是理想主义。因为如我在第一章里所说，哲学乃是从感觉的思想向着非感觉的思想而趋进的运动。我并说过，这种运动是具有绝大的艰难的，就是绝大的思想家也往往难免于失败。而巴门尼德便是第一个证例。巴门尼德起始是以"存在"为究极的实在，而"存在"我们看得见的确分明是一个概念。但是巴门尼德那时乃是一个开路的先锋，他所踏入的是从未有人到过的境界，不比我们现在有许多年代的理想主义的思想家可以引导我们，提示我们。因此，他不能够始终维持他的原来的非感觉的思想，不能够抵抗那种引诱，必要替"存在"造出一些心影意象来。但是一切影像都是由感觉所供给的材料而构成的。就是这个缘故，所以巴门尼德把"存在"想做一个球形的、占空间的东西。但是须知这不是他的真义，不过是他不能了解他自己的原理，不能思想他自己的思想的失败。他的密接的继起者恩培多克勒和德谟克里特就是根据于他的这一点而建设了他们的哲学，但是他们的哲学实在是建筑在巴门尼德的暧昧含混之点，自己不能捆捉自己的思想之弱点上面。直到柏拉图，他才是立足于巴门尼德的真义之上。

三、芝诺

芝诺（Zeno）是爱利亚学派的第三个，也就是最后的一个重要思想家。他是爱利亚人，约生于公元前 489 年。他著了一篇散文的论文，发抒他的哲学思想。他对于爱利亚学派的贡献完全是偏于消极的。他对于巴门尼德的思想并无什么特别的功绩，不过是极力维护巴门尼德的"存在"说而已。但芝诺独到之处不在有新颖的结论，而在为"存在"说提出了独特而有力的理由。他从一个新观察点来替巴门尼德的学说辩护，从而发展了一些关于时间和空间的本性的观念，这些观念后来在哲学上都是极关重要的。巴门尼德谓感觉的世界是虚幻的，其两大特征为多与变。真正"存在"是绝对单一，绝无杂多，亦绝不运动。多与动只是虚幻的感觉世界的特征。芝诺承继巴门尼德此说，竭力维护，出其理论，力申多与动为不可能。他驳斥多与动本身不能成立，说明如假定动与多是实在的，其结果都必得到两个矛盾的结论，两个矛盾的结论不能俱是对的，所以两者之所从来的假定，即动与多，不能是实在的。他所根据的理论概述之如下：

（1）假如多是实在的，那么，多必是无限小的，而又是无限大的。何以是无限小呢？因为所谓多乃是合单位而成的。所以多便是许多部分或单位的总称。凡单位必不可分，否则便不是单位。既然是不可分的，其量必等于零，如其不然，则必可分。多既是合许多单位而成的，而这些单位是没有量的，故其总合亦必无量可言。此所以多是无限小的。却是同时多必又是无限大。因为多必有量，有量则必可剖为部分，部分必仍有量，故必可再分。这样无论分到何时，必仍然有量，故总必可以再分为部分，如是可至于无穷。所以多是合无限的有量的部分而成的。无论这种量小到什么程度，但其数既属无穷，则其总量亦必成为无限。此所以多定然又是无限的大。（2）以数言，多必是有限的而又是无限的，因为多必不多不少，恰如其多，所以多必是一个确定的数，确定的数就是有限的数。但是多必又是无限的，因为多是可以分至无穷次数的，多的组成分子是无限的。无论什么东西不能同时是无限小而又无限大，是有限而又无限。

现在再来一看他排斥动的理由。

（1）一种物体要想行过一定的距离，先要行过一半，而后走剩下的一半。走完了这剩下的一半的一半，还有一半的一半。这样无论一直走到什么时候，终归还有一点距离不得走完。所以一个物体要由一点走到他一点是永远不可能的。（2）假令希腊神话的神行太保阿喀琉斯（Achilles）和乌龟竞走，而让乌龟先爬一节，那么无论阿喀琉斯跑得怎样快，也永远赶不上乌龟。因为他第一先要跑到乌龟的出发点，及至他达到了时，乌龟又要爬到了前面一点，等到他再赶到那一点，乌龟又要爬远了一点。这样无论赶至何时，两人间的距离虽然继续减少，但绝无完了之时。所以阿喀琉斯要想赶上乌龟是没有希望的。（3）飞着的箭是在动吗？一个物体同时间内不能在两个地方。所以在飞的历程中任一特别瞬间箭总是只在一个地方。在一个地方就是在静着。所以在飞的历程中无论何时箭始终是静止的。由此三者可知动是不可能的。

这种辩论的方式今称为矛盾法（antinomy），其用就在显明同一假定有两个矛盾的结论，从而证明这个假定是谬妄的。亚里士多德称芝诺为辩证法的发明者。辩证（dialectic）原来仅是讨论的意思，但是现在成了哲学上的术语，专用以称那把错误的理论所含的矛盾显明出来，令其自己驳倒自己，借以发展真理之一种辩论方法。辩证法的概念在芝诺、柏拉图、康德和黑格尔诸人的思想里面特别是很重要的。

芝诺排斥多与动的理由虽是说了许多，而其实只是一个论点的变形。这一个论点对于时间、空间以及一切可以量而计的东西，都可以适用的。为简单起见，我们姑且拿空间来讲。任何大小空间，例如一个圆的面积，如非合许多终极的不可分的单位而成，则必可以分割至无限次数，二者必居其一。如果说它是合不可分的单位而成，那么，这些单位绝不能说没有量，既有量而又不可分，这句话实是自相矛盾。若谓其可分至无限，我们也是犯了一个绝大的矛盾，因为无限的部分集合一起，如何能成为有限的总和？这样看来，芝诺的神行太保赶乌龟和飞箭之说实在并非一回儿戏之谈。他实在第一次暴露了我们的时空观念其中含着的根本的矛盾，自此以后，这便成了哲学上一个重要问题。

芝诺反对多与动的理论都是建立于上面所述的这一个论据之上，这个论点可称为无限可分的矛盾。我们可拿他的飞箭说为一例来讲。他说箭在飞的历程中，无论哪一瞬间，总是静止的，因为一个物体同一时间之内不能在两个地方。这种理论实在完全根据认为时间是无限可分的见解之上。只有在无限小的没有绵延的绝对的瞬间里，箭才是静止的。其实我们的时空观念的矛盾并不止此。凡是研究数学的人大概总觉到我们的无限的观念，其中便含着矛盾。例如两平行线引至无限便可相遇之一定理，又如递减的几何级数无限项相加，其和为一有定限数，这实在都是一种矛盾。无限空间的观念自身也便是一个矛盾。这里我们恰可以拿芝诺否定多的话来一说。存在着的空间，一定要恰如其量，不多不少。这就是说空间必有一定的有限的总量。所以空间必是有限的。然而另一方面却是万不能给空间想出一个制限来，因为制限之外总须还有空间，所以空间又不能不是无限的。芝诺自己指摘这个矛盾而发的议论，直到这里没有提到。他说一切东西都存在于空间之中，空间自身也是存在着的，所以空间亦必存在于空间之中。而那个空间又必存在于另一空间之里，如是空间必是无限的。这些话自然就是讲要给空间想出一个制限来是不可能的，不过别是一样说法罢了。

现在我们再回来讨论无限可分的矛盾，这是芝诺的大部分的理论之所依为基础的。我们也许急欲知道一些历来哲学家对于这个问题所提出来的解答。但是我们第一不可忘记了塞诺芬尼自己的解答。须知塞诺芬尼并非为求矛盾而寻出这些矛盾，而是要为巴门尼德的学说辩护的。他的解答就是因为多和动本身具着这些矛盾，所以多和动不能是实在的。所以如巴门尼德之所主张，"存在"只有一个，是纯而不杂的，其中绝不含有多，也绝不容有动的。近世康德提出来的解答，大致和此相同。照康德说，所有这些矛盾含于我们的时空的概念之中。因为时空概念含着这些矛盾，所以空间和时间绝非实在的东西，不过只是幻景，只是一种现象。空间和时间绝非属于物之自体，而是属于我们对于物的观念的态度，只是我们的感觉的方式；绝非由于外物安放于我们的心的上面，而是我们的心之所加于物的。康德又本此矛盾，推论掴捉无限乃出乎人的理性的能力的范围之外。他说无论何时，我们一要着想无限，不问是无限的小，或是无限的大，我们总是要跌入没有解决之望的矛盾里去的。由此，他遂断定人的知力绝不足以达到无限。那是可以预想到的，许多哲学家为要解决这个问题，不是否定这个矛盾的此一方面，便是抹杀其彼一方面，不是说这样的前提不应有如此的结论，便谓其不应有如彼的结论。例如休谟便是否认时空的无限分割性，主张时空是合许多有量的不可分的单位而成。但是这些单位既然是有量的，如何又不可分，这个困难休谟并未能充分说明。但是大概凡是一种解答要想满意，必有以容纳矛盾的两方面的见解，不偏于任何一方面始可。所以真正的解答常不专一否定任何一方面，或肯定任何一方面。必超乎两方面的冲突的意见，而致之于一更高级的概念的水平之上，然后才可调知两方面的矛盾，而获得真确的解决。

黑格尔于解决此问题，取的就是这样的途径。不过要想明白他的解答的意义，非先对于他的哲学的一般的原理具有相当的了解不可，因为那是他的全部解答的根据。这里我且尽力来说个大概。第一，我们不难看出黑格尔解决这个矛盾，始终没有越出他所取的道路。在他的体系的演展中，似乎仅是偶然的。他从来不把这些矛盾看作起于思想之中的，异于一般的原理，而需要特别说明的分离的事件。他不把他们当作理性的本质的例外，而把他们看作理性的本质的证例。依黑格尔看来，一切思想都含着内在的矛盾，这种矛盾始而冲突，终乃调和于一更高级的统一之中，而此特殊的无限可分的矛盾，便调和于更高级的量的概念里面。量的概念有两个因素，就是，一与多。量的意义，精密言之，便是一中的多或多中的一。例如我们看见一堆麦，它的量是一，它是一个整体。但它又是多，因为它是合许多分子而成的。合而言之，它便是一，分而言之，它便是多。但是真正的量的概念不是离开了多的一，也不是离开了一的多，而是两者的综合，一中的多。我们方才讨论的矛盾之所以发生，实在是由于我们只注意一方面而误认其与另一方面绝缘之故。殊不知统一之中，绝无不具有杂多，而杂多之中亦无不寓有统一，若硬将其分为两事，那实是荒谬之至。想起一来，必然连带着多，而想起多来，也定必牵连着一。你不能丢开了一来着想多，犹之乎你拿了一根棍子，有了这一端，不能没有那一端一样。我们观察任一可以量计的东西，比如说，一直线，我们可以说它是一，这样它便是一个连续的不可分的单位。我们也可以说它是多，那么，它便成了许多部分。每一部分也可认为一，一个不可分的单位；但是亦可以看作多，故又可成为许多部分。这种程序是可以至于无限的。我们所讨论的那些矛盾，便是由于我们对于物质的这样的观念而起。但是这实在是一种错误的观念。它的错误就在始则以为离开了一而多可有其实在，继则又以为离开了多而一可保其独立。从而你如坚持直线是一而非多，那便成了不可分的单位说。假如你力言其为多而非一，那么，这条直线便成了无限可分的。却不知道其实直线既不仅是多，亦不仅是一，而是多中之一，这就是说，它是一个量。由此可知这个矛盾的两方面在一种意义上都是对的，因为都是真理的因子。然而两方面都是说不通的，如各自独立而自命为全部的真理。

四、爱利亚学派学说之批判

要想明白爱利亚学派的精义，不难由芝诺的思想见出。芝诺谓动与多不是实在的，这是什么意思？他的意思是不是以为当他在爱利亚街中行走时，他并非真在行动呢？是不是说他从一处跑到一处并不真是一回事实呢？是不是说当我运动我的手臂时，我并没有真的移动我的手臂，我的手臂还是静止着呢？假如果然是这样，那么，我们可以断定，这种哲学不过是一种妄言，否则便是笑话。但是实际上他的意思绝不如是。爱利亚学派的根本主张是认为以多与动为特征的感觉的世界虽然存在，但是那表面的世界绝非实在的"存在"。但是他们并没有否定这个世界之"存在"，也没有否定动与多之"存在"。这些都是不能否认的。黑格尔说得好，动与多之存在，就和象之存在一样地确实无疑。实在芝诺之所否定的并非这个世界之"存在"，而是其"存在"之真实性。他的意思是固然动与多明明在这里，世界明明呈现于我们的感觉之前，然而这个世界绝非真世界，绝非实在,而只是炫感与虚假的幻象,蒙蔽万物之真相的假面具。你也许要问这样划出幻象与实在的区分，有什么意思呢？难道幻象不也是真有这回事么？幻象是实在出现的，只要是实在出现的，难道不是实在的东西吗？然则严格定出幻象和实在之分，岂非没有什么意义吗？这些话全是对的，却是没有认清这种区别的真意。这个区别的真意，并非不承认环于四周的各种东西是"存在"的，但是认为这些东西都非自存，都非实在的本体，就是，它们的究竟不在它们的本身里面，它们的存在不基于它们自己，而发于另一根源。它们的存在是派生的，乃是由别一自存的根本的存在注入于其中的。所以它们都只是那另一个存在的幻象，那别一存在才是实在。当然爱利亚学派不曾用过幻象和实在这些名词，然而这实在正是他们暗中之所摸索的，模糊望见了的。

现在我们若回头一看希腊哲学自开始直至这里，其进展的趋势很为明显。最初的希腊哲学家伊奥尼亚学派提出了"万物的原理——本质是什么？"这个问题，他们的解答便认为宇宙的本质是物质的。接着第二个是毕达哥拉斯学派，他们对于这同一问题的解答，主张数为第一原理。第三个是爱利亚学派，对于这个问题，认为"存在"是万物的根本。我们知道，宇宙万物一方面有量的差异，一方面有质的分殊。分量和性质是一切感觉的物件之所通具而无一或缺的。自然宇宙的属性也许不止于这两样，但是显露出来而为我们之所知道的实只有这两样。

伊奥尼亚学派以物质为宇宙的本质，便是承认基本的实在是量的，又是质的。毕达哥拉斯学派便丢开了质的一方面。剥除了一切东西的所有的质的现象，剩下来的当然只有量可算原始的实在了。量便是数，所以毕达哥拉斯学派主张世界就由数而构成。爱利亚学派照着同样的方向，更进一步，把质和量两方面统都撇开。毕达哥拉斯学派否定了万物的质的现象，只留下量的现象，而爱利亚学派连量也并而否定之——他们否定了多就是否定了量。于是他们遂只剩了没有分割性（量），也没有一定的特性（质）的一种全然抽象的"存在"。从伊奥尼亚学派到爱利亚学派，希腊哲学的进展分明是从感觉的思想上升到超感觉的纯粹思想的境地。爱利亚学派所讲的"存在"可以代表纯粹抽象的思想。毕达哥拉斯学派的见解可算半感觉的思想，便是从伊奥尼亚学派到爱利亚学派中间的阶梯。

我们现在再来一探爱利亚学派的学说究有怎样的价值，又有些什么缺点。这里我们第一须知爱利亚学派的哲学是头一个一元的哲学。凡是一元的哲学总是拿一个单纯的原理来说明宇宙全体。和一元论相反的便是多元论，多元的哲学是以许多平等的独立的原理说明宇宙的。不过寻常我们总认为和一元论相反的是二元论，二元论之说明宇宙是用两个原理的。譬如我们若说宇宙之间善是起于善的根源，恶是起于恶的根源，善和恶两个根源此一都不是从彼一派生的，都是一样地原始的，独立的，那便是二元论。大概一切哲学只要够得上称作哲学这个名词的，在多少意义上，总是要求一个一元的宇宙的说明的。而我们但凡发现一个哲学体系破裂的时候，那差不多是靠得住的，它的毛病一定是由于陷入了无可调停的二元论。这种哲学一定始而抱着一个一元的原理，要从这里面把全体宇宙推演出来，但是终于在什么地方，拼到了一种东西在世界里不能够纳入于这一个原理，因之遂而弄出了两个彼此不同，都不是派生的，而是同样原始的存在。从而这个体系遂破裂而成为二元论。

对于宇宙万物要求一个一元的说明，这实是人类思想普遍的倾向。我们如把思想界考察一下，便可见出随处都表现这种倾向。前面我已说过这个倾向是贯乎哲学史之中的，而在宗教史上这便尤为显著。最初的宗教为多神教，是信仰许多神的。由此逐渐进步到了一神教，于是遂有一位创世主——上帝——的信仰。印度思想也是这样，其根本精神不外乎是"万有是一"（All is one）。就是，宇宙万物都是从唯一的根本的实在婆罗门而发生的。这个一元的倾向不仅限于宗教上和哲学上，在科学上也是极其明显的。科学的说明之发展几乎便以一元论为标的。第一，我们对于各种各样的事实的说明，总不过给事实以一些原因。例如你在房中夜里忽然听见一种奇异的声音，你当然注意起来，等到你找出这个声音乃是由于落下了一本书，或是刚有一个老鼠在地板上急跑而过，于是你便放了心，而认为这个声音是说明了。寻出了一些原因，便说明了这个声音。但是这种说明的意义实在不过就是取消这个声音的孤立的特殊的地位，而将它归原为一个普遍的定律之一例。又，我们看见瓶中的水结了冰，便说这是由于寒冷的缘故。这个事实便是寒冷到了一定的度数，如其他条件是相等的，则水必结为固体之一定律的一个例。然而像这样仅乎给予一些原因，实际上的确并不会说明什么东西，并没有说明白一种事实所以要发生的理由，你看不出来什么缘故，水遇冷便要结冰。它所告诉我们的不过是这个事实并非一个例外，只是那时常发现的之一例。它不过把一个特殊的事实归原于一个普遍的定律。这个定律不仅可以说明这一个事实，而是可以说明无数的与此相类的事实的。你的瓶中水遇冷便结冰，无论何人的瓶中水遇冷都也要结冰。所有这等事实都是可用这同一定律来说明的。纵是地球上的和火星上的冰山雪岭，也都可以此一定律而解释的。实际上科学的说明仅乎是把许多纷杂的事实归原于一个简单的原理。但是科学尚不就此止步。它还要进而说明这些定律的自身，它的方法就是把许多定律又归原于一更高级的，更概括的定律。这里开普勒的行星运动定律之说明便是一明显的例。这种定律开普勒发明了三个。第一个是行星所循而运行的椭圆的轨道都以太阳为中心。第二个是行星在相等时间内作成相等面积。第三个是一个比较地更复杂的定律。开普勒从观察上发现了这三个定律，但是他不能够说明它们。等到牛顿发明了引力定律，于是这三个定律遂都被引力定律说明了。不仅这三个定律，许多别的天文学上的定律和事实也一样地说明了。由此可见说明许多分歧的事实不外乎把它们归原于一个定律；而许多定律无非把它们纳入于一个更概括的定律。知识越进步，则说明宇宙现象之普遍的原理必随之而越来越少，而越广泛。最后的标的隐然就在以一个原理来说明万有一切。我的意思自然不是说科学家自觉地怀着这种目的，不过这种一元的趋势是显而易见的。所谓说明，其意义不外就是归原一切事物于一个单纯的原理。

总上以观，可见在哲学上、宗教上和科学上，都具着一元的思想的趋势。但是我们要问，这种普遍的趋势果然是正确的么？我们怎样能断定它不是一种普遍流行的错误呢？究竟有什么论理的或哲学的根据可以证明认为宇宙的终极的说明必是唯一的这种信仰不是错误的呢？但是现在我们如要讨论这个问题，便是越出希腊哲学范围之外。因为一元论的哲学上的根据，直到斯宾诺莎的时候，尚未经人想出。所以这里不能为细密的论述，只能约略一讲"到底可有什么理由足以使我们相信万物的终极的说明必是唯一的"？凡是要说明这个宇宙，有两个条件必须满足。第一，我们企图以之说明大宇之内每一事物的那终极的实在，一定要能够逐一说明所有的事物，没有一个例外。第二，这个第一原理又须要能够说明它自身，就是，须要足以自明。若是还需要另外一种什么东西来说明它自身，这个原理便绝不是第一原理。假如它不能够自明，它便是一个最后的谜，纵使我们从它里面把整个的宇宙推演出来，实际上也是一点东西不能说明的。于此唯物论的缺点便是一个最好的例。即使我们承认一切东西，连心灵在内，都经证实了是由物质而来的，但是问题依然存在，一点东西并没曾说明，因为物质这种东西是不能够自明的，所以还是一个不可思议的神秘。徒把宇宙归原于一个终极的神秘，实在不能算为说明了它。又有人主张以他们所谓第一原因来说明宇宙万物。可是何以原因而有所谓第一个？何以在因果相联的无穷的链子上，忽然要停止于一处，而不再上溯？凡是原因都是前一个原因的结果。当我们告诉小孩子说世界是上帝造的，孩子们时常问上帝是谁造的，这实在是一个很有意义的发问。即使我们追溯因果的链索，到了一个所在，确实是有理由可认为第一原因，但是这样我们便果然能够说明什么东西吗？其实我们得到的仍不过是漆黑一团，一点东西还是不能明白的。不问用来说明的原理是什么，但绝不能是这样的原理。它定必要能够说明它自身，不靠着任何别的东西，不需乎再有一个原因。这就是说这种原理自身必得是彻底圆满的，不需要一点另外的东西来为之说明。这就是本然的、绝对的，本然的、绝对的原理定然是唯一的。假定有两个，即是，假定我们要企图拿两个原理 X 和 Y 来说明宇宙万物，这两个原理都是同样本然的、独立的，那么 X 对 Y 的关系是怎样呢？在这个场合，我们如不明白 X 对 Y 的关系，便绝不能够充分认知 X。X 的物质和存在的一部分便由其对于 Y 的关系而构成。X 的特质的一部必由 Y 而说明。但是这样便不是自明，而要靠着本身以外的东西来加以说明，从而绝不能算是万物的终极的说明。由此可知宇宙的终极的说明定须是唯一的。

所以爱利亚学派认为万殊起于一，宇宙的本质是唯一的，这实在完全是对的。可是我们若将他们所以表出其一元思想的方法审查一下，便很易见出他们的体系确实破裂而陷入绝望的二元的迷阵里去了。他们怎样说明这个世界之"存在"呢？他们提出了"存在"为宇宙之本质。但是他们从这个原理怎样推出这个实在世界呢？这里我们的回答是，他们不曾推出，也不曾企图推出。他们没有从他们的第一原理演绎出世界来，而只是一口否定了世界的实在。他们欲以否定问题的存在来解决问题。他们谓实世界是"非存在"，不过是幻象。但是辨明孰为实在的世界，孰为虚幻的世界，固然是一重要的问题，然而这总不能算为说明。把世界称作幻影，不能认为说明了世界。如果世界是实在的，哲学便是要问这种实在是怎样产出的。如果世界是幻象，哲学便要问这种幻象是怎样发生的。你尽可以说世界是幻象，但这总绝不是说明，不过给它一个名称罢了。印度哲学称世界为"摩耶"（maya），即幻象的意思，便是犯着同样的毛病。所以在爱利亚学派的哲学里是有两个世界对立着，并存着，而无法可使调合，一个是"存在"的世界，即实在的世界；一个是现实世界，即幻象的世界。爱利亚学派虽然否定了感觉的世界，称之为幻象，然而无论如何，总不能够取消这个幻象。这个世界总是呈现着的，时时和我们的感觉相接，而必求有以说明之。称之为幻象，是没有一点什么不可以的，但是它仍然是存于实在之旁，而要求必有以从那实在的世界把它推演出来。所以爱利亚学派实在弄出了两个原理，一个假世界和一个真世界，彼此相近，而其中却没有一点联络，没有一点东西可以表明其哪一个是从哪一个产出来的。爱利亚学派的学说实在成了完全无可调停的二元论。

爱利亚学派的哲学之所以裂为二元论，其原因也很为明显，就是由于他们的第一原理本身太枯干了。他们谓"存在"之中绝不含有变化。一切动的原理皆被排除于"存在"之外。他们否认"存在"含有多。他们认为"存在"是单纯的一，绝没有多存于其中。既尽取多与动而悉摈之于第一原理之外，当然要从这个第一原理里面拿出动与多来，是断然办不到的。因为无论什么东西，若为其中本来所没有，你便无从拿出来。你如绝对断言"绝对"之里绝无多的存在，那么，要想说明世界怎样有多的现象，便是不可能的。关于性质的问题，也恰是这样。纯粹的"存在"既然没有一点属性，仅乎是"有"而已；试问从这样一个毫无形状、毫无性质、完全空洞的东西，如何能产生纷纭复杂、性质各殊的万物来呢？宇宙万物品类之丰富如何能从这样的空空洞洞而发生出来呢？所以爱利亚学派实在恰如变戏法者告诉我们许多兔子、豚鼠、线头、纸片和丝带都是从一顶空帽子里面拿出来的一样。这些话若拿来改为比喻的言语，即是改为宗教上的话，其枯涩贫穷便更为显然。爱利亚学派的学说差不多就相当于宗教家所谓"上帝存焉"（God is）这一句话。但是上帝除"存"而外，便没有一点什么特质可言的。这样的神的概念，实是贫穷枯干已极。在基督教里，我们不止于常闻"上帝存焉"之一语，并且时常听到"上帝是爱""上帝是力""上帝是善""上帝是智慧"等的话。不待言的，这些形容词都不过是比喻的和拟人的。这些名词实际上不过显出要照感觉的方法来著想非感觉的东西的倾向。他们都是从有限的世界窃取来的，偶然用来加于上帝，其实对于他都是不适合的，都是不够的。但是这些话至少可使我们明白没有东西能从空空一洞之中产生出来，世界绝不能起于比它自己还低级、还贫乏的东西。在这个世界上，我们可以寻出某种程度的爱、智、优美和力量。但是这些东西所从而来的根本绝不能是那样贫乏，除了"有"以外，便一无所有。较小的可由较大的产出，但较大的绝不能由较小的产出。我们不单可以把爱利亚学派和基督教比较，也可以把它和晚近流行的不可知说（agnosticism）比较一下。不可知说认为"绝对"是不可知的。但是不可知论者的意思乃是以为人的理性够不上捉到终极的实在的伟大，而爱利亚学派的意思则并非认"上帝是爱、智、力"，这一类的话不够说明上帝，并非以为这些观念不足以表明上帝的存在的圆满充实。照他们的意思说来，这些观念若拿来说明上帝，都未免太高了些，因为上帝仅乎是"有"而已，此外绝对没有一点什么可说的。这个上帝的概念便是一个绝对空虚的"存在"的概念。

　　一元的观念我已说过是哲学上一个根本的观念。"绝对"定然是唯一的。但是全然抽象的一元论是不可能的。若"绝对"仅乎是一，所有多与动的现象完全摈斥于其外，那么从这样一个抽象的东西里面，怎样能够发生一个流转不息、变化万千的世界出来呢？所以"绝对"绝不能仅乎是一，也不能仅乎是多。它必得是一中之多，恰如基督教的三位一体说所讲的一样。宗教之进展由抽象的多神教（上帝是多），进而为抽象的一神教（上帝是一，犹太教、印度教和回教属之），由此再进而成为具体的一神教（上帝是多而存于一，基督教属之）。寻常对于这种三位一体说有两种误解，一是流行的唯理论，一是流行的神学主张。流行的唯理论认为三位一体说反乎理性，流行的神学主张这是一种神秘，超越理性。却不知其实三位一体说既不反于理性，亦不超乎理性，而是理性的最高的发露。其真正不可思议而不合于理性的，实在是谓上帝——"绝对"仅乎是一，而绝不含有多。就因这种矛盾的思想的结果，所以爱利亚学派的哲学裂成无可调停的二元论。印度的和斯宾诺莎的思想体系也是这样。凡是认"绝对"为纯粹的一，完全摈多于其外，凡是以这种思想出发者，无不走到同一的境地。

第五章　赫拉克利特

赫拉克利特（Heracletus）大约生于公元前535年，死于公元前475年。他大概是在塞诺芬尼之后，与巴门尼德同时，而比芝诺年长。在历史的时间的次序上，他是和爱利亚学派平行的。他是小亚细亚爱菲索(Ephesus)人,出身一个贵族的家庭,并且荣膺巴西留（basileus）即皇帝的名誉职。不过这是一个不重要的职位，仅是厄琉息斯秘密祭仪（Eleusinian Mysteries）的该处支部的祭司长。为时不久，他便辞了职，把这个地位让给了他的兄弟。赫拉克利特为人似乎极傲，不单一般大众不在他的眼中，就连他的同族的许多大人物，他也是一点也瞧不起的。他讲起塞诺芬尼和毕达哥拉斯来，总是恣意地嘲骂。他说荷马应该拖出去而挞以皮鞭，赫西俄德只配替下流的群众做师傅，只能算愚人当中的一个，是一个连白日和黑夜都分不出来的糊涂蛋。至于一般的群众，在他更是不知怎样地鄙视了。他有许多话辛辣锐利很可令我们想起叔本华来，例如："笨驴情愿吃草，不要金子。""狗子们逢着凡是他们所不认得的人都咬。"还有许多冷隽的短语，颇可教人实际的智慧，而值得记忆，如：

"人的品格就是他的命运。""医生剜割，炽灼，刺戳，以种种方法磨难病人，还要索取他所不应该得到的酬金。"他本着他的傲僻的贵族的气质，对于当时爱菲索的民生政治极力攻击。

赫拉克利特的哲学思想都在他的一篇散文的论文里，这篇文字在苏格拉底时是很出名的，于今只存留着一些断片了。他的文体特别艰涩难懂，因此世人竟替他起了一个"晦涩"的诨名。苏格拉底说起赫拉克利特的著作，曾谓他所了解的一部分是极高贵的，他所不了解的一部分，他深信也是一样高贵的，不过读这本书定须一个坚强忍耐的好手。有人说他是有意造作那种晦暗的词句来卖弄玄虚。但这句话不见得有什么根据。实际上若赫拉克利特没有用心说明他的思想使人容易明白，那么他也未必故意隐藏他的思想叫人不容易明白。不过他的书不是为愚人写的。他的态度就是，假如读者能够懂得他咧，很好，否则便任读者愈显其愚罢了。所以他不肯多费时间来详细陈述他的思想，只出之以简短精练而富有含义之语，这实在正是所谓要言不烦。

他的理论和爱利亚学派的正相反对。爱利亚学派谓只有"存在"，绝无"变化"，一切生成变化都不过是幻象。而赫拉克利特却谓只有"变化"，绝无"存在"，恒定、同一这些东西才是幻象，一切人间万物都是不断地变化，不断地改换新的式样，新的状况。没有常住的东西，没有恒定的东西，没有持续的东西。他说"濯足长流，举足复入，已非前水"。他不单否定了绝对的恒定，就连宇宙万物的相对的恒定也斥为虚妄。我们知道无论一种什么东西，下自旋生旋灭的昆虫，上至终古如斯的山岳，都有一定的时限，万物有生存则必有毁灭。但是寻常我们总认为这些东西至少总具有一些相对的恒定性，同一情况里面多少总有一点继续性，然而就连这个，赫拉克利特也都否定了。在连续的时间内，照他所说，没有一种东西能够继续如旧，表面上似是而非的持续的现象只不过是幻象，如同水面的流波好像常是同一的波浪，而其实绝非同一的波浪一样。浪之所由而组成的水是刻刻变换，永不停留的，其存而不变的只不过是外形。宇宙万物表面上的固定的现象，恰和这个一般，也只是由于流行于其中的物质量常是相等的罢了。宇宙是一大流。明朝之太阳绝非今晚之落日，而是一个新太阳，因为太阳之火不断地焚烧，必刻刻取偿于海中蒸汽以为弥补的缘故。

万物不单是随时变化，纵在同一刹那之内，也绝不继续是一样的。这个意思并非仅乎是说前一时间如是后一时间便不如是，而是说如是而又不如是，存在而又不存在于同一时间之内。立刻存在而便又不存在，便是"变化"的意义。这里拿爱利亚学派所说的来比较一下，便更易明白。爱利亚学派是以"存在"和"非存在"两个概念来解释宇宙的，一切真理，一切实在都在于"存在"，"非存在"纯然是虚妄的。但是在赫拉克利特看来，"存在"和"非存在"一样，都是实在的，因为它们是二而一的。变化是"存在"和"非存在"的综合。因为变化只有两种方式，就是万物之生与死，始与终，发生与消灭。也许你以为这句话不对，因为除了发生和消灭之外，或者还有别的方式也未可知。比如一个人的生便是他的始，死便是他的终。但是介乎他的生与死之间，还有许多中间变化。一个人总是由少而壮，由壮而老，头发是由黑而白，或是一天比一天更精明，或是年纪越大越愚笨。就如树叶子也是不止于由"存在"而"不存在"的，而是不断地改变它的状态、式样和颜色的。由嫩绿，而暗绿，而苍黄。
但是这实在不外乎是诸性质之发生和消灭，不过不是其物自身
之生灭而已。由绿而黄的变化便是绿色之消灭，同时也就是黄
色之发生。发生便是"非存在"入于"存在"之过渡，而消灭
便是"存在"入于"非存在"之过渡，但是这种过渡，照赫拉
克利特看来，绝非在某一时间是"存在"，而到了后一时间便成
了"非存在"的意思。它的意义是"存在"和"非存在"存于
一切东西之中，是同一时间以内的事。"存在"就是"非存在"。"非
存在"也就具于"存在"之中。拿生与死来讲，寻常我们总是
以为死是由外来的原因，如意外之事或疾病等有以致之的。生
命继续着的时候，常是那样，永不改变，绝不混有死在内。就
是，生命总是生命，直到突然遭着外来的什么变故，即外在的
原因，使之了结的时候，方始休止。麦奇里可夫的《人性》一书，
便是发挥这种观念。他说死总是由于外来的原因。我们没有什
么理由可以断定科学不能发达到那种程度足以消灭疾病，而使
生命不会遭到意外。到了那个时候，生命便可常保不灭，至少
也可以无限延长。但是这些话实在基于一种混乱的见解。固然，
死确实总是起于外来的原因，世界上每一个事件都必全然为其
原因所决定，因果律是不容有一例外的。所以说死必由先在的
原因而引起，实在完全是对的。可是我在前一章已说过，给予
某一事件以原因，并不就是给予了它以理由。原因绝不能认为
任何东西的说明的原理。它只告诉我们 A 现象之后常是无约制
地接着 B 现象，因此我们称 A 为 B 的原因。但这不过是表明
无论何时，B 若发现，必以一定的时间和次序而发现。至于 B
究竟是为什么而要发现，那便一点也不能够说明的。须知一种

东西的理由和原因是大有分别的。人之所以死的理由，绝不能求之于死的原因。其实所以有死的理由还不就是生命之中便已伏着死的胚胎，所以潜然之中生便是死，即是"存在"之中便已具有"非存在"么？死的外来原因不过是一种机械的手段，凭它的作用以实现原来不可避免的结果罢了。

照赫拉克利特所说，不单"存在"和"非存在"是相合的，宇宙之中每一个东西都具着矛盾于其本身。每一个物件都是一个矛盾的紧张的调和。凡是一个调和都必包含两个反对的原理，于冲突之中，显出根本的统一。赫拉克利特主张宇宙间一切的东西都是本着这个原理而存在的。所有的物件都含着矛盾，所有的生命和实在都存于反对的本质之争衡与冲突之中。万物之中心都不外乎冲突。一种东西的冲突如果停止了，它的生命也便要随之而终止。赫拉克利特说了许多式样的话，都是表明这种观念。他说："斗争为万物之母。""一之自身分裂而又和合，如乐弓和七弦琴之相谐适。""上帝是白日而又是黑夜，是夏而又是冬，是战争而又是和平，是饱满而又是饥荒。""合完全的和不完全的，适合的和不适合的，调和的与不调和的，于是乎由一生多，由多生一。"本着这种见解，他笑骂荷马当初祈求斗争绝迹于神的世界和人间。因为假如这个要求而获准许，那么，宇宙自身也便要随之而灭亡。

赫拉克利特于他的形而上学之外，又建立了一种物理学说。他谓万物皆成于火。"这个世界不是神之中或人之中哪一个造成的，而是一个永劫的灵火，以前如是，现在如是，将来永远亦必如是。"一切均来于火，亦归于火。"万物与火之交相变易，就如金子与货物，货物与金子之互换一样。"所以追本穷源只有一种物质，即是火，其他各样的物质都不过是火的许多变形。赫拉克利特之所以以火为宇宙的本质，其原因也显而易见。因为这正和他在哲学上所主张的"变化"的原理相合。火是最变动不过的，从这一时间至彼一时间，绝不会继续一样的。它继续以燃料的形式吸收物质，又产出烟和蒸汽等同量的物质。赫拉克利特说原始之火，变而为气，气变为水，水变为地，是为向下之道。与此相反的为向上之道，就是地变为水，水又化气，气复成火。所有的变化总必照着这个一定的程序发生，所以向上之道和向下之道实际上只是一个。

赫拉克利特又特别认为火是和生命及理性合一的。火为万物之中的理性的元素。火愈多则生命活动愈旺。暗淡和沉重的物质越多，则死亡、冷酷与"非存在"越盛。所以灵魂便是火，并且和寻常别的火一样，不断地因焚烧而消耗而要需乎补充。这种补充，它是由感觉和呼吸而取自宇宙里的共同生命和理性，即是满布于周遭无所不在的火。我们便生活于这整个的火之中。没有一个人有他自己的单独的隔离的灵魂，每个人的灵魂都是共同的广大的灵火的一部分。一旦与此绝缘，个人便要成为不合理的而归于死亡。睡着的时候，感觉停止，外面的火只能由呼吸而入，所以睡眠便是半死。我们睡着的时候，便成了不合理的，没有感觉，脱离了共同的生命的世界，各入于狭隘的自我的囚笼。赫拉克利特也主张世界周期循环之说。他说世界是火构成的，到了一定的时候，必经过一次大烧而复成为火。

在宗教见解上，赫拉克利特是一个怀疑者，但是他不像塞诺芬尼，并不攻击宗教的中心观念和神的臆说，而总只指摘宗教的精神所借以表现的外表的形式仪节。他痛诋偶像崇拜之毫无意义，并且力斥杀生献祭之无益。

他和爱利亚学派一样，划出感觉和理性的区别，而认真理为存乎理性的认识之中。似是而非的恒定的现象，乃是起于感觉的。只有凭着理性，我们才可达到"变化"的定律的知识，在这个定律的认知之中便可发现人的义务，那便是到快乐的唯一之路。了解了这个，人便可以忍顺而满足。他认为恶和善，痛苦和快乐，是不可分的相伴的东西，两方面都为组成宇宙的调谐所必需。善和恶便是斗争的两大原理，宇宙万物之存在的基础就在于此两者之间。所以恶也是必然的，应该存在于世界上的，明乎此，我们便可有以超乎那凄惨而且徒劳的反抗宇宙的最高律令之挣扎了。

第六章　恩培多克勒

恩培多克勒（Empedocles）是西西里的阿克拉迦人，约生于公元前495年，卒于公元前435年。他和毕达哥拉斯一样，人格高尚，极受当时人的推重。所以关于他的一生有许多传说，有的讲他所曾做过的灵迹，有的讲他死时情节，但大都是荒诞不足信的。他长于辩才，因而获得阿克拉迦民主政治的领袖地位，直到后来被逐出亡为止。

恩培多克勒的哲学本质上是偏于调和的。希腊哲学进展到了此时，发生了许多各别的学说，彼此冲突，各不相容，恩培多克勒的职任便是把它们调和起来，总合起来，而使成一新的体系，却是其中并无什么崭新的思想。在讨论巴门尼德时，我已指出，巴门尼德的思想可以解作理想主义的，亦可以认为唯物主义的，这两种特色并存于巴门尼德的体系里，着重此一方面固可，着重彼一方面亦无不可。而恩培多克勒便是把捉唯物的方面的。巴门尼德的根本思想不外乎是"存在"不变为"非存在"，"非存在"亦不能变为"存在"。一切都是恒定不变的。这些话如解作纯粹物质的意味来讲，就是物质无始无终，不创生亦不毁灭。这种思想便是恩培多克勒哲学的第一个基本原理。另一方面，赫拉克利特主张生成变化是不可以否认的，这种主张便是恩培多克勒哲学的第二个基本原理。但是虽然说没有绝对的变化，没有创生，也没有全然的毁灭，而万物却又明明是倏生倏灭，变动不居，这种事实我们不能不有以说明之，所以这两个矛盾的见解非有一种调和方法不可。但是我们若谓物质不生不灭，而又承认万物变化无常，这个若要加以解释实在只有一个法子，就是假定万物之整体虽有始终，然而其所由以组成的物质分子则是无创生亦无毁灭。而这便正是恩培多克勒的根本思想，也就是继他而起的阿那克萨戈拉和原子论学派的中心主张。

伊奥尼亚学派认为万物都起于一个唯一本原的物质，泰勒斯以水为这个本质，阿那克西美尼以气。这样，所谓本质当然非可以变成各式各样的东西不可。假如它是水，那么，水就必得能变为铜、铁、树木、空气以及所有的一切才可；假如是气，也须如此。却是照巴门尼德所说，凡是存在的都是永远继续一样，不会改变的。恩培多克勒承受了巴门尼德这种主张，然而却拿他自己的见解来解释它。他也认为一种物质不能变为别一种物质，火不能变水，地不能化气。但是就在这里，恩培多克勒立刻想到了原素说。"原素"这个名词是后来才有的，恩培多克勒只称之为"万物之根"（the roots of all）。他说有四种原素，即地、火、气、水。这个四元的分类为我们所熟见，便是恩培多克勒所发明。一切他种物质都只是为四种原素的不同的分配。万物之发生和毁灭以及各种物质的千差万别的性质，都可以此四种原素之聚合和解散而说明的。一切变化都不外乎是化合和分解的程序。

　　然而这些原素之聚合和分散不能不恃乎其分子之运动，所以要说明这个，便不能不假定一种原动力。当初伊奥尼亚学派的哲学家假定这种动力便含于物质的本身之中。阿那克西美尼谓气就本着其自身内在的力量而变为别种物质。恩培多克勒不赞成此说，认为物质自身是死的，无生命的，绝不能够运动。这样当然便只有一条路可走，就是假定一种从物质的外面，而支配物质的力。但是宇宙的两种根本程序，化合和分解，其性质是相反的，所以如果要假定这样的力，便非假定两个反对的力不可。这两个相反的力，他便称之为爱和憎，或和谐与冲突。这些名词虽然很有理想主义的气味，但是他却把它们全然看作物质的力。他又谓人类彼此间之相引与相斥，即我们所谓爱与憎，都是物质世界的动力，运行于大宇之内的机械的引力和斥力的表现。

　　恩培多克勒也宣扬世界周期循环说，谓世界的程序是周而复始的，所以是无始无终的。但是现在我们要来说明这个程序，非从一个起点不可。我们姑从宇宙球说起。太初之时，宇宙只是一个球，这当中四大原素是完全混合，互相渗透的，水与气交融，气与地也不分，一切均混作一团。这个球里任何部分都具着等量的地、气、火、水。所以那时四大原素是一个统一的整体，而运行于此一团之中的力只是爱或调和。可是憎却满布于此一团的周围之外的，它逐渐侵入这个球里，由表面而中心，于是遂引起了这些原素的分解的程序。这个分解的程序继续地进行，使同类相聚，终于四大原素完全分开，水归水，火归火，气归气，地归地。至此，分解程序遂告完全，憎达于极点，而爱遂被扫除净尽。于是乎同样的程序又继之而再起。问到我们的现在的世界已经到了这种循环运动的什么阶段，他的回答是，现在的世界不在完全统一之中，亦未到完全分解之时，而是正在从球的混沌状态到完全分解的境地的程途的当中。它的进程是从前者而趋于后者的，所以憎是正在一天比一天的占优势。在原始之球成为现在的世界的历程中，首先分离出来的是气，次为火，再次为地。水是由于地的急速的旋转力而从地里面挤榨出来的。天分两半，一半是火，为白日，一半是黑暗的物质，有许多火块散布其中，便是黑夜。

恩培多克勒也相信轮回说，他又提出一种感觉知觉论，其大意是同类相感。存于我们之里的火，感知外面的火。别的原素都也是这样。视觉就由于眼里的水和火与来于外物的水和火相接而起。

第七章　原子论学派

开创原子论学派的是留基伯（Leucippus），他的生平现已失传，生卒时期和住地也不可考，不过大概他总是和恩培多克勒及阿那克萨戈拉同时的人。还有德谟克里特，他是色雷斯（Thrace）阿布德拉（Abdera）人，他在他的那时的知识界，是一个学问最高的人。具着极大的求知的欲望，而又富于资财足以实行他的目的，他曾作大规模的旅行，周游列国，探求知识。他的游历大部分是在埃及，也许到过巴比伦。他的死时也不可知，但是大概他活的寿数很长，总在九十至一百岁之间。究竟留基伯和德谟克里特两人对于原子论的哲学的贡献，各为怎样，现在实是一个疑问。不过大都说这一派哲学的根本要义都出于留基伯之手，而德谟克里特便是运用发展它们，使臻于精密之境，而成为著名的学说。

我们已经知道，恩培多克勒的哲学乃是调和巴门尼德和赫拉克利特两人的学说的。巴门尼德的根本思想就是认为绝无严密意味的绝对的变化，"存在"绝不能变为"非存在"，"非存在"也绝不能变为"存在"。然而事实上所有感觉的对象，又无不的实是在忽生忽灭，变动不居。这当中唯一的说明的方法，当然只有假定各样东西的整体虽有始终，而其所由以组成的微分子则是永久存在的。但是恩培多克勒对于这种理论的详细的发展，殊多欠缺牵强之处。第一层，我们若谓一切物件都是许多部分构成的，一切变化都只是由于预在的物质的微分子之混合和分解而发生，那么，我们当然便不能不树立一种分子的理论。恩培多克勒对于物质分子虽也道及，可是关于它的性质不曾下一点定义，不能给我们一点明白的概念。第二层，他所说的爱和憎两种原动力太近于空想神秘。第三层，在他的话里，所谓万物的性质，都视其微分子的位置安排而定，这种观念虽依稀可寻，然而这种理论实在并没有精确地发展出来。照恩培多克勒所说，只有四种原素性质上是殊异的。所有其他一切东西的性质的差别都是由于这四种原素配合不同而来。这样，这四种原素的性质，自然是根本的固有的，而其他各种物性都起于这四种原素之不同的分配。这实在便是对于性质的机械的说明的滥觞。却是这种理论，若要彻底地发展起来，仅乎说明有些性质是根本的固有的，有些是由于微分子之配合而起，实是不够的，还得说明一切性质都是建立于位置安排之上，才能算为完满。恩培多克勒主张一切变化都是物质分子的运动的结果。这种机械的哲学，推至其论理的结论，当然所有各样东西的性质都非按同样方法而加以说明不可。所以这个机械主义的、物质主义的哲学，断然不能停留于恩培多克勒把它放下的那个地位，断然要走到原子论的路上来的。原子论学派（atomist）便是继承恩培多克勒的思想而弥补了以上所论的缺点的。恩培多克勒的哲学便代表转变的过渡的思想。

原子论学派着手先发展了分子说。留基伯和德谟克里特主张物质若将其尽量分割，到了极限，一定成为不可分的单位。这些不可分的单位便叫作原子（atoms），所以原子便是物质的究极的成分。这种原子，其数无限，其小至极，是感觉之所达不到的。恩培多克勒说的是有四种不同的物质，但是原子论学派谓只有一种物质。所有的原子都是由同一种物质构成的。除了一点例外，这些例外立刻便要说到，它们是纯然没有什么性质的，只是体积上或大或小，形态也有差异。万物的基本分子既然是没有性质的，一切东西之所显露的特性，自必由于原子之分配与位置而来了。其实这就是恩培多克勒所尝试的机械论的论理的结论。

上面说过，原子是没有性质的。但是至少我们不能不承认原子有一个属性，就是坚实，即不可透入性，因为照原子的定义说，它是不可分的。又德谟克里特和留基伯心目中的原子究竟是否具有重量，抑或一切东西的重量如同别的性质一样，也可拿原子之运动于位置来说明，这实在也是一个问题。无疑的，后来伊壁鸠鲁学派便认为原子是具着重量的。但是伊壁鸠鲁学派乃是袭取德谟克里特和留基伯的原子论，简直不曾更动一点，而用为他们自己的哲学的基础的。所以这里唯一的问题就是他们说原子有重量，这究竟是他们的修正，还是德谟克里特和留基伯的原子论的原来的一部分。

原子是彼此分离，各有界限的，所以不能不有一种所以隔离之而为其界限的东西，这种东西自然是只有虚无一物的空间。而且一切物件的所有的变化和所有的性质，既然都是以原子的聚合和分散来加以说明，这当中不待言便包含着原子的运动；

但是如果没有其中可以行运动的虚无一物的空间，一样东西也不能够运动的，因此也就非假定虚无一物的空间之存在不可。于是遂有了两个根本的实在，就是，原子和空间，相当于爱利亚学派的"存在"和非存在。但是爱利亚学派否定非存在的实在而原子论学派则承认非存在，即是虚无一物的空间，也是真的存在。就是，非存在也是存在的。德谟克里特谓"存在绝不比无更为实在"，原子是没有性质的，和虚无一物的空间毫无差别，除了它们是"充实的"这一点而外。所以原子和空间又称作实体和虚空（plenum and vacuum）。

但是原子的运动是从何而起的呢？一切变化既然都归于原子之分合，则非有一所以使之分合的原动力不可。然则这个原动力是什么呢？这个便要视原子有无重量之一问题而定。我们若假定原子是有重量的，那么，宇宙之起源以及原子之运动便很易明白。照伊壁鸠鲁学派所说，原子的运动其初是由于它们的重量而起，它们的重量驱使它们不断地下坠于无尽的空间。当然那时的原子论者还没有正确的引力观念，不知并无所谓绝对的上下之分。原子之较大的比较小的重些，但是它们所由而构成的物质总都是一样的。所以它们大小若是相同，重量也必相等。就是，它们的重量是和它们的体积成正比例的，一个原子若是比别一个原子大两倍，它的重量也必为其两倍。于此，古代原子论者又造成一个谬见，以为重一点的东西比轻一点的在空中落得更快。其实，空中物体，不问大小，都是以同等速率下降的。但是照原子论学派所说，重些的原子因为落得更快，所以撞冲轻些的原子，把它们排挤于一边，而使它们上升。在无数的原子震撼之中，遂起了一个大漩涡，使相类的原子合拢起来，从而发生了许多世界，因为空间是无限际的，原子之下坠是永久不停的，所以必有无数的世界，而我们的这个世界不过是其中之一。到了原子分散的时候，我们的这个特殊的世界便要归于消灭。但是上面所说的这些话，都须假定原子具有重量才可成立。而据伯奈特教授研究，原子有重量之说乃是后来伊壁鸠鲁学派所加入的。信如是说，那么，我们便实在很难明白古代原子论学派留基伯和德谟克里特诸人究竟怎样说明起始的运动了。如原子的原动力不是它的重量，便是什么呢？如原子是没有重量的，它们的起始的运动当然不是坠落。伯奈特教授谓"最稳当是说，他们所讲的运动仅乎是一种任便的混乱的运动"。也许这确是一个最稳当的说法，因为这是没有一点确定的意思的。但是运动的自身是不会混乱的，只有我们的对于运动的观念才会混乱。假如这种理论确乎是他们之所主张的，那么我们实在只能说，原子论学派对于运动之起源和动力之本质的问题，没有确定的解答。他们显然是不曾见出这个说明之必要。但是恩培多克勒却早已觉得这个问题非解决不可，所以提出了爱和憎之说，这虽是不能使人满意，然而总不失为一个确定的解答。由此事实而论，又似乎他们不至于会能忽略了这个问题。这句话纵然不能施之于留基伯，也总可以之来论德谟克里特的。

　　原子论学派又谓一切运动都起于必然的努力之下。在这时候阿那克萨戈拉正倡万物的运动都起于宇宙理智或理性之说。德谟克里特便提出了他的必然说以与这种主张相抗，谓世界上绝无理智或理性这种东西，一切现象，一切变化，全然都是盲目的机械的原因所决定的。因此，原子论学派又反对当时流行的宗教和各样的神。德谟克里特说明神的信仰，是由对于地面和天空现象如火山、地震、彗星和陨石之类的恐惧心理而发生的。但是说来不免矛盾，他又相信空气之中住有一种生物，和人相似，只是身躯更大，寿命更长；又说神的信仰就由于这些大人身上投出来的原子构成的影子和人的感觉相接而起。

无论怎样的原子论对于一切物质的种类的差别，总是拿他们所由而构成的原子的形相、体积和位置来说明的。所以原子论学派主张火是圆而滑的原子所构成的。灵魂也是圆滑的原子所构成，乃是一种特别精纯的火。死的时候，灵魂原子便都分散，所以来生是不成问题的。德谟克里特又提出了一种知觉论，谓万物都在空间里面投出各自的由原子所构成的影片，这些影片触着了感官，相同的原子便为相同的原子所感知。灵魂的热度均平之时，人的思想便可正确。一切东西之所呈于感觉的性质，如味、嗅、色彩之类，绝非存于这些东西的自体，只是表明这些东西施其影响于我们的感觉之上的态度，所以于我们是相对的。还有德谟克里特的许多伦理信条至今尚保存着，但都和原子论无关，不能从原子论推演出来，所以没有科学的根据，只是些零言碎语，为他的阅历和知识的撮要罢了。这些话的大意不外乎人当尽量自寻快乐，避免忧愁。但是这绝不是以低级的堕落的或肉欲的意味来解释的。反之，德谟克里特谓人的快乐并不靠着物质的享有，而是依乎灵魂的情状的。他赞美宁静和愉悦，但是他说中庸和朴素乃是达到这些的最当之路。

第八章　阿那克萨戈拉

阿那克萨戈拉（Anaxagoras）在公元前 500 年生于小亚细亚的克拉左门尼。他是一个贵族的儿子，有很多的财产。但是他心醉于科学和哲学的探讨，为便于求知的缘故，遂而不顾他的家产，别离乡土，迁居于希腊京都雅典。在希腊哲学史上，直到这里，还没有提过雅典。但因阿那克萨戈拉这一来到，希腊便由希腊殖民地而移入希腊本土，从此雅典遂成了希腊思想的中心。阿那克萨戈拉在雅典遍识当时有名人物，特别和大政治家伯里克利（Pericles）及诗人欧里庇得斯（Euripides）成为亲密的朋友。但是他和伯里克利的友谊却使他触了一个很大的霉头。据我们所知，阿那克萨戈拉实在从来没有参与过政治，然而他是当时声势煊赫的伯里克利的朋友，这便够了。所以伯里克利的政敌便立定了主意，给他一个教训，控告阿那克萨戈拉提倡无神论，犯了亵渎神明的大罪。其中细情便是说阿那克萨戈拉宣传太阳是赤灼的石块，月亮是土造成的。这些话是确实的，因为阿那克萨戈拉的确宣称太阳和月亮是这样。但是希腊人是把天上所有的东西都认为是神，就连柏拉图和亚里士多德也说天上的星辰都是庄严的神。所以说太阳是赤灼的石块，月亮是土，由希腊人的观念看来，那实在是大不敬。阿那克萨戈拉被告之后，受了审问，便定了罪。这件案子的审判详情以及后来怎样，现已无从确知。不过事情似乎是被阿那克萨戈拉逃跑了，这或者是得了伯里克利的帮助。他从雅典逃回了他的故乡小亚细亚，便住在兰库萨斯，活到七十二岁才死。他写下一篇论文，里面就是陈述他的哲学思想，在苏格拉底的时候还很为出名，现在只残留着一些断片了。

阿那克萨戈拉哲学的根本主张和恩培多克勒的及原子论学派的是一样，也是否认存在可变为非存在、非存在可变为存在这种严密意味的绝对的变化。物质不能创生，亦不能毁灭，所有的变化都不过是物质所由而构成的微分子之混合和分散。这个根本要义在他的论文所留存的一断片里说得很清楚。他说："希腊人假定创生和毁灭，这实在是一种妄论，因为没有东西可以创生，也没有东西可以毁灭，一切都不外乎是预存的物质之结合和分散，更精密一点来讲，一个是组合的程序，一个是分解的程序。"

原子论学派认为万物的终极的成分都是同一物质构成的原子。恩培多克勒以为有四种本然的特生的物质。这两种见解，阿那克萨戈拉一样也不赞成。阿那克萨戈拉主张所有各式各样的物质都是本然的特生的，例如黄金、骨头、毛发、土水、树木等类，这些都非起于别的东西，亦不变为别的东西，都是终极的本原的物质。原子论学派谓物质若尽量分割起来，到了极限，定然达于不可分的分子，阿那克萨戈拉对此见解也不一致。依阿那克萨戈拉说，物质是无限可分的。太初之时，所有各种物质都是完全混合着的。世界形成之程序，便起于这些混合着的物质异者相离，同者相聚，分解的作用。例如，黄金的分子脱离了这个混沌的一团，合拢起来，便成为黄金，树木的分子合拢起来便成为树木，以此类推。但是因为物质是无限可分的，所以各种物质原来的混合是十分完全的，到了无限的地步，所以分解起来，也须要无限的时间；现在正在分解之中，但永远不会有分解清楚之一日。就连最纯粹的原素，其中也断然杂着些别的物质。拿黄金来讲，绝没有纯粹的黄金。黄金这种物质只不过是其中黄金的分子最多罢了。

　　这里和对于恩培多克勒及原子论学派一样，要想说明宇宙形成的分解程序，非有一原动力不可。在阿那克萨戈拉的体系里，这个原动力为何呢？直到这一点，阿那克萨戈拉哲学实际上一点没有脱出恩培多克勒和原子论学派的窠臼，而且以思想之明晰和理论的精密来讲，反远在原子论学派之下。然而就在这里，于原动力这个问题上，阿那克萨戈拉却显出了他的创造的天才，自立一种新见解，和前人迥然不同。恩培多克勒的爱和憎两个原动力，一方面是空想的、神秘的，而另一方面又全然是物质的。原子论学派的原动力也全然是物质的。但是阿那克萨戈拉所设想的原动力，却是非物质的、无形体的。这便叫作睿智（Nous），即是心或理智。便是理智使万物发生了运动，从而形成世界。现在我们要问，阿那克萨戈拉何由而想出这样一个支配世界的理智这种理想呢？这似乎是由于他看见宇宙之中所显示的计划、秩序、美与调和，而被感动。他以为这些现象绝不能仅乎以盲目的动力来说明的。这个世界显然是一个受着合理的支配的世界，而向着一个确定的目的趋进。大自然里面之所显示的手段和目的臻合巧妙，其证例是不胜指数的，世界之中分明寓有整个的计划和目的。原子论学派仅乎假定了物质和物质的力，除此以外，便无他物。殊不知只凭一团糟的物质的盲目的冲撞，怎样能够发生这些整然的计划、秩序、美与调和出来呢？乱七八糟的盲目的冲撞固然可以发生运动和变化。但是这种变动终不过是无意义的无目的的变动，绝不能够产生如此整然合理的宇宙。一团混乱永远定必还是一团混乱。只有理智才可以产生一定的规律和秩序。从而非有一支配一切的睿智不可。

然则依阿那克萨戈拉之意，所谓睿智的特质是怎样呢？他是否把它看作纯粹非物质的无形体的呢？对于这个问题，亚里士多德比较一般晚近学者总要知道得清楚些，他的批评里面分明含着阿那克萨戈拉的睿智是一无形体的原理之意，许多有名学者如策勒（Zeller）和艾尔德曼（Erdmann）诸人都从着亚氏的这种见解。又有人反对此种见解，如格罗特（Grote）便是其中之一，最近伯奈特教授也谓阿那克萨戈拉是把睿智看作一种物质的实体的力。因为这个问题极关重要，让我们先来研究一下伯奈特教授所说的话有何根据。伯氏所依据的第一，是阿那克萨戈拉说过睿智"是一切物件当中之最稀薄的和最纯粹的"；又说过"它是不混杂的"，除它自身之外，绝不含有别的成分。伯氏谓"稀薄"和"不混杂"这些形容词如果和一个无形体的原理连缀起来，实在一点意义也没有的。只有物质的东西才可形容之为稀薄的、纯粹的和不混杂的。第二，阿那克萨戈拉又说过睿智的大小部分的话，所以伯氏以为睿智必是占空间的。因为大小是表明空间的关系的。睿智既可以大小来形容，自然是占空间的；既占空间，当然是物质的实体的东西了。但是所有这些论据都是很不健全的。先拿"稀薄"和"不混杂"等字眼来讲，固然这些本来都是形容物质的东西的，但是前面也已说过，所有我们用以表明无形体的观念的字，差不多本来都是具着物质的含意的。然若因阿那克萨戈拉曾形容睿智为稀薄的，遂而指他为唯物主义者，那么，我们若说柏拉图的思想极明晰，或亚里士多德的思想极清澈，我们也就可说是主张唯物论了。殊不知一切哲学都不能免于这种困难，就是，不能不用本是所以表明感觉的观念的语言文字来说明非感觉的思想。直到如今，世界上找不出一种哲学，其中没有许多词语，借实质的比喻来说明非实质的观念。至于睿智占空间这句话，诚然大小是形容空间的关系的，却是也可以表明性质的程度的关系。比如我说柏拉图的天才大于加利亚斯（Callias）的。这样，我就可以说是一个唯物主义者了吗？我的意思便是说柏拉图的天才比较加利亚斯的多占些空间吗？阿那克萨戈拉之用那些名词恰和这个一般。他说"睿智无论大小，都总是一样的"，这个意思实在便是说形成世界的睿智（大的）和人的睿智（小的）本质上是一样的。在阿那克萨戈拉看来，其附与人畜草木一切生物以生机者只是一个睿智。一切种类的生物的生机都是同一睿智所附与的，不过其附与的程度不同，人所受的最高罢了。但是这绝不能谓就是说存乎人的睿智比存乎植物的睿智多占一些空间。而且即使阿那克萨戈拉确乎认为睿智是有空间性的，他也未必就把它看作物质的。因为心无空间性乃是晚近的一种思想，直至笛卡儿（Descartes）以前，还没有完全发展。所以说阿那克萨戈拉不了解心是非空间的，不过等于说他生于笛卡儿之前。从这个事实看来，阿那克萨戈拉对于心之非实体性，毫无疑义是看不清楚的，他对于心和物的区别，断然不像我们划得这样分明。然而这个区别毕竟他是见到了的，所以说阿那克萨戈拉的睿智是一非实体的无形相的原理，实在没有什么错误。阿那克萨戈拉之所以要引入这个睿智于他的体系之中，全然就因为仅乎凭着一纯粹物质做基础，是不够来说明宇宙的计划和秩序的。

睿智的第二个特质就在为运动的根本。阿那克萨戈拉就因没有别的法子可以说明有目的的运动，所以想出一个心来，除此而外，他的哲学在所有的其他方面全是唯物主义的。心的作用就是做原动力来说明分解的世界程序。睿智为运动之本，而自身不动，因为它在而有运动，我们便不能不再另寻这个运动的根源于它自身之外。因此，所以作为一切运动的原因，它的自身是不能运动的。又睿智是绝对纯粹的，绝不混杂任何别的物质。它是单独存在的，完全存在于它的自身之中，就为它自身而存在的。和物质之杂乱不同，它是纯一不类的。就是这个缘故，所以它是万能的，可以支配一切，因为在它里面没有一点杂质可以制限、阻碍、妨害它的作用。于此，我们现代人当然要一问这个睿智可是有人格的呢？它是否和基督教的上帝一样呢？要想回答这个问题，差不多是不可能的，阿那克萨戈拉恐怕没有想到过这一层。据策勒研究，希腊人的人格观念未曾发展，就在柏拉图，我们也可找到同样的困难。上帝被看作有人格的还是看作无人格的，其中大有分别，这实在是晚近才有的观念。希腊人没有探讨过这个问题。

现在让我们一问这种睿智在阿那克萨戈拉的体系里，究竟有怎样的作用呢？这里我们须要注意，阿那克萨戈拉所说的睿智乃是形成世界而不是创造世界。睿智和物质是并存的。睿智绝不能创造物质，只不过把物质配置起来。所以他说："太初之时，万物混合，无限之多，又无限之小，这时候睿智遂出而安排之以一定的秩序。"于此，阿那克萨戈拉实在显出了卓越的观察力。他的这种睿智之存在的观念，便是建立于宇宙之间所显示的计划和规律之上。近代人便根据现乎宇宙之间的规划，而相信上帝的存在，这就是所谓目的论。目的论的意义就是把万物看作有思虑似的，都以适当的手段，达到一定的目的。把宇宙看作具着有意识的规划，便是目的论的宇宙观。目的论主张有上帝存在，以为大自然中既有目的可寻，便不能不承认有神灵为之主宰。但是就目的论本身而论，实在也只能认为支配宇宙的睿智的存在的证据，而绝不足为创造宇宙的睿智的存在的证据。比如，你在沙漠里发现了一个古代城市或庙宇的废墟遗址，由此你固然可以推断当初必有一设计的匠心，按着那样目的，把物质配合起来，但是你断不能说这些建筑所由而成的物质便是匠心所创造的。这样说来，阿那克萨戈拉的话实在是很对的。目的论绝不是创造宇宙的"心"的证据，要想证明这个，还须另寻理论。

那么，大概原始的时候，各种不同的物质都混做一团，睿智便在这当中引起了一个大漩涡。这个漩涡由此混沌一团里面向着四面扩张，如同投一石子到水里引起环纹一般，继续吸收周围的物质到它自身上面，而使异者分离，同者相合，例如金与金合，木与木合，水与水合，以此类推。这种运动永远进行，无有已时。从这上面看来,睿智的作用显然只限于头一次的运动。它只在中心点发动一下，以后的运动便由这个漩涡自己持续下去，不断地吸收更多的物质到它自身里面去。首先分解出来的是暖的、干的、轻的分子，这便成了以太或上层空气，其次为冷暗湿密的分子，这便成了下层空气。由于旋转的作用，后者便集于中心，从这里面遂产生了地。他和阿那克西美尼一样，也说地是一个平圆体浮游于大气之中。天上星辰都是由于地的旋转力从地面上剥下的石块，抛到外面，因为其动极速，所以变为白热而成。月亮是土构成的，可以反射日光。他又倡道日蚀是由于月亮行于太阳和地的中间所致，月蚀是由于地的阴影投射到月亮上面而起，所以阿那克萨戈拉还是头一个发现了日月蚀的真正原因的人。他相信除了我们的这个世界之外，还有许多别的世界，都有他们自己的太阳和月亮，并且也有生物栖息其间。据他说，太阳有伯罗奔尼撒半岛许多倍数大。生命的起源，他说，是由于大气之中生着的胚种为雨水带到地上泥泞里面遂而发达起来。他的知识论恰和恩培多克勒的与原子论学派的相反，谓知觉乃由于种类不同的物质互相接触而起。

阿那克萨戈拉在哲学史上最大的贡献便是他的睿智说。由此，有形体的和无形体的才分出了确定的界线。希腊哲学史第一时期到了他而遂告终止。在第二章里已经说过，第一期的希腊思想是着重外面的世界的，企图求得宇宙的说明，尚不知道内观自省。自阿那克萨戈拉之睿智出现，于是希腊哲学遂发生了一个大转变，由宇宙时期进入了心的反省的研究时期。从此而后，心便成了哲学上一个重要问题。第二期的希腊哲学的特征就是要从一切东西——国家、个人以及世界——里面发现理性和心。确定心和物的区别，这实在是阿那克萨戈拉思想的极重要的进展。

其次，他发明了目的论的观念，这在哲学上也是一个极重要的贡献。原子论学派的体系可算是宇宙的机械论的论理的完成。机械论是欲以原因来说明一切事物的。但是我们知道，单靠原因是不能够说明什么东西的。机械论仅乎告诉我们事实是以什么手段而出来的，却是这些事实为什么要出现，便一点也不能够说明的。要想说明这个，须要显示事实所为而发现的理由，表明所有的程序都是所以达到合理的目的的手段而后可。追溯万物的起始（原因）以求其说明的是机械论。观察万物的终局而求其说明的是目的论。阿那克萨戈拉实在首先依稀认识了目的论的精义。所以亚里士多德极称赞他，说他比起机械论的留基伯和德谟克里特来，好像"许多胡说的人之中一个很明白的人"。他贡献于哲学的这个新原理，后来便发展而成了柏拉图和亚里士多德的中心思想。所以在显示了心和物，机械论和目的论的对立这一点上，阿那克萨戈拉实有最大的光辉。

虽然，阿那克萨戈拉得意之处固在于发展了这两个观念，而他的体系的缺点也就在于此。第一，他把物和心两下如此分开，以致他的哲学成了干脆的二元论。他假定睿智和物质从原始以来便并存着，好似两个一样终极的独立的原理。在一元的唯物主义者，一定从物质里推出睿智来；在一元的理想主义者，便要从睿智里演出物质来。而阿那克萨戈拉却一样也没有做，在他的体系里面，每一个都是一不可思议的谜。所以他的哲学实在是一根本不可调停的二元论。

第二，他的目的论结果仍然成了变相的机械论。阿那克萨戈拉之所以要引入这个睿智于宇宙体系之中的缘故，实在只是因为没有别的法子可以说明运动的起源。他拿睿智（即 Nous）

来说明的仅乎限于万物的头一次的运动，漩涡的发生。那个漩涡后来继续吸收周围的物质到它自身里面去，以及一切的作用，都是用它自己的活动来说明的。这样，睿智实在不过是另一个机械的小片，用来说明那所以引起运动的头一次的冲动而已。他只把睿智看作第一原因，还是带着机械论的特色，从事物之始而不从事物之终以寻求它们的说明。于此，亚里士多德有一句简单切要的话，现在可引来为本篇结论。他说："阿那克萨戈拉把心用作一个奇异的法宝似的来说明宇宙之形成。无论什么地方，只要遇着一种东西，不能说明其何以如是，他便把它拖出来。但是在别的地方，他总是宁愿给予事物以原因，而不肯拿心来说明的。"①

---

① 见亚里士多德《形而上学》第一卷第四章。

第九章　智者学派

希腊哲学的第一期至阿那克萨戈拉发明了睿智说遂而告终。睿智说引入了哲学一个新原理，就是有形体的物质和无形体的心对立的原理，这个里面当然便含着自然和人对立的意义。第一期的希腊哲学的主要问题为宇宙原始和自然的存在于变化之说明，第二期的主要问题和此不同，是要探究人在宇宙之中的位置如何，而这便是由智者学派开其先河的。第一期哲学家所讲的，是全然限于宇宙论，而智者学派的思想可说是全然限于人事论。到了第二期的末尾，这两种不同的思想方式才打成一片。心的和自然的问题到了柏拉图和亚里士多德的手上，便都被归原而成为了他们的广大宏博、包罗万象的世界体系的部分问题。

要想了解智者学派的活动的和思想的意义，非先对于当时宗教的、政治的、社会的情况，有一相当的观念不可，在平民和贵族的长期争斗之后，民治主义几乎到处获得了胜利。但是希腊民治政体和我们的今日民治政体不同。它并非代议政治，由人民选举代表掌管政权。古代希腊绝不是一个单一的国家，处于一个政府之下，她的每一个城市，甚至每一个村落都是一个独立国家，只受她自己的法律的支配。有些小到只有几十个人民。所有的国家都是非常之小，全体人民皆能够齐集一处，亲自制定法律，办理公务。所以希腊人没有什么代表的需要，他们自己便是行政家而兼立法家。在这种情形下，派别之见达乎极点。人的眼里只有派别的利益，而忘记了整个社会的利益，结果连派别的利益也看不见了，只看见个人的利益。以致贪婪、野心、营私、舞弊、无限制的物质的欲望、极端的唯我主义，成为当时政治生活的显著的特征。

和平民政体同时并进的便是宗教的衰颓。神的信仰到处成了笑话。这一部分也是由于希腊宗教自身道德上的无价值有以使然。无论什么样的苟且丑恶的行为，都有诗人和神话所传的神们自己所为的例可为借口。不过宗教之崩溃，大部分还是因为科学和哲学进步的缘故。那时候，哲学上普遍的趋势便是要寻出自然的原因来说明，直到那时，人都归之于神力的一切事物，这实在正足以致当时流行的信仰之死命。差不多所有的哲学家暗中，有些竟公开地，都和当时人民信奉的宗教反对。开始向宗教攻击的是塞诺芬尼、赫拉克利特，再接再厉，到了德谟克里特便彻底说明神的信仰乃由对于地上和天空的现象的恐怖情感而发生。所以其时只要是受过教育的人，实已没有一个再肯相信什么神圣、预示和灵迹了。合理主义和怀疑主义的潮流奔腾澎湃起来，使那个时候成为一个消极的、批评的、破坏的思想时代。民治主义打破了古代贵族制度，科学推翻了传袭的宗教。这两个为已成的一切之柱石的既被摧毁，于是乎一切都随之崩溃。所有道德、习惯、权威、传说、一切的一切，无不受批评而被唾弃。昔时敬畏崇拜的对象，在此时希腊人面前无不变为揶揄诋毁的目标。一切风俗、法律或道德的约束，无不觉得是可憎而可恨的压迫人的自然的冲动的羁轭。这些一切完全都被推倒，所剩下的只有野心、贪婪和永远不能满足的个人的私欲。

智者学派的学说便是当时这些实际的倾向在理论方面的表现。他们可说是他们的那个时代的产儿，又是他们的时代的舌人。他们的哲学教义，不过是将支配当时人民生活的冲动，提炼为抽象的原则和格言。

但是这班智者究竟是些什么人呢？实在说来，他们并不成为一个学派，不能和毕达哥拉斯学派或爱利亚学派相比，他们没有共同主张的哲学体系，也没有一个人创出什么完整的体系。他们的公通点只在一些松弛的思想的倾向。他们个人彼此间也没有什么亲密关系，和其他同属一派的人一样。他们若说是一个学派，毋宁说是一个职业阶级。他们自成一个阶级，分布全国，他们当中甚至发生惯常的同业敌对的情形。他们就以教授为业。他们的兴起实在便是由于高涨的大众教育的要求，这个要求一部分固然是要得到光明和知识，但大部分却在求目的不纯的知识，期图个人的显达，特别是政治方面的成功。因为民治主义的胜利，开放了政治职位于向来被摈于其外的一般大众，无论何人，只要是聪明，会说，能够操纵群众的感情，而又有相当的教育的准备，都有得着高位显职的希望。于是一般大众遂都要来求那足以获得做官机会的教育。而智者们的职志便是来满足这种要求。他们往来于希腊各处，演说、教授、辩论，借以收取束脩。他们以教人为业而索取巨资，在希腊要算是创例。也不是这件事本身有什么不光荣的地方，不过这是不合乎向来的习惯的。希腊的圣贤向来诲人，都不取费。大概苏格拉底教人不取分文，凡是要来领教的都教而不倦，也就是做给人看，以显出他和智者们不同吧。

这班智者严格说来也不是哲学家，他们并不专门研究哲学问题。他们的倾向纯然是实际的，一般人需要什么，他们便教什么。例如普罗泰戈拉（Protagoras）教他的学生怎样可以成功为一个政治家或为一个公民的原理。高尔吉亚（Gorgias）教修辞学和政治学，普罗狄克斯（Prodicus）教文法和字源学，希庇亚斯（Hippias）教历史、数学和物理。因此，所以他们从来也没有问过自然的起源和终极的实在之本质一类的问题。他们又常被称为德行的教授者，这个名词是很对的，如果把德之一字依希腊人的眼光看来，而不把它限于道德的意味。因为照希腊人的见解，所谓德行，就是一个人在国家里面极奏效地尽他的职务的能力。所以机械家的德就在能充分了解机械的构造，医士的德就在精于治疗病人，练马师的德就在能够将马训练得完全如意。智者们便是诲人以这种意味的德，期于使人成为社会的一个成功的分子。

然而对于当时有才干的希腊人，最流行的职业实在只有政治，因为这个可有高位厚禄之望。但是要干这门职业，最必需而不能少的是辩才，纵然不能说得天花乱坠，顽石点头，至少对于无论什么样的问题，总要能够对答如流，理由之是否充足还不打紧。因此，智者们的大部分的精力都用在教授修辞学，因为这个本身便是极有用的。他们是首先注意研究修辞学的人，也便是修辞学的创立者。可是他们之研究修辞学乃是另有目的。他们所训练出来的一班青年政治家的目标不在为真理而求真理，而是为着要说服大众，使相信他们所要使之相信的东西。所以智者们差不多和律师们一样，不顾事物之真理，只图拿出许多论据来证明他们所要证明的便完事。他们以把最坏的讲成最好的，黑的说成白的为能事。他们当中有些人如高尔吉亚，甚至倡言对于任何问题，不必先要有什么知识，便可作一圆满的答复。高尔吉亚时常自炫其才，无论对于什么问题，不要一点考虑，便信口而对。向着这种目的而努力，结果遂成了仅乎油滑的诡辩。所以他们又称为诡辩学派。诡辩（sophistry）这个名词就出此来历。智者们和人辩论起来，总是设法致对方于迷乱，把对方引到圈套里去，如果这个不行，便高呼大叫起来吓倒对方。他们又常用奇怪的华彩的喻言，生僻的文词，闪烁的言语，把人家说得莫明其妙。他们议论起来，总是做出敏捷活泼的气势，不重诚恳真实的态度。大概人在少年时代，总是欢喜聪明敏锐的言词足以惊人，等到年纪大了，阅历深了，才渐渐知道不注重这些，而着重所讲的话里的实质和真理。希腊人这时可说正是在少年时代，故而欢喜聪明的言语。也就是这个缘故，所以希腊人纵是对于智者们的最显著的谬戾乖刺亦能容纳。现今"一个人已否停止了打他的妻"这个问题比起智者们的许多雄谈伟论，并不更为无聊，而且正可以代表他们的最惯常的言论的特色。

开智者运动之先河的是普罗泰戈拉，他是公元前480年生于阿布德拉。他的一生漂流于希腊各处，萍踪无定，在雅典他也住了一些时候。但是他在雅典被人控告犯了宣传无神论的大不敬的罪。这个情由就是他曾著了一本论神的书，开头一句便说："关于神，我不能断言他们是存在，抑是不存在。"这本书是当众焚毁了，他也不得不连忙逃出雅典，跑到西西里，不幸途中落海而殁，这大概是公元前410年的事情。

普罗泰戈拉有一句重要的名言，就是"人为万物的权衡，存在者则见其为存在，无有者则见其为无有"（Man is the measure of all things; of what it is, that it is; of what is not, that is not）。这句话便可代表他的全部学说，也就是一切智者们的根本的思想。所以我们不能不把这句话的意义仔细研究一番。古代希腊哲学家明白分出感觉和思想、知觉和理性的界限，并且认为真理不能由感觉，只可凭理性而达到。首先着重此区别者是爱利亚学派。据他们所说，万物的终极的实在是纯粹的"存在"，这"存在"是只可以由理性而认知的，感觉不过是拿变化的现象来迷惑我们。赫拉克利特也主张真理，这在他便是变化的定律，只能由思想而得到，感觉是以恒定的幻象来欺骗我们的。就连德谟克里特也认为真正的存在，即物质的原子，如是之小，是感觉之所不能察见的。普罗泰戈拉却根本否认这个区别。欲明乎此，我们须先知道理性是人所共具的普遍的质素，而觉感是因人而异的特别的质素。前者是可以相通的，而后者是不能互达的。我的觉感只限于我自己，是不能为别人所知道的。譬如我们看见一种红色，这种感觉无论我们怎样解释，总不能够叫一个盲人明白，因为他自己没有这个经验。然而一个思想，一个合理的观念，是可以使人人了解的。比如两等边三角形的底边的两角是否相等，这个问题，我们可临之以两种不同的方法，就是或诉之于感觉，或诉之于理性。如果诉之于感觉，定然有人站上前来说在他看来两角是相等的，但是也有人许说这个角小些，那个角大些，意见是不能一致的。然而要是和欧几里得一样诉之于理性，那么，便可证明两角相等，不容有个人印象的歧异,这便是因为理性是普遍的,没有人能在其范围之外,我的感觉是我所私有的,于我是特殊的,仅乎对我一个人有效。我对于三角形的印象,除对于我有效之外,绝不能作别人的定律。然而我的理性是我与人所公有的,不止于是我的,抑且是一切人的定律。我和一切别人所具有的理性是同一的。所以理性是人的普遍的质素,而感觉是人的个别的质素。普罗泰戈拉之所否定的,却正是这个区别。他说人是万物的权衡。这里他所说的人的意思并非指人类,而是指个人而言。而所谓万物之权衡,便就是一切事物的真理的标准。每一个人都是他自己的真理的标准。这就是说,除了各人的感觉和印象之外,便无所谓真理。我所觉为真确的于我便是真理;你所见为实在的于你也就是真理。

我们寻常总把主观的印象和客观的真理分开。主观和客观这两个名词在哲学史上是常见的,这里初始提到,须要说明一下。每一思想必包含两项。例如我现在正看着并想着这张桌子。这当中有“我”在想,而桌子是被想。“我”是这一个思想的主体,而桌子是客体。通常主体总是在想的,而客体总是被想的。主观的便是属于主体的,客观的便是属于客体的。所于主观的印象和客观的真理之不同是很明了的。我个人的印象也许把地球看作平的,然而客观的真理却是地球是圆的。我在沙漠里面旅行,也许看见一个幻景,以为前面已经临近了绿地。但是这只是我的主观的印象,客观的实在是除了枯寂的黄沙一样也没有的。所以客观的真理是于我们无关而有其独立之存在的。无论我是怎样想或你是怎样想,我要怎样或你要怎样,客观的真理总是客观的真理。我们须要遵依真理,而真理是不会屈其自己以合于我们个人的愿欲、想望或印象的。普罗泰戈拉实际上便是否定了这个区分，而认为绝无所谓客观的真理，根本没有独立于个人主观之外的真理。个人所见为真实的，于此个人就是真实的。这样，真理实在便就是主观的感觉和印象。

否定客观的真理和主观的印象中间的分别，便是否定理性和感觉中间的分别。在我的感觉，地好像是平的。呈现于我的眼前，地明明是平的。只有由理性，我们才知道客观的真理，世界乃是圆的。可见理性是客观的真理之唯一可能的标准。否认了理性的职任，你就必得仿徨于错杂纷纭的个人的印象之下，而无所适从。因为感觉所得的印象是因人而殊的。同样的东西，我可以这样看，而你可以那样看。如果我所见为真实的于我就是真理，而你所见为真确的于你就是真理，那么，假如两个人的感觉相违，他们得到的两个矛盾的结论，岂非都可认为对的吗？普罗泰戈拉对于这一层也看得明明白白，然而对于这种结论是一点也不惧怯的。他断言一切观念都是对的，错误是不可能的；凡是定出一条定理，总可找出一条与之冲突而一样地动人、一样地实在的定理来反对它。这种主张，其结果实际上便使真与伪的区别根本失其意义。照这样，我们说所有的观念都是确实的固可，而说所有的观念都是虚伪的实在也毫无什么差异。真和伪两字在这里，实在一点意义也没有了。因为说无论什么我所觉得的于我就是真理，这个意思适等于说我觉得什么，在我便是觉得了的。徒称之为"对我便是真理"，实在并不能加添一点什么意思。

普罗泰戈拉之所以为此说，大概是由于看见对于同一物件，感觉所给予我们的印象常大相悬殊，就在同一个人也随时而变。

若知识而靠着这些印象，客观的真理实在无从确定。他又受了赫拉克利特的影响。赫拉克利特认为恒定是幻象，一切都是不断地变化。万物是一大流，此一刻如是，彼一刻便不如是。纵在同一瞬间之内，赫拉克利特也认为任何东西都是存在而又不存在；说它是存在是对的，说它不存在也是一样地的确。而这也便是普罗泰戈拉的主张。

这样，普罗泰戈拉的哲学实在无异宣布知识是不可能的。既然无所谓客观的真理，当然便无从得到它的知识了，知识不可能，也便就是高尔吉亚的基本主张。他所著的书的名目便很可以代表智者们爱好诡辩的特征，即《关于自然或非存在》，这本书里说的便是：（1）没有东西存在着；（2）即使存在，亦不可得而知之；（3）纵然可知，其知识也不可以互传。

为要证明第一说"没有东西存在着"，高尔吉亚特别称扬爱利亚学派，尤其是芝诺的思想。芝诺谓一切杂多和运动，即是一切存在里面都含着不可调停的矛盾。芝诺绝不是一个怀疑论者。他并非为矛盾之故而寻矛盾，而是要借以维护巴门尼德的只有"存在"，绝无变化的积极的主张。所以芝诺实在应被认为一个建设的而绝非徒然破坏的思想家。但是显而易见的，若专把他的哲学里面的消极的质素注重起来，他的矛盾说便大足以用为一个有力的武器，可以助长怀疑主义和虚无主义的气焰。而高尔吉亚却正是这样利用芝诺的辩证法。因为所有的"存在"，都是自相矛盾的，从而可知是没有一样东西存在的。他也引用巴门尼德的出名的关于"存在"的起始的论据，谓如果有一样东西存在，这样东西就必须有一个起始。它的存在断然或起于存在，或起于非存在。如果起于存在，则无所谓始。如果起于非存在，这便是不可能的。因为无中绝不能生有。由此可知根本没有一样东西是存在的。

他的第二说是即使有什么东西存在，亦不可得而知之，这便为智者学派把知识和感觉知觉看作一物，而抹杀理性这个公通的倾向的一部分。因为感觉印象是因人而殊的，并且就在同一个人，物之自体也是不能够知道的。其第三说也是由于把知识和感觉看作一样的东西而来，因为感觉便是不可以传达的。

后来的智者们比普罗泰戈拉和高氏更进一步。他们的成绩便在把普罗泰戈拉的学说推展到政治和道德方面。假如无所谓客观的真理，而每一个人所认为真实的，于他便是真理，那么，当然也绝没有客观的道德律，每一个人所认为对的，于他也就是道德了，这是很容易明白的。道德这种东西如果要名称其实，就绝不能仅乎为一个人的定律，而须可以为一切人的定律，能够施于人人而有效，足以约束一切人才行。所以它的根基定然要建立于普遍的质素——理性——之上，若只以感觉印象为基础，那便是建筑于流沙的上面。我的感觉除了对我之外，对于任何别人都是毫无效验的，所以普遍有效的定律是绝不能以此为基础的。而智者学派却把道德和个人的感情并为一谈。我所认为对的，无论什么样，在我就是对的。你所认为对的，无论什么样，在你也就是对的。每个人凭其无论怎样不合理的一己欲望，不问要做什么，都是对的。这些便是波洛斯（Polus）、塞拉西马柯（Thrasymachus）和克里底亚（Critias）所推演出来的结论。

这样说来，既然没有客观的是非，当然国家的法律除武力、习惯和成例而外，是没有一点别的什么根据的了。我们时常说起正义的法律和良善的法律。但是这种说法，实在便含着正义的和良善的客观标准的存在的意味。把法律和此标准相较，见其符合与否，才可断其是否正义的、良善的。智者学派既然否定了这种标准，从而在他们若说什么正义的良善的法律，简直毫无意义。法律自身绝不能是良善的或正义的，因为良善或正义这样东西是根本没有的。假如他们用过像正义这样的名词，他们是把它解作强者的正义，或多数的正义的。所以波洛斯和塞拉西马柯说，国家的法律不是别的，只是一班奸滑的弱者矫造出来的。他们利用这种阴狠的手段以制强者的死命，剥夺强者由其能力所应享有的胜利之果。力的定律才是自然所承认的唯一的法律。所以如果一个人有这种能力可以藐玩法律而不受其害，他是有全权尽可这样干的。可见智者们是第一最主张武力便是正义的。和这种态度一致，克里底亚说明普通神的信仰也就是阴险恶辣的政治家想出来的诡计，借以恐吓群众，而便制服他们。

智者学派的全部的思想倾向，显然完全是破坏的和反社会的。它对一切宗教、道德、国家所依的基础，以及一切既成制度，根本冲突。上面已经说过，智者学派的学说，都是当时实际倾向的抽象思想结晶。一般大众在实行方面，智者们在理论方面，同时并进，摧毁了一切法律、权威和习惯的束缚，将其扫荡无存，只剩了个人的放恣暴戾的自私的欲望和唯我主义成为神圣无比。这个时代实在是一个启明期，像这样的启明期在哲学史上以及文化史上是周期出现的。而这个在哲学史上是最初的，而绝非最后的一个。这个可称为希腊的启明期。这样的时期是具有一定的特征的。这差不多是定例，启明期总是接着一个建设的思想时代而到来。这里，希腊启明期便出现于从泰勒斯到阿那克萨戈拉科学和哲学之盛大的进展之后。在那样的一个建设期里面，许多大思想家发明了各式各样的学说，这些学说一天一天地深入群众，从而提高大众的知识，造成一种普及的文化。这些新思想酝酿既久，遂使一切旧理想旧观念由摇动而溃崩，于是原来是建设性质的思想，乃一变而成为破坏性质的了。所以大众思想在启明期中总成为否定的、怀疑主义的和无信仰的。它的作用和效果只是消极的。一切权威、传说和习惯不是全部地就是部分地被其摧毁。而由于权威、传说和习惯正是社会组织的纲维，所以这个结果便致成社会的大瓦解，只剩下分离的个人。于是乎一切都唯个人是重。思想成为自我中心的，个人主义成为主要音调，主观的尊重超乎一切。所有这些特征全都表现于这个希腊启明期中。智者学派谓我所想的便是真理，我所要做的便是善，这实在便是主观的、自我中心的思想之极端的发露。

在英国和法国，18 世纪初年也是一个启明期。我们现在所经过的时代，也带着充分的启明期的特征，也是怀疑的和破坏的。一切既存制度、婚姻、家庭、国家、法律等等，无不遭逢破坏的批评。而这个也正是随着一个伟大的建设的思想时代，科学进步突飞猛进的 19 世纪接踵而至。并且这个时代也产生了它自己的普罗泰戈拉的哲学，就是所谓实用主义。实用主义纵然不是自我中心的，但至少是以人为中心的。所谓真理不再具有客观的实在，为人所必遵，反之，真理却须唯人是从。无论什么东西，只要信来有用，无论什么信仰，只要实际上行得通，便都称为真理。但是在某一时代，某一国度行得通的，在别一时代和国度，不必行得通，今日信来有用的，明日许成为无用，由此而论，自然也是绝无具着客观的实在而不依乎人之真理了。不过现在真理不像普罗泰戈拉那样认为基于人的感觉，而认为根据人的意志。但是无论照这两样的哪一样说来，真理和道德总不是建筑在人的普遍的质素理性之上，而是建立于主观的个别的质素之上的。

但是毕究智者学派的不可磨灭的功绩是很多的。以个人人格而论，他们为人大都是很可敬佩的。普罗泰戈拉的品格方面无可指摘，而普罗狄克斯之贤明忠实而正直尤为人所称道。至于他们对于学术进步方面的贡献之伟大，便不待言。便是他们开始注意字句、格调和音节的研究。他们便是修辞学的创立者。由他们的努力，教育和文化才始普及于希腊各处，引起了普遍的深沉的对于伦理观念的研究，苏格拉底的思想由是遂而产生。设无智者运动的长期的酝酿，则柏拉图和亚里士多德的伟大的时代必莫由以出现。但是，就哲学上说来，他们的功劳尤在首先使一般人承认主观的权力。他们对于一切权威、既成事物、传说、习惯和独断论肆力攻击，到底是具有不少颠扑不破的理由的，人是理性的动物，当然不应该屈服于一切权威、传说和独断论之下。所以人是绝不能由外而强施之以什么信条的。没有人有这等权力可以对我说："你应该这样想或那样想。"我是具有理性的，所以应该用我自己的理性，为我自己判断。假如一个人要使我信服什么，他绝不能诉之于武力，只可诉之于理性。这样，他便不是把他的观念由外强施于我，而是从我的思想之内开发和他的相同的观念，犹如告我以他的观念只要我懂得了，其实便是我的观念一样。然而智者们于承认主观的权力之中，却全然抹杀了客观的权力，这实在是他们的错误。因为真理是不能不说具有客观的存在的，无论我们想它或不想它，真理总不因此而改变的。他们虽然一点也不错看出了真理和道德若要对我有效，必须由我承认，自我而发，绝不能从外而强加于我；然而他们却专重我的偶然的特别的质素，我的冲动、情感和感觉，把这些当作真理和道德的基础，而不知存于我的普遍的质素，我的理性，才是真理和道德的根本，于此便存着他们的错误。"人为万物的权衡"这句话是确实的，但是所以为万物之权衡的乃是理性的人而绝非仅乎是一束特别的感觉、主观的印象、纷乱的冲动、不合理的成见、自私的欲望、古怪的癖性和奇想的人。

晚近新教教义和民治主义，都可以为智者运动的主张的优点和缺点两方面的好例。据说新教教义便是基于个人自决之权，这其实只是主观应有的权，个人运用其所固有的理性之权。但是这个意义如果把来解作每个人都可拥其无论什么偶然的奇想妄念为宗教事务的规律，那么，这样的教义实在便不怎样高明。其次，民治主义实际上便是政治上的新教教义，民治的观念原来就是新教运动的直接的产品。民治主义的要旨，不外乎是有理性的人绝不能强之服从未经其理性所承认的法律。但是法律必须建立于人所公秉的理性之上。仅乎自我之我是没有什么权力的。只有理性的我，潜然代表普遍生民的我，为理性的共和国的一员之我，才有这种权力可以制定法律，为我自己以及别人。若任每个人的飘忽无常的一己的欲望、妄念和奇想，都可树为法律，那么，民治主义立刻便要成为不可收拾的离析分崩之局了。

智者学派所倡导的学说，我们如视为古旧的观念，已死而成了化石的思想，只值得历史家的注意，而与我们无关紧要，那便是大错。反之，现代思想随处都显出智者运动时代的思想的倾向。现今人常说凡人总应该具有坚强的信念，甚至有人谓只要一个人能坚固地信仰他所信仰的，他所信仰的是什么便没有何等关系。自然一个人如具有信念，比起没有主张的人，是更值得注意的。前者之于世界至少可代表一势力，而后者是无声无臭，毫无影响的。但是如果徒唯有信仰之一事实是重，而全然不计其他，这实在是一种错误。价值之最后的测量，到底还是要问这个人的信仰是对的，抑是不对的。客观的真理的标准是不能没有的，如果忽略了这个，而来专谈有坚固的信仰，一若这个事实本身里面便具有一种价值，这便是犯着智者们的同样的错误。

通常还有一句流行的话，说每个人都有对于他自己的意见之权。诚然，但是这个意义乃是个人运用其自己的理性之权，然而时常人却加以别样的解释。假如一个人抱着一个全然无理的意见，被人驳得无话可说，即是到了没有别的法子，只有承认自己不对的时候，他总是拿这句话来搪塞，就是："无论你怎样说，我总有对于我自己的意见之权。"这样一说，你便根本无法可以非难他了。但是我们绝不能容许这种要求。没有人有权可以抱着不合理的意见。对于谬误的意见，绝不容有所谓权。除了以人的普遍的质素理性为根据的意见之外，你是没有抱着任何意见之权的。这样的权，你是不能够徒为着你的主观的印象，不合理的非非想而来要求的。假如这样，也就犯了智者们的错误。

复次，晚近唯理主义（rationalism）之较浅薄的，也有许多倾向带着智者学派的思想的特征。现今已经指出，道德观念在不同的时代和国度，大相悬殊。对于这些事实，自然我们极须知道，但是这些事实，只应警告我们留心在道德问题上的独断的狭隘的偏见。然而一般人竟徒由这些事实推出这样的结论，断言绝无普遍有效的客观实在的道德律。殊不知以这些事实为前提，并不能得到如此的结论，这个结论实在是武断的谬论，人的见解不止于在道德问题上分歧，对于天地间一切事物也都如是，但是我们不能因为几百年前人都相信地是平的，现在却都相信地是圆的，遂而断定地是绝无形状的。同样，我们也绝不能因为不同的时代和国度对于真正的道德律为何的意见不一致，遂而断定绝无客观的道德律。

此外，晚近关于发展个性的重要之流行的议论，可拿来为我们的最后一例。一般人常说，一个人应该做他自己，要以表现他自己的个性为他的首要方针。当然一个人与其虚伪，强作非其本真的面目，倒不若率真好些。不宁唯是，每个人也确实总有一些特殊的资质，应该加以开发，以求人尽其才，而使世界精神的和物质的文明益臻于丰富。但是这种个性的观念往往招致畸形的发展，这在艺术上和教育上，我们便看得见。例如王尔德（Oscsar Wilde），他的人格本是不好，他却为他的艺术的信条辩护，说他必须表现他的人格，艺术只是人格的发露，只受艺术家的个性的支配，而断乎不能绳之以任何其他的规矩准则。又有些教育论者——萧伯纳便是其中一个，他有许多和智者们共通之点——告诉我们，如欲借训练之力，把儿童品性造成某种式样，那便是侵犯儿童的人格，儿童应该被让任自由发展其个性，不能加以一点阻碍。但是我们对于这些话不能不提出抗议，以培养个性这件事自身为目的，而绝对不顾其他一切，这实在是错误。个性之培植其自身并不能算是什么好事，而且是不好的事，假如所养育的是没有价值的个性。儿童如显露野蛮的或卑劣的倾向，是必须制以训练的，如果尊崇儿童的人格至于任其发展，要怎样便怎样，那实是笑话。恰是这样，个性的观念往往被人解作仅乎个人的奇诡的僻性之培植，其事自身是贵重无比的。殊不知个人的古怪的特点在他正是最无价值的。其赋予他以神圣"人"权的实在是他的合理的和普遍的本性啊。

第十章　苏格拉底

　　于智者运动风靡一时，一切真理的和道德的观念大崩坏之中，在雅典却应运而生了苏格拉底（Socrates）。便是他从紊乱中恢复了秩序，在当时癫狂混沌的智识生活里，重新放出了清明的光焰。他大概是公元前 470 年生于雅典，他的父亲是个雕刻工人，母亲是个产婆。他的幼年和教育不大为人所知道，所晓得的只是他也曾继承父业为雕刻工人。后来雅典城垒上有些石像，据说就是他的作品。不过大概很早他就抛弃了这个职业，而贡献其全生命于哲学，他把这个认为是他的一生的使命。他终身没有离开过雅典，除了三次短期从雅典军队出征而外。他在雅典努力哲学约有二三十年，直到七十岁，被人控为否认国神，僭立新神，蛊惑雅典青年，竟被处死刑。

　　苏格拉底的容貌非常奇怪，肥短丑陋，年纪稍长便秃其顶。他的鼻子扁大而又上翻，走路的姿势极其难看，眼睛凸出而时常翻滚不止。他穿的衣服总是很可怜的。他对外表简直毫不注意。

　　他相信对于他的一切行为，总有一个无形中的声音指导他，这个他称作他的护灵。他认为这个声音能够预示他以他所要去做的一切行为的结果之好坏，没有东西足以引诱他违背它的嘱咐。他也并没有建设出来什么哲学，这就是说，哲学的体系。他不过开导了一些哲学思想的倾向，和建立了一种哲学的方法。他也未曾有过什么著作。他的穷理讲学的方法完全是对话。他每天照例总要去至雅典街市，或其他有许多人聚集之处，和愿意与他交谈的人讨论生死各种深邃的问题。无论贫富老幼，相识或不相识，无论何人，只要愿意，都可来听。他不像智者们索费，所以清贫一世。他也不像智者们喜欢作骂人的言词、独语和赘长的演讲。他从不尽管自己发议论，时常总是别人说得多些。他只是从中插入问题或批评，然而谈讲的主角，操纵对话而使之入于有效果的轨道，却总是他。他的这种对话差不多总是一问一答，拿锋利的问题来诱发对方的思想，从而加以矫正、驳斥或发展。

他逐日做这种工作，无疑地便认为这是上帝赋予他的使命。关于这个使命的来历，柏拉图在他的《申辩篇》(*Apology*) 中，教苏格拉底自己说的一段话很可参证，现引于下："凯勒丰 (Chairephon) ……巡礼到了德尔斐，竟然无顾忌地问那里的神这个问题……他竟问有没有人比我更为智慧。那个女尼回答说：'没有'……当我听到了这句话时，我便很为疑惑，自问：'神的真意究竟何在呢，这大概是含着什么暗示呢？'因为确实我从来没有想过我在任何大小事上比别人更为聪明。而他乃说我是一切人中最智慧的。这到底是什么意思呢？当然他不是说诳，那便不成其为神了。过了很久，我简直想不出他所说的究竟是何意义。最后，想了又想，我便出了这样一个法子。我跑到了一个像是聪明人中之一的人的面前，希望什么地方可以推翻那句话，能够对那神说：'这人的智慧在我之上呀，你不是曾谓我是众人当中最智慧的吗？'却是我细察这个人——这里无须提出他的姓名，他不过也是我们的一分子，雅典人之一，我和他有过这么一回事罢了——和他谈了一顿，觉得'这人虽然许多人都以为他很聪明，尤其是他自己以为如是，而其实却不然'；于是我就设法使他明白他虽自以为聪明，而实则并不聪明。不料因此他竟对我发怒，许多听者也同起愤慨，于是我遂连忙跑开，自忖道：'也好，无论如何，我总比这人稍为智慧，或许我们统都一点不知道什么是美和善，但是他不知却妄自以为知，而我虽不知，总没有妄以为知。所以似乎我比这人聪明一些，其程度恰和我不自以为知我所不知的那种自觉的程度为正比例。'于是我又跑到一个好像更聪明些的人的面前，谁知所得的经验全然是一样，他也对我发起怒来，许多别人也同为不平。照这样，一个一个的，我把他们所有的人都访问遍了，终于发觉这件事很不妥当，深为懊丧，恐怕他们都要怨恨起我来了。"

从这段话里我们又可见出苏格拉底的讽刺的特质的本源。苏格拉底无论讨论什么问题的时候，惯例总是先自承认对于所要讨论的问题一无所知，急于要听对方的理论。这种态度实在并非作伪可比。他的确无时不深刻地觉到不止于他，一切人的大部分的生活都是在痴愚之中，不明白最须要明白的真、善、美的本质。他相信聪明人自许的知识不过是矫饰的愚顽。然而这种自认无知的态度在他手上却变成了一种有力的武器，辩论的时候用来，特别能使那些妄自尊大、强不知以为知的人觉悟。凡是虚而以为实，无而以为有的人，拼到苏格拉底的手上，无不立被毫不留情地暴露出来。对这种人，他开始总是承认自己一点也不知道，表示急望明了他们的思想。于是他们遂大卖其力，把他们的所有的知识发表出来，极肯定的话语一多，罅隙立见。苏格拉底总是说他听了这些议论很为得意，只不过有一两处还不大明了，从而只要来几个问题，便把所有这些理论的空虚、浅薄或愚谬，全都揭破。

和他来往的大概都是雅典青年，在他们当中，他成了思想的中心，灵感的来源。这便是后来人家告他"蛊惑青年"的根据。他的人格极其高尚，生活极其朴素。他讲学诲人，不取束脩，终身不积资财。他安于清贫，薄于名利，常人的一切需求欲望，一点也不在他的心上。他只专心尽力以求智慧和德，认为这是世界里唯一值得追求的东西。他有金石比坚的体魄和道德力。伯罗奔尼撒之战，他在军中的勇敢和耐苦力，令见者无不惊骇。他曾两次冒险救回了他的同伴。雅典军队于德里安一役溃败，据说当时保全首级而生还的只有他一个人。他也是一个极好的伴侣，虽然他的生活习惯是极朴素的，不求一切物质的逸乐，但是他从不曾故意矫情，趋向严酷的绝欲主义。所以他虽不饮酒，然而遇着要饮酒的时候，他便不单饮而已矣，而且还能饮得比任何人更多，连头发也不会摇动一根。柏拉图在《会饮篇》（*Banquet*）中描写苏格拉底和他的朋友作长夜之饮，大谈哲理。大家一个一个地都醉倒了，后来只剩下苏格拉底和两个别人还是大吃大谈。到了黎明，这两个人也睡着倒下，这时，苏格拉底从容离开了杯盘狼藉的残筵，沐浴了后，仍然去至街头和平常一样的干他的工作。

他七十岁时被人控了三条罪状：（1）辱没国神；（2）僭立新神；（3）蛊惑青年。其实这都是莫须有的罪名。第一条是差不多可以拿来控告所有古代希腊的哲学家的，他们几乎个个都是不相信什么国神的，有许多竟彰然否认所谓神的存在。差不多还只有苏格拉底一人从没有出过这种态度，而且总是劝人敬神，无论在什么城市，都须遵照当地的习惯礼拜神。不过据色诺芬（Xenophon）所说，他主张寻常的许多神和管治并保障人的生命的唯一的创世主是有分别的。第二条似乎就以苏格拉底自称受指导于一个无形中内在的声音这件事为根据，但是这个无论我们怎样想法，实在总不足以构成僭立新神的罪名。第三条说他蛊惑青年，是一样的强词夺理。他曾经有一个得意的门生阿尔基比亚德（Alcibiades），后来竟做了雅典的叛徒，行为放荡，毫无道理，这当然难免影响雅典人对于苏格拉底的感情。但是他对于阿尔基比亚德之行为不正，实在全不相干，而且他加于雅典青年的一般的影响也只有好的没有坏的。

然则这些罪名究竟是何由而来的呢？第一，无疑的，这是由于他树敌太多。他每天和人论辩起来，纵是对于雅典极有势力的人，也毫不顾惜情面，把一班自命不凡的人的愚拙荒谬都赤裸裸地暴露出来。但是出面控告他的三个人，米利泰斯、列冈和安尼泰斯，对他此举却并非出于什么私仇，他们的后面实在另有有力的人物。第二，苏格拉底对于当时民治政体很不相得。他并不是具着贵族的气质，也非要拥护少数特权阶级的利益。只是他对那时假民主政治之美名以行的暴民政治合不来。他认为掌握政权的非贤明正直、训练有素且有当政之能的人不可，而像这样的人实在只有极少数。他自己从没有作过政治生活，宁尽力诱导当时青年，以图收效于异日。仅有两次他算是积极参加政治，而这两次他的行为都可谓冒大不韪。这两次事变，柏拉图的《申辩篇》里有一段都说得很清楚，立刻便要引来。第一次是在阿吉纽西岛之战后，那时雅典舰队打了一个胜仗，却丧失了二十五只战舰，全舰士卒都作波臣。这件事情，时人都归罪于负责官佐的疏忽，雅典人尤为愤怒异常，等到这班官佐归来，便开庭讯究。照雅典法律，每个被告的人都须单独审问，但是这回因为在盛怒之下，急于要把他们一齐定罪的缘故，法官们决定将他们合在一起，同时审判。"你们知道，雅典的人们，"苏格拉底在《申辩篇》里说，"我从来不曾作过官吏，只有在议会里面尽过职务。当你们决定讯问那海战之后不顾死者的十个官佐之时，恰巧安提阿齐斯族也忝列执政。你们决定了把他们同时一块审问，那是违背法律的，后来你们自己也觉得如是。那时在执政官当中，只有我一个人反对你们，教你们不要破坏法律，并且投了你们的反对票。那时候，说话的人个个都要弹劾我，拘捕我，你们也赞成他们，竟至对我叫骂；但是我却觉得为法律和正义而争，应该不避一切的危险，绝不能因为畏人牢狱或怕死的缘故，遂而在你们的判断不正当的时候，和你们站在一边。这还是在这个城市处于民主政治之下的时候。及至寡头政治实行之时，有一天那三十执政者把我和四个别人召至圆宫，命我们往萨拉米斯岛将李洪（Leon）取来处死；这样的命令，他们是常下给人的，他们整日就忙着设法害人，简直要杀尽异己而后快。于那个事件，也不仅乎是以言语表明对于死，单简说一句，一丝我也不顾虑的——我所最顾虑而不敢为的，就是去做不正当的罪恶的事情。政府的威权尽管大，但是绝不能迫我从其为非；所以只有那四个人去至萨拉米斯把李洪带回，而我却回了我的家。大概为着这事，我就应该早已处死了，如其当时的政府不是旋被推翻。"

　　苏格拉底之获罪还有一第三个并且是最重要的原因，就是一般人都把他看作智者们一流的人物。这实在是完全错误，因为苏格拉底无论在生活状态上，或思想倾向上，和智者们都是全然反对的。然而这种误会竟深入当时大众之心，可由阿里斯托芬（Aristophanes）的《云》证明出来。阿氏在当时思想上和政治上是一个反动分子，对于代表新思潮的智者学派深恶痛绝，特在他的喜剧《云》里极力加以丑刺。苏格拉底便是其中的主角，智者们的头目。这自然是冤枉极了，然而由此可见当时雅典人都把苏格拉底误认为智者们之一，是毫无疑义的。阿氏绝不敢贸然作出这样的戏剧，假如他的观众不同具这种误会。原来这时候，智者运动引起了非常的反感，反动潮流正盛于雅典。一般人都以为智者们闹了一场，徒把真和善的观念全部颠覆。苏格拉底实在便做了这种反动怒潮之下的一个牺牲者。

　　在审判的时候，苏格拉底慷慨陈词，毫不为屈。当时习惯，凡被告者总号泣膝行，以阿法官，出妻子环哭于庭，而求哀怜。苏格拉底认此无丈夫气，概不肯为。他的诉词简直不是为自己辩护，而是对于法官和雅典人民的腐败和罪恶的质问。他之被定罪，确实由于他的态度有以致成之。我们有充分理由可以相信，他只要跪倒一下，或稍有一点妥协声调，定然便可被开释。及至判决，法官当中认他为犯罪的似乎也仅乎才到过半数。按诸法律，罪状判定之后，应先由原告者提议一种他们所认为适当的刑法，再由被告者自己提议一种刑法，然后由法官决定执行两样之中的那一样。控苏格拉底的人提议施用死刑。这时苏格拉底只要提议一种较轻的刑法，也可以无事。这便很可使当时那班人满足，他们原不过是要把这位倔强讨厌的哲学家做作一番来出气。然而苏格拉底却毅然自辩无罪，不应该受什么刑法。如果提议一种刑法，那便是自认有罪。在他看来，他的行为不单决未犯罪，而且是为社会谋福利，所以若是必要他提议，那么，实在还要当众授与他以执政官之位，才算对得起他。但是因为法律使他不能不提议一种刑法，所以他只得提议出三十个明那（minas）作罚款了事。这些话激恼了大多数法官，都主张将他处死，其中有八十人先前曾投票要释放他，现在也投票赞成执行死刑了。

他在狱中待着就死，一共过了三十天之久。得自由见他的朋友都劝他逃走。这在雅典是可能的，阿那克萨戈拉分明就是得了伯里克利之力而逃脱。差不多只要一点小费给予狱吏，一切便都不成问题。他只要跑到泰斯莱，和阿那克萨戈拉跑到伊奥尼亚一样，便为法律之所不及了。但是苏格拉底坚决拒绝，谓逃遁而求免死是卑怯的行为，而且法律是应该服从的。法律教死，便不可不死。三十天过去了之后，当毒杯奉至他的面前，他立饮而尽，绝无畏葸之色。下面引的是柏拉图的《斐多篇》（Phaedo）中叙述苏格拉底之死的一段，其细节虽不能全视为历史的，但是所描写的这位大哲最后的刚毅卓越的情形，大体上总是能靠得住的。

　　他站了起来，走入一个房间去沐浴，克雷多跟了他进去，但是他教我们只在外面等他。于是我们一壁等着，一壁谈起我们刚才所说的，仔细反想着，有时怕讲而又讲到我们当前的灾难，将来这是怎样的苦楚哟，我们都好比丧失了一个慈父，以后的时光，我们都是无靠的孤儿了。他沐浴完了时，人把他的孩子们送到他的面前，因为他有两个小儿子，还有一个已经长大了，他家里的妇人们也来到，他当着克雷多的面前，和他们说了一会儿，嘱咐了几句话，便打发了他们回家去，又回到我们的面前。这时已近黄昏，因为他在里面停了很久。但是他从淋浴的那里来了后便坐下，没有讲多少话。这时狱官便来了，站上前来，对他说："苏格拉底，我想我不必使你不快，如同那些别人一样，他们在我奉到上峰命令，请他们服毒的时候，总是恼怒我，咒诅我。但是你自从来到这里，无论什么时候，总可证明你是一个最高尚最温和最卓越的人，在所有来到这里的人中，我从来没有见过像你这样的人，所以我敢相信此番你绝不至于怒我。所以现在，你知道，我是来向你宣布告别，愿你忍着这不可避免的，一忍就过去了。"说了，这个狱官便泪如雨下，急忙走开。苏格拉底听了，目送着他，说道："你也要这样，别了，祝福你，我们愿意照你所吩咐的做。"同时他回向我们说："这人是如何地有礼貌啊；我在这里许久，他时常来看我，陪我谈过几次话，实在是顶好的一个人，现在他是多么慷慨地为我流泪啊，但是，来，克雷多！让我们遵依他，把药拿来，如果已经研细；若是没有，让掌药的人将它研细。"

克雷多回答说："但是，我想，苏格拉底，太阳还在山头，没有落下；而且我知道别人在通告之后，服毒都很迟，他们都用晚餐，放开量饮酒，有些还和所爱的盘桓一番。不要催他们，时候还很早咧。"

苏格拉底说："你所说的这些人，克雷多，其所以如是，是有他们的很好的理由的，因为他们认为这样于他们有益；而我之不如是也有我的理由的，因为我以为吃酒而延一些时刻，于我无丝毫之益，反而使我对我自己成为可笑，这样地贪生，已经保不住了，还要顾惜它。所以请你遵从，不必执拗。"

克雷多听了便向立在旁边的一个童子点首示意。童子遂出，少顷，偕掌药的人至，这人已将药研好，执于杯中。苏格拉底看见了这人，便对他说："我的好朋友，你是精通这件事的，请指教我，应该怎样？""没有别的，"他回答："只把它喝下，漫步一会儿，等到你的腿沉重起来，便卧倒，便行了。"说着，他便将杯子递给苏格拉底。他欣然接受，爱齐克拉慈！毫不震动，毫不变色，毫不失其常态，只照平时那样紧望着这人，说："你以为怎样，这一杯用作无论何人的奠酒，是合法抑非法？""我们只研这许多，苏格拉底"，这人回答，只研我们觉得饮下便够了的分量。""我是明了你的"，他说，"但是我祈求神明，我离世而去，可以快乐，这是既合法而又合理的；所以我要祷告，诚心如是。"他说毕，便一口吸尽了这杯，从容至极，平静至极。直到这时我们都竭力忍着不哭，及至见他饮了，饮尽了这杯了，便再忍不住了，不由己地，我的眼泪泉涌一般地流下，满面都是泪，我是为我自己哭，不是哭他，是哭我自己以后没有这样的一个朋友了。克雷多在我之前便止不住流泪，站了起来。但是亚陂罗妥拉斯还在这个之前，便忍不住眼泪直流，立刻便号啕痛哭起来，哭得当时在那里的人个个都痛心，只有苏格拉底还是那样，说："这做什么，亲爱的朋友们？我所以教妇人们走开，为的就是怕她们这样。因为我时常听说死也要带些佳兆走才好。请住声，忍耐着。"

我们听了这话，觉得很惭愧起来，便止了泪。他踱了一会儿，便说两腿逐渐沉重，遂就仰着卧下，因为那个人嘱咐了他这样。同时那递给他毒杯的人便上来按住了他，停了一刻，便察看他的脚和腿，又用手压着他的脚，问他可觉得；他回答说不觉得，于是再压着他的大腿以上，便告诉我们他已经渐渐地僵冷了。这时苏格拉底用手触了他自己一下，对我们说，等至毒到了心，他便要死了。他的腹部而下各处这时差不多已经完全冷了，他的身上本是盖着的，他急然掀开了被条，说，这就是他的最后的话语："克雷多，我们少埃古拉壁斯一只雄鸡，请偿付它，不要忘记了。""一定照办"，克雷多回答，"但是你想一想可有什么别的话说。"

对于这句话，他便没有回答，随着他就起了一阵痉挛，于是那人便将他盖着，他的眼便定了，克雷多见了，便把他的口和眼都闭了起来。

"这样，爱齐克拉慈！便是我们的这位朋友的下场，一个我们可以说我们所知道的最好的人，一个最贤明和最正直的人。"

我们对于苏格拉底学说的知识，大概都是从柏拉图和色诺芬两个人而来的。这两个人各有特征，故其所传的也各有所偏。柏拉图在他的对话集里差不多把苏格拉底变成了他自己的舌人，所以他说的苏格拉底所讲的话，大部分都是他自己的话，历史的苏格拉底自己恐怕还没有梦见过。故乍说起来，要想从柏拉图的对话集里得到苏格拉底的思想的可靠的陈述，似乎是不可能的。但是仔细研究一下，实在并不尽然，因为柏拉图的较早的对话，乃是在他发展了他自己的体系之前著的，那时他在见解和趣向各方面还只是苏格拉底的一个跟从者，仅期于发挥苏格拉底的学说。不过就在这些对话里面，我们所看见的实在也仍然是一个观念化了的苏格拉底的肖像。其实柏拉图从来也没有自承过徒是一个传述家或历史家。他的对话里面的情节和言语固然是常有事实做根据，但是幻想的毕竟居多。要之，我们只能说，从柏拉图的对话集里，我们可以得到苏格拉底的学说的一个概要。至于色诺芬，如果柏拉图是个善于理想的哲学家，色诺芬便是个平凡的核实的实行家。他是一个平常的诚实的军人，对于哲理，无论苏格拉底的或别人的，是不会怎样赏识的。他不是因为苏格拉底是个哲学家，而是因为崇拜他的品性和人格，故而亲近他。假如柏拉图把苏格拉底的学说放得太高，那么，色诺芬便是把它放得太低。虽然，色诺芬的《回忆苏格拉底》（*Memorabilia*）对于苏格拉底的思想和生平，实在总可给我们很多有价值的报告。

苏格拉底的学说是偏于伦理的。仅乎在这一点，他是和智者学派相同。希腊哲学史上，首先提出人和人的义务等问题者是智者学派。苏格拉底对于这个问题，也以全力注意。所有以前的哲学家讨论不绝的关于宇宙的起源、终极的实在的本质，这些问题，他一概付之不理，力斥为无益的空谈，比起伦理的知识来，都毫无价值。他认为数学、物理和天文，都不是重要的知识。他说他从来不曾出城门一步，因为在田园林木当中学不到一点什么东西。

但是他的伦理思想的全部根据都建立在一种知识论上，这种知识论是非常简单，但是极其重要。智者学派以知觉为知识的基础，结果使真理的客观标准全被推翻。苏格拉底的功绩便在以理性为知识的根据，从而恢复了真理的客观性质。苏格拉底的学说，一言以蔽之，就是，一切知识都是经由概念的知识。什么是概念（concept）？我们直接察觉一个特殊的物件，一个人，一株树，一间屋，或一颗星之呈现于前，这种意识便叫作知觉（perception）。如果我们再闭了眼想象出来这个物件的形象，这种意识便叫作意象或再现。这种意象和知觉一样，总是特殊的物件的观念。但是除了这些属于特殊的物件，起于感觉知觉或幻想的观念而外，我们还有一种普遍的观念，即是不属于某一特别的物件，而是通乎全体同一种类的物件的观念。譬如我说："苏格拉底必死。"这样我只是着想苏格拉底一个人。但是我若说："凡人皆死。"我便不是仅乎着想一个人，而是着想全人类。像这样的观念，便叫作概括的观念，或概念。一切物类的名词，如人、树、屋宇、河流、兽、马、生物等，但凡不是代表一个物件，而是代表一类物件的，都是概念。我们形成这种概括的观念的途径，就是把所有同一类的全体物件的共通性质一齐纳入其中，而将所有特殊的性质，即是有些物质具有，而有些物件却没有的性质完全摈于其外。例如，我们不能把白色这个性质纳入马的概括的观念之中，因为有些马固然是白的，但是所有的马并非都是白的。然而有脊椎这个性质是可以纳入的，因为所有的马都是有脊椎的。照这样，形成一个概念，就是总合同属一类的各分子都相吻合的各种观念，而抹杀各分子不全然一致的各种观念。

但是理性便是概念的机能。这个初看起来也许不很明了。有人许要说理性乃是论辩的机能，所以由前提而得到结论。但是我们只要略为仔细一看，便可见出所有的理论都是运行于概念之上。所有的理论不外乎演绎的和归纳的两种。归纳便是由特殊的事例推得一般的原理。凡是一个一般的原理总不是关于一个特殊的事物，而是关于一个种类的事物的全体，就是一个概念的说明。概念便是归纳地比较同一种类的无数的例子而得到的。演绎的理论和这个相反，乃是把一般的原理应用于特殊的事物。例如我们说凡人都死，所以苏格拉底亦死，这里唯一问题便是要问苏格拉底是不是一个人，换言之，就是"人"这个概念可否施于此之叫作苏格拉底的特殊的东西而无误。可见归纳的理论便是所以形成概念，而演绎的理论便是所以应用概念的。

所以苏格拉底把所有的知识都放在概念里面，便是把理性造为知识的器具。这个和智者们把一切知识都置于感觉知觉里面正相反对。而理性正是存乎人的普遍的质素，所以苏格拉底把知识和概念认为相同，就是恢复了可以施于人人，可以约束人人的客观的真理，而推翻了智者运动以来高唱人云的每个人愿意认什么为真理，什么便是真理的主张。这里我们如若知道一个概念差不多就是一个定义，便更易明白。比譬，我们不能下个定义谓人是白肤动物，因为所有的人不尽是白肤的。同样，我们也不能把"说英语"这件事加入人的定义里去，因为说英语的人虽多，而不用英语的人也不少。然而我们可以加入"生

115

两条腿"这一类的性质，因为"生两条腿"乃是人所公具的性质，没有人会多生一条腿或少生一条腿的，除了少数畸形的例外。从这上面可知一个定义之成立，和一个概念之形成是一样的，也是总合同一类的各个物件的所有雷同的性质，而除去其各异的性质。所以一个定义实际上就是以一组字来表明一个概念。但是由确立定义的程序，我们便获得了真理的标准。例如，我们确立了三角形的定义，便可把任何几何图形与之比较，而决定其是三角形与否。这样一来，便不再容许任何人随意乱指无论什么为三角形了。同样，我们确定了人这个字的定义，便可把无论什么东西和它比较，而决定其是人或非人。再则，我们如果能决定德的正确概念是怎样，那么，要问某一特别的行为是否道德的，便只可把那个行为和此概念相较，看它们是否相合而判定，而不能容智者们再说"我所认为对的，无论怎样，于我就是对的，我所愿意选着做的，无论怎样，于我就是道德的"这些话了。无论何人的行为不能再凭他的主观印象而论定，而须要受德的概念或定义，即是独立于个人之外的客观的真理标准的判断了。而这个便是苏格拉底所建设的认识论。他谓知识绝不同于个人的感觉，如果那样，每个人无论欢喜什么，都可称为真理了。从而知识必为对于事物一如其本体的知识，一点不依赖个人而后可，而这样的知识正就是事物的概念的知识。因此，所以苏格拉底为学，其所用心的差不多全然就是求有以构成正确的概念。他随处究问的便是："何为德？""何为谨慎？""何为中庸？"——其意就是："这样东西的正确的概念或定义是怎样？"照这个方法，他想寻出一种根据，可以使人知有客观的真理和客观的道德律。

　　苏格拉底便是以归纳法来形成各种概念。他先就许多普遍公认为谨慎的行为的事例，加以考察研究，寻出其公同具有的，所以使之归为一类的通性，从而形成谨慎的概念。然后再把新起的事例和这样形成了的概念比较，视其是否符合。如果相违，便再借新例的启示而把它矫正。

　　但是苏格拉底的认识论之提出，并非为着它的自身的缘故，而是为着实际的目的。他总是使理论役于实际的。他之所以要探求德的概念，只是为着要在日常生活上把德实行出来。这样地把德和知识合而为一，便是苏格拉底的伦理学说的根本思想。他说人绝不能为善，假如他不知道什么是善，即是善的概念是怎样。道德的行为必基乎知识而发乎知识。苏格拉底不仅说人无知识便不能为善，并且提出一句更为可疑的话，谓一个人有了知识便绝不会再去为恶。一切罪恶都出于愚昧。一个人只要知道了什么是善，就必然为善，而绝不为恶。每个人所冀求的都是善，只是对于什么是善的见解各有不同。所以他说："世无有意作恶之人。"其所以为恶，乃是由于不明了真正的善的概念，于愚昧之中以其所为之不善为善的缘故。他又说："有意为恶之人较之无心为恶之人，尚高一等，因为前者犹知道什么是善，故具有为善的重要条件，而后者则并此而无之，故全然没有希望。"

　　亚里士多德批评苏格拉底的学说，谓苏格拉底忽视了灵魂的不合理的部分。苏格拉底以为人的行为都只受理性的支配，故而认为只要他们的理论无误，他们的行为也就必无误，却忘记了人的行为大部分乃是受制于情感，即是"灵魂的不合理的部分"的这句话实在是不可辩的。我们在经验上可以见到许多人立定主意做恶事，他们虽然明明知道什么是善，而他们却仍然要去为恶。苏格拉底之所以有此偏见的原因亦很为显明，他实在是只从他自己的特殊情形立论。苏格拉底确乎是超于一般人的弱点之上的。他自己实在是不被情感所操纵，只受理性的指挥，所以在他只要知道了什么是善的，那就如同日之有夜一样必然去做的。他确实是不解怎么人知道了善而反去为恶。因此，所以他以为人而为恶必然由于他不明白什么是善的缘故。于此，亚里士多德的批评实在不能不说是对的。虽然，苏格拉底的学说也未可轻于一笔抹煞，其中毕竟自有它的颠扑不破的见地。我们常说一个人的信仰是一样，而行为又是一样。但是一个人所真正信仰的是什么，而且什么可为他的信仰的测验标准，这实在是一个很费商量的问题。许多人逢着礼拜日便到教堂里去，做例行的仪式和祷告，所有这些的主要观念当然是俗世的货利较之灵的宝藏为轻了。如果问起来，他们许说他们是相信这个道理不错的。他们也许相信他们确乎是相信这个道理的。然而一到实际生活上，或者他们还是唯俗世的货利是骛，并且由他们的行为可以表明他们是承认这些最为贵重的。这样的人，其所真正信仰的，究竟为何呢？他们所信仰的是如其所说，还是如其所行的呢？于此，我们至少能不能认为可以说他们确实都是在追求他们所认为最善的，假如能使他们真的相信灵的宝藏更为贵重，他们便必舍彼而图此呢？这实在便是苏格拉底的思想。一切人所追求的都是善，然而许多人却不知道什么是善。这句话的确自有其真理，虽则知恶而为恶的人无疑的随处有之。

苏格拉底还有两个特别的见解，都是根据知德合一的观念而来的。第一是德是可教的。寻常我们总以为德是不能和数术一样拿来教人的。照我们的见地，德是基于许多因素的，其中尤为重要的是人的生来的性向、遗传和环境，于某种程度内又受教育和练习的影响。所以一个人的人格终生不会有多大改变的。不断的努力，常久的自治，一个人固然可以把自己改善一些，然而大体上，他总仍然继续他自己那样，和豹子到老不能改变它身上的斑点一般。但是苏格拉底认为知识是德的唯一条件，而知识是可由教导而授与的，从而德也是可教的。仅有的困难就是求可以教人以德之人，即是了然于德的概念的人。照苏格拉底所说，德的概念是最珍贵的知识，但是从来没有一个哲学家有真知灼见，一旦把它发明，则立可以教人而使人人为善。第二便是"德是唯一"。寻常我们总说有许多类别的德，如中庸、谨慎、明智、慈善、仁爱等。苏格拉底认为所有不同的德都来自一个泉源，即是知识。所以知识换言之，即是智慧，是唯一的德，包括一切别的在内。

苏格拉底的学说的大概既如上述。现在我们再来考察一下他在思想史上占一个怎样的地位。苏格拉底的学说可分两方面来讲。第一是他的认识论，认为知识都须经由概念。这个可说是苏格拉底学说的科学的方面。第二就是他的伦理学说。这两者中，自然以科学的概念论最为重要，也就是这个给予他在哲学史上的地位。他的伦理观念虽含有深意，然而被他以为人只受理性的管治这种偏见所误，以致在思想史上未能发生多大影响。但是他的概念论在哲学里却起了一个大革命。后来柏拉图的哲学思想全部便是从这个发展出来的，柏拉图而后，亚里士多德的哲学以及后来一切理想主义，也都莫不间接如是。但是这种概念论的直接效果却在予智者们的学说以摧毁。智者们倡导真理便是感觉知觉，但是不同的人对于同一物件的知觉常是大相悬殊的，因此真理遂不得不凭各人自己的意见而决定。这个便把所有视真理为客观实在的信仰破坏无余，从而使对于道德律的客观性质之信仰无立足之地。苏格拉底的地位便是要恢复信仰。他的卓识就在见出要想挽救智者运动所引起的不祥的结果，必先推翻智者学派所依据的根本假定——知识就是知觉。他提出知识都须经由概念之说，便正是来反对这个的。把知识置于概念的上面，便是置之于普遍的理性的根基之上。这样，知识遂从主观的仿佛，一变而复为客观的实在了。

但是苏格拉底虽然是一个信仰的恢复者，我们却绝不可以为他是开倒车，回到智者运动以前的思想境界里去了。反之，苏格拉底实在是超过了智者们而往前更进一步的。这里我们便可得到一个一切个人或种族的思想常态进展的很好的例。自泰勒斯直到此时思想进展的经过分明显出三个阶段。第一个阶段为绝对的信仰，不是根据理性，仅乎是照例盲从的信仰。第二个阶段的思想统都是破坏的怀疑的，否认前一阶段所肯定的一切。第三个阶段便是信仰的恢复，但是这个时期的信仰是根据于概念、理性而非复徒立于习惯之上了。在智者运动之前，人只假定了真和善的客观的实在，没有人曾特别地肯定它，也没有人曾特别地否定它。这个似乎是显然自明，不成问题。这样，其所以为人所信，实在并没有合理的根据，只是由于风俗习惯的缘故。这第一个思想阶段，我们可称之为纯信期。俟乎智者运动兴起，人的理性和思想才始和历来所认为当然而不容置问的法律、风俗和权威发生交涉。理性对于单纯信仰的先头的接触总是破坏的，所以智者运动将一切真和善的观念扫荡无余。苏格拉底便是这些观念的恢复者，然而这些观念到了他的手上便不再只是单纯的信仰，而是合理的信仰，建立于理性之上了。所以苏格拉底就是以理解的信仰替代了懵懂的盲从。在这一点上我们可以把他和阿里斯托芬比较一下。阿里斯托芬是一个复古主义者，崇拜古昔黄金时代，对于智者运动在当时大众道德上所生的不祥的结果，和苏格拉底一样，也深致不满。然而他提出来的挽救之方，却是要强力恢复古昔黄金时代。因为一切祸害都是由于思想引出来的，所以必须把思想禁绝。我们断乎要回归简单的信仰，才始可以得救。不过简单的信仰，一旦遭了思想破坏，无论在个人或在种族，都是绝无恢复之望的，就和成人绝不能够返为儿童一般。对于思想的祸害，仅乎只有一个救济之方，那就是更多的思想。假如思想是趋向于怀疑和否定，唯一的出路绝不是阻压思想，而是要在思想之上建设信仰。苏格拉底所采取的就是这个方法。其实这也便是古今一切大哲的方法。他们绝不被阴影所惊骇，只知道唯理性是从。如果理性要引他们入于黑暗，他们绝不畏缩，绝不逃避。他们必毅然深入，直至光明重见而后止。只有昏庸老朽的一班人才会告诉我们，若是理性要教我们怀疑我们的信仰，便不要睬它。思想是不能这样禁止掉的。理性乃是所以使我们为合理的动物。我们不能开倒车，必须前进而把我们的信仰造成合理的才对。我们要把信仰建筑在观念之上，一如苏格拉底之所为。苏格拉底不曾否认智者学派所倡的一切制度、一切观念、一切现存和既成的东西都必受裁判于理性之前的原则。苏格拉底接受了这个原则，毫无疑问。他应接了思想的挑战，终于在理性的光明之下得胜于他的时代。

智者运动发现了主观的原理，这个原理就是真理必为我的

真理，正义必为我的正义。这些须是我自己的思想的结果，绝
不能为由外而强施于我的标准。但是智者学派的错误就在认为
真理只存于我所以为有知觉的、感觉的动物的权能之内，这就
是承认我有我自己的真理。苏格拉底矫正了这种错误，谓真理
固然必为我的真理而后可，然而乃是理性的动物之我的。但是
理性是普遍的，所以这个意思就是真理不是我私自的，而是通
乎全体，可以施诸一切具着理性的人而皆准的。于是真理遂被
建立而成为稳固，非仅是主观的幻像，而成功了客观的实在，
不再凭任个人的感觉、奇想和欲望，要以为怎样，便是怎样了。
苏格拉底和智者运动的全时代，很可发人深省。从这里面，我
们可以见出否定了理性的统治，使任何别的意识居于理性之上，
结果都必入于怀疑主义以及真理的和道德的客观性质之推翻。
晚近许多通神论者（theosophist）和其他盛倡所谓直观之说者，
以为最高的宗教的知识须由直观而得到，是超乎理性之上的东
西。但是这实在不过是重演普罗泰戈拉的错误。固然这个所谓
直观并非只是感觉知觉，和普罗泰戈拉那样一般，然而这却是
一种直接的精神的知觉，对于物的直接的捆捉，一若其呈现于
我之前，而有"如在那里"的性质。所以这实在是属于知觉性
质的。所不同的只是它是精神的超感觉的，而不是物质的感觉
的知觉。然而无论是感觉的或是越感觉的，其为知觉总是一样。
置真理于无论怎样的知觉上面，在原理上，总是和普罗泰戈拉
同出一辙，其结果势必仿徨于个人的主观的印象之下。我直观
一种东西是如此，别人直观起来或者完全相反。我所直观的于
我是对的，他所直观的于他也必是对的。我们既然否定了理性
而降之于直观之下，就是把那唯一的所以使我们得凭普遍的客

观的标准，而调理各个人的纷纭错杂的印象，以简驭繁的权能一笔勾销。这个论理的结果自然是，因为每一个人的直观于每一个人自己，都是真实的，所以绝无客观的真理这种东西的存在。从而像客观的善这样东西，当然也根本不能成立。这种理论，其结果非完全陷入怀疑和黑暗之中不可。而事实上一班通神论者之未曾提出这等怀疑的结论，不过表明他们的头脑不若普罗泰戈拉的清楚和精密罢了。

第十一章　小苏格拉底学派

苏格拉底死后，发生了一种特殊的现象，这种现象在思想史上也是时常出现的。凡是一个伟大的多方面的人格，总包含许多错杂矛盾的倾向和概念。我们且不说智识方面，姑从实际生活方面先举一例言之。我们常说调和仁慈与严正，是一件难事。寻常有的人唯仁慈的观念是从，而其仁慈之中却不含一点严肃的成分，以至成为可憎或流为感情的人道主义之类。又有的人只照着严正的观念而行，全然不讲仁慈，于是变成冷酷无情。要想把这两者调洽适宜，非得一更广大的人格不可。实际生活方面如此，哲学思想方面也恰是这样。从来伟大的思想家绝不执着真理的一方面而趋于极端，总是包罗真理的所有纷歧冲突的各方面，而造成一个多方面的体系。专重某一个思想为一个简单的观念所束缚而推至其论理的极端，固亦未尝不可博得一地一时之名声，因为这样的途径总可以达到似乎是超群轶俗，奇特而惊人的结论。尼采、萧伯纳、王尔德一流之名噪一时都是这样来的。但是一个大思想家一死，就因他的思想是多方面的，所以他的思想常是分裂而成为许多段片，每一段片都可形成一个偏感的思想。弟子之能于绍承师业是不可多得的，所以对于伟大人物的思想，总不能够尽其妙而得其全。每个弟子只执着师说之合于他自己的性质的一部分，以一不完全的观念，自成一家言，一若这一部分就可以代表全体。苏格拉底死后的情形恰是这样。在他的跟从者中，只有一个人能够认识他的全部的学说，了解他的整个的人格，这一个人便是柏拉图。此外，还有三个人各创了一派哲学，都是偏感的，而都自命为得苏格拉底学说的真谛。这三个人中，安提斯泰尼（Antisthenes）建立了犬儒学派（Cynic school），亚里斯提波（Aristippus）建立了昔勒尼学派（Cyrenaic school），欧几里得（Euclid）建立了麦加拉学派（Megaric school）。

苏格拉底体系的两方面概念的理论和伦理的学说，在我们今日从历史上看来，固不难见出何者在思想上的影响最大，从而辨明何者最为重要。然而当时人是不能够看到这个的。他们只知道执着苏格拉底的显明易解的伦理学说，尤其是从这位大师的生活和人格而非徒以空论表现出来的伦理观念。苏格拉底的生活和学说，简括的说来，不外乎这一个思想，就是，德是人生唯一的目的，其余世间一切享乐、财富、学问都比较地无价值。以德为人生唯一目的，这种观念便是三个小苏格拉底学派（Semi-Socratic schools）的一脉共通之点。下面我们再来一论他们所不同的在什么地方。

假如德是人生唯一目的，那么，我们要问，德究竟是什么呢？苏格拉底对于这个问题没有给过明确的答案。他所下的唯一的定义就是，德便是知识，但是仔细考察一下，这实在全然不是一个定义。假如德是知识，那么是对于什么的知识？它当然不是天文、数学或物理的知识。它是伦理的知识,这就等于说,是德的知识。说德是对于德的知识。这是一个循环论,于德是什么之一问题,实在毫无益处。但是事实上苏格拉底确实不曾有过像那样的循环的思想。他的意思并不是德就是知识,虽则他的话常是照那样说的。他的真意实在大相悬殊,乃是说德须依乎知识。知识是德的第一重要条件。这种思想正确地说明绝非德就是德的知识,那不过是绕圈子的说法,而是德必基乎德的知识,这实在是很为直截了当的思想。你只有知道了德是什么,然后才能把德实现出来。所以这里实在并没有什么德的定义,也没有把它下个定义的企图。对于德是什么这个问题,根本没有解答。

这一部分当然是由于苏格拉底的思想之无方法,无系统,而这个又由于他研理讲学全然是取对话的形式。要从偶然的对话的途径,发展有系统的思想本是不可能的。然而一部分也是由于他的天才的博大,他明知要想把德限制于任何一个简单狭隘的公式,以之支配一切实际行为,在无限变化的人生情况之下,是万做不到的。所以不拘他的全部学说的关键是怎样地就在于定义的方法,苏格拉底对于他的哲学的最高概念——德,却全然没有定义给他的弟子。便在这一点上,苏格拉底的承继者都分了家。他们都一致认为德是人生唯一目的,但是对于实际上什么样的生活可算是德,便各有不同的见解。

一、犬儒学派

安提斯泰尼是犬儒学派的创立者，他继承苏格拉底的德基乎知识和德可教之说。但是安提斯泰尼所最崇拜的并非苏格拉底之为科学家、哲学家、智识的巨子，而是苏格拉底的为人，唯自己的直道是从，对于世俗的意见全不介意，卓然独立的人格。这其实不过是苏格拉底的生活的附产物。苏格拉底之所以超然于一切世俗的货财享乐之外，不求富贵和名声，只不过是因为他的心别有所在，以智慧之探寻为大乐。仅乎独立的态度，与夫对于别人意见之漠视，在他，其本身实在并非就是目的。他绝不是矫情立异。而犬儒学派却把超然于一切物欲之外的态度自身当作生命的目的。他们的德的定义事实上就是，舍弃一切于寻常人有之则生活才值得生活的东西，绝对的禁欲主义，残酷的自己苦行。复次，苏格拉底曾谓唯一的最有价值的知识是伦理知识，从而有一种贬抑其他各种知识的倾向。犬儒学派把这一点张扬起来，竟然蔑视一切艺术和学问，甚至安于懵懂鄙野。安提斯泰尼说：“德是尽足以得到快乐的，欲有德，无他必需，有苏格拉底的力量便够了；它只是一个实行的问题，不须许多言语，也不要许多知识。”所以犬儒学派的德的观念是纯然消极的；就是消灭一切欲望，超脱一切需求，不为一切势利逸乐之所纷扰。他们当中有许多竟连居室或任何住处也不要，流浪四方，如同乞丐。也就是这个道理，所以第欧根尼以一木桶为家，处之泰然。又苏格拉底一生于自己所认为对的，总是毅然实行，从来不顾庸人的毁誉。然而他之对于别人的意见之漠视，如同他对于一切物欲之超脱一样，其自身也并非目的。他并没有要任情触犯公众情意的思想。而犬儒学派为要表出傲世的态度，却往往故意侮慢公众的意见，做出激人恼憎的无礼的行为。

照犬儒学派所说，德是唯一的善，罪是唯一的恶。除此而外，世界上一切其他事物举不足为善，亦不足为恶。一切别的东西均无足重轻。财产、逸乐、富裕、自由、悠闲，纵连生命的自身，都不值得视为善。穷困、灾祸、疾病、为奴以及死亡，也都不能视为恶。做一个自由的人是并不优于为人奴隶的，假如奴隶而能有德,他在其自身便是自由,便是生就的管治人的人。自杀不是罪，一个人尽可以毁灭他的生命，但不必是逃避灾害和痛苦（因为这些并不是恶），而是表明生命于他无足重轻。又因善和恶的界线是绝对确定的，所以智人和愚人的区别也截然分开。所有的人可分为两等，其中绝无中间阶级。德是唯一而不可分的,有之则尽有,无之则全无。前者为智人,后者为愚人。智人便有一切种德，一切知识，一切智慧，一切幸福，圆满无缺。愚人所有的是一切凶恶，一切苦难和不完全。

二、昔勒尼学派

昔勒尼学派至少在形式上也认为德是人生唯一目的。然而也只有在形式上为然，因为这一派所下的德的定义简直剥夺了德的所有的意义。苏格拉底曾常劝人立德可以获到快乐，谓德是到快乐唯一之路，对于以快乐为德的动机这一层，言之无所避忌。但是这并非就是抹杀了人为行善之故，不必为其有利，而行善的本分。我们固然常说："诚实是最好的政策。"然而我们于此并非就是否定了人须诚实的义务，纵然在某种特殊情形下，诚实不是最好的政策。却是苏格拉底在这些地方都甚不明了，没有在快乐之外，把道德寻出一个确定的根基。亚里斯提波便是执着这一方面，不顾其余一切，而推至其论理的极端。毫无疑义的，德是人生唯一目的，但是德的唯一目的就是个人自己利益，即是快乐。所以我们也可以说快乐是人生唯一目的。

亚里斯提波的这种思想大受普罗泰戈拉和智者学派的学说的影响。普罗泰戈拉否定了真理的客观性质，智者运动时代便把这个理论应用于道德方面。每一个人都是他自己的定律。绝无可以加于个人而违反其自己的愿欲的道德律。快乐是人生的独一无二的目的，任何从外强施的道德律都是不能够摇动它的绝对的要求的。凡所以满足个人的快乐的饥渴的，无所谓罪恶，无所谓不善。

这种哲学在实行上其是否令人趋于堕落，便全然视人所存心的是何种快乐而定。假如所存心的是纯洁的智慧的快乐，实在没有理由可说其结果不能得比较良好的生活。假如仅乎图肉体的迷恋，其结果就未必怎样高尚。昔勒尼学派也不曾纯然漠视心灵的快乐，但是他们指出肉体的快乐情感更为有力，更为切迫，从而他们的精神大部分都集中在这上面。可是他们也没有陷人兽欲横流的深渊，这就因为他们又主张于快乐的追求之中，智人必操之以审慎。不顾一切地追求快乐，实际上结果多反成为痛苦和灾殃。痛苦是必须避免的。所以智人不失其自己的权衡，必控制自己的欲望，不惜延缓自己的急切的欲望，而求结果快乐最多，痛苦最少。昔勒尼学派的理想的智人就是这个世界的人，唯以快乐为目的绝不为一切迷信的顾虑所束缚，但是他追求这个目的，必运用他的谨慎、远见和智慧。这些话可依各人的性质，而得到不同的解释，自不待言。我们可举两个例。这一派里的安尼凯里（Anniceris）也相信快乐为唯一目的，但是认为快乐必产于友情和家族天伦之谊，竟谓智人应欣然为朋友和家族而牺牲其自己——这便是道德的黑暗中之一线曙光。赫格西亚（Hegesias）是一个悲观主义者，便说真实的快乐是得不到的。实际上人生所能实现的唯一目的只有避免痛苦。

三、麦加拉学派

开创这一派的便是麦加拉的欧几里得，他的理论渊源于苏格拉底的学说，而又参以爱利亚学派的思想。德是知识，但是什么知识？便在这个处所，他受了爱利亚学派的影响至巨。麦加拉学派和巴门尼德一样，也认为只有一个绝对的"存在"，一切杂多，一切运动，都是虚幻。感觉的世界里面没有真实。宇宙之中，只有"存在"。所以假如德是知识，它只能是此"存在"的知识。如果苏格拉底的根本概念是善，而巴门尼德的根本概念是"存在"，那么，欧几里得便是把两者连结起来，合善和"存在"为一物。所谓存在、唯一上帝、善、神圣这些都不过是同一东西的不同的名称。而所谓变化、杂多、恶都不过是其反面，非存在的名称。从而杂多和恶相同，两者都是假伪。恶绝非真实存在，只有善才是真实存在。一切的德，如仁爱、节制、谨慎，都只是那唯一的德——"存在"——的知识的不同的名称。

爱利亚学派的健将芝诺曾经指出杂多和运动不单是不真实

的，而且是不可能的，因为它们都是自相矛盾的。麦加拉学派根据此说，又拾取芝诺的辩证法，进而断言，非存在既然是不可能的，"存在"必然包含一切的可能。凡是可能的，也必是现实的。绝没有既可能而又不存在的东西。

犬儒学派以舍弃和消极的超然态度为德，昔勒尼学派谓自利的快乐的追求就是德，麦加拉学派和这两派都不一致，认为德就在于哲学的沉思的生活，"存在"的知识之中。

第十二章　柏拉图

　　在柏拉图之前，没有一个人曾建立了一个具体的系统。他们所产生的不过是巨量的哲学的观念、学说、暗示和意见，都是庞杂而不相连系的。在世界史上，柏拉图是头一个人，创立了一个伟大的包罗一切的体系，对于思想和实在的各部分，都有分门别类的细密的讨论。他融合了他以前的所有各家的学说，尽吸毕达哥拉斯、爱利亚、赫拉克利特和苏格拉底各派的精华，而组成他自己的学说。所以他的哲学实在是希腊思想的集大成。然而我们绝不可因此遂而以为柏拉图仅止于折中、剽窃，拾前人的牙慧，为自己的主张。反之，柏拉图乃是一个希世之天才，旷代的发明的思想家。不过他的体系和所有伟大的体系一样，都渊源于前人的思想。他固然吸收前人的观念，然而他却非一仍其旧，而是以之为胚胎而加以新的发展；以之为根基，而于其上建筑巍峨灿烂的哲学的宫殿。到了他的手上，在他的创造的天才的光明之下，所有前人的思想均一变而非复旧观。

一、生平与著作

　　柏拉图的确切的生时，现在已不可考，不过大概总是在公元前 429 至前 427 年之间。他生于雅典的一个贵族之家，富有资财，故得有悠闲，而能自由从事于哲学。他的少年时代正值雅典历史上危难之秋。经过五十年以上的激烈战争之后，伯罗奔尼撒一役卒使雅典在政治上的权威完全倾覆。同时内政之混乱日殷，复不亚于外祸。在雅典，和其他各处一样，民主政体竟沦于暴民政治。伯罗奔尼撒战争之后，贵族政治复兴，当权者为所谓三十霸主，其中有好几位便是柏拉图自己的亲戚。但是这班贵族不单不能改善当时局面，反而造成了一个暴戾、流血、恐怖时代。这些事实于柏拉图一生的历史是很有关系的。假如他曾经有过实行政治活动的心愿，那么，当时实际情形定必将它打消。他的出身和思想都是贵族的，所以他对于暴民政治是合不来的。但是假如他曾经梦想过恢复贵族政体，以挽回世运，而那三十暴主一闹，也必令他惨然失望。对于民主政治和贵族政治既经一样地绝望，于是他遂决心与实际政治断绝关系。在他的很长的一生中，他从不曾出现于群众之里演说一回。他看雅典人事是已经坏极而不可收拾了。

　　他的少年时代现已不详。不过我们晓得他幼年便好作诗。他受过当时雅典公民所能得到的最好的教育，他的师傅克拉底鲁（Cratylus）是赫拉克利特的弟子，柏拉图毫无疑义的从他学知了赫拉克利特的学说。他不会不曾受到智者们的思潮的荡激，他们当中有很多和他同时的人。他大概也见过阿那克萨戈拉的书，这在雅典当时是很易得到的。不过对于所有这些处所，我们都没有确实的证据。我们所确知的只是他曾师事苏格拉底，这实在是他的少年时代，也便是他的一生的重要关键。

在苏格拉底一生最后的八年中，柏拉图便是他的知己而兼诚实的学生。这位大师的学问和人格兴起了他的一生为学之志，给予了他的全部思想的灵感。他对于苏格拉底之笃信和崇敬，实在非寻常弟子对于老师所能有，以后不单不日见消减，并且愈久愈深且厚。他对于苏格拉底的最动人最得意的描写，正是在他的很长的一生的最后的对话集中。苏格拉底在他的心目中，成了真正哲学者的模范。

苏格拉底死后，柏拉图便开始了他的生活的第二期——漫游时代。他首先离开往至麦加拉，其时他的同学欧几里得正在那里创立了麦加拉学派。这一派的哲学是苏格拉底和爱利亚学派的思想的结合。无疑的柏拉图就是在这里受了欧氏的影响，对于巴门尼德的学说得到很深的认识，后来在他自己的哲学上很有关系。不久他又离别了麦加拉，而作昔勒尼(Cyrene)、埃及、意大利和西西里之游。在意大利他得交毕达哥拉斯的学徒，因而得着他们的门径，从来他的思想带了不少毕达哥拉斯学派的因素，便由于此。

他到了西西里，初时颇蒙叙拉古（Syracuse）的暴主狄奥尼修（Dionysius）的优遇，不料后来他的言论触恼了狄奥尼修，这位暴主竟把他送到了伊奥尼亚的奴隶买卖地。幸而遇着他的朋友昔勒尼学派的安尼凯里（Anniceris）将他赎回，柏拉图才得免于奴隶的厄运。于是柏拉图遂归回雅典，这一次的漫游共有十年之久。

柏拉图归回雅典之后，便进入了他的生活的第三个时代。

自此而后，除了两次为时很短的立刻就要说到的旅行之外，他便没有离别过雅典。便从这时他开始专力于教育和哲学。他在一个叫作亚卡底米亚（Academy）的体育场里，开了一个学院，一方面聚徒讲学，一方面从事著述，直至卒时，凡四十年。他的生活状态和苏格拉底的大有不同，只有一点像他的老师，就是他教人也是不取费的。此外，这两位大哲的生活，彼此简直毫无相似之。苏格拉底大街小巷各处乱跑以寻求智慧，他随时随地和人谈理，来者不拒。而柏拉图则深居学院，只与其门弟子研究，不和俗人周旋。以柏拉图教养之深，智识之高，贵族气分之厚，本难望其赏味雅典市井的喧嚣扰攘的生活，如出身平民的苏格拉底之所为。但是就哲学的进步而论，这也实在并非所望。苏格拉底哲学便大为他的生活方式所累，以致成为紊乱草率。有系统的思想绝不能由街谈巷议而产出。伟大的世界的体系像柏拉图的哲学，其发展实在是必需乎安静的生活和精勤的研究的。

柏拉图这一期的学者生活中间只因两次至西西里去而生了两回波折，这两次的旅行都是含有政治目的的。柏拉图很知道像他的《理想国》里面所描写的完全的国家是不能够在当时的雅典实现的，然而他又不忍放弃他的政治上的怀抱。纵然完全的理想国是一个达不到的理想，但是，他以为至少总须照着这个方向，实施政治的改革。他的《理想国》有一条重要的原理，就是治人者须是哲学者。非至哲学者和治人者结合起来，国家绝难受到真正的原理的统治。恰巧公元前368年叙拉古的暴主狄奥尼修逝世，其弟小狄奥尼修即位，遣使聘柏拉图为师。这实在是一个很好的试验的机会。柏拉图大可以就此而训练一个哲学者的帝王出来。于是他遂受聘而往，谁知结果又大失所望。小狄奥尼修初见这位哲学的老师，固然恭维备至。但是他乃是一个浮躁的少年，并没有什么真正的哲学的兴趣。他的起初的尊师重道之心，不久竟转成鄙厌。于是柏拉图大为灰心，离开了叙拉古，复回雅典。但是过了几年之后，小狄奥尼修又回心转意，重新聘他为师。柏拉图以悲天悯人为怀，不念前谴，受聘再往。然而这一行结果又成不幸，并且几乎丧了柏拉图的性命，幸得当地毕达哥拉斯学派中人营救，始克脱险。这一次他归回雅典，年已七十，嗣后十二年中，便在雅典专心于学术，绝不过问实际政治，生活颇为宁静愉快，至八十二岁始安然离世。

柏拉图的著作概用对话体，大都以苏格拉底为主角，假设他的老师的话来说明他自己的主张。也有几本如《巴门尼德篇》里面假设别人来宣讲柏拉图的学说，然而纵在这些里面，苏格拉底也总有一个重要位置。柏拉图不单是一位哲学家，而且是一个文学的天才。他的对话集简直就是剧本，穿插巧妙，富有滑稽风趣，人物之描写尤其生动。不仅是对于苏格拉底的绘画令人爱好，就连次要人物写来也莫不灵活如生。

柏拉图的文体里有一个最重要的因素，就是神话。他不惯以直接的科学的诠释来说明他的意思，而常喜出之以讽喻、寓言和故事，这些我们统称之为柏拉图神话。柏拉图就因太欢喜用神话，以致往往使我们不明白他的真正的意思——不知他所说的是直述，还是比譬。不宁唯是，这些神话时常也就表现他的思想自身的缺点。其实，合诗人和哲学家于一人，本是一个危险的结合。前面也已说过，哲学的目的不仅是要体验真理，如诗人和通神者所为，而是要以理智来了解它，不仅是要给我们以一些想象和比喻，而是要给我们以根据科学原理的合理的事实的说明。一个人同时是诗人而又是哲学家，于不能够合理地解释一个事物的时候，便用诗歌的比喻来替代实在所需要的说明，那实在是他的一个绝大的诱惑。例如，我们已经看见，《奥义书》的作者们认为世界是由那唯一的绝对的不灭的他们所谓婆罗门的存在而来，不能说明那个"一"为什么化为多的时候，便拿比喻来搪塞，而说如同火发出花来一样，一切有限之物均由"一"而产生。但是这实在是一点什么东西也不能够说明的，哲学的目的绝非这样含糊地体会，而是要合理地了解。其实这也非仅是我对于哲学的任务的见解，柏拉图自己的见解亦复如是。实在这种见解便就从他而起。他不断地申言，除了充分合理的认识而外，无足以称为知识和哲学。自来诟詆通神者和诗人之对于智慧和美的事物，说得最多，而于其何以为智慧和美，了解得最少，其指斥之激烈，无如柏拉图之甚者。对于诗人和神秘之业，没有人曾像他那样地鄙视过。柏拉图至少在理论上是唯理主义者和理智主义者之王。然而在实际上他却犯了他所以痛斥别人的错误。这实在便是柏拉图神话大部分的说明。无论什么地方，他只要遇着什么东西不能说明，便把神话来弥补罅隙，这在讨论物质世界概念的《蒂迈欧篇》（*Timaeus*）中尤为显明。他在别的对话集里面，发展了他的关于最后的实在的本质的学说，到了《蒂迈欧篇》中，便是要解决这个现实世界怎样从那最后的实在而发生出来的问题。在这一点上，我们将要看见他的体系便破裂了。他的绝对实在的说明，原来便有错误，所以也就不能够产出可以说明宇宙的原理来。从而在《蒂迈欧篇》中他对于宇宙之起源，不能有什么论理的说明，却纯然给我们以许多幻想的神话。在柏拉图的对话集里，无论什么处所，我们只要看见神话，大概就是找到了他的体系的一个弱点。

我们要想研究柏拉图，先须知道他的对话集，并非作者在同一心状之下一气著成的。他的著作事业继续至半世纪之久。在这个长久时期之内，他不是静止着，他的思想和他的表现方法不断地发展。要想了解柏拉图，须先明了他的思想演进的轨迹而后可。这个意思就是，对于他的对话集的著作的次序，须有一个相当的认识才行。但是不幸这些留存下来的对话集，既没有标明时日，亦未曾编列号数，要想知道任何一本是什么时候著成的，全靠着学者从它的字里行间推寻考证出来。有许多不甚重要的地方至今尚属疑团，并且也有些很有关系的问题，如记述他怎样开创学院的经过的《斐德罗篇》（*Phaedrus*）的著成时期，批评家中有的说是在他的早年，也有的说是在他的晚年，亦迄无定论。然而若把这些地方权且放下不论，我们可以说，大体上已经得到了一致，我们现在所考知的已足以显示其发展中的主要的线索了。

柏拉图的对话集可分为三部分，大致和他的生活的三个时期相当。最早的一部分大概是于苏格拉底死时，在他到麦加拉之前著的。这当中有几本是作成于苏格拉底未死之时。这一部分包括《小希庇阿斯篇》（*Hippias Minor*）、《吕西斯篇》（*Lysis*）、《卡尔米德篇》（*Charmides*）、《拉凯斯篇》（*Laches*）、《欧绪弗洛篇》（*Euthyphro*）、《申辩篇》、《克里托篇》和《普罗泰戈拉篇》。《普罗泰戈拉篇》最长，思想最复杂，系统最完整。大概这一本出世最晚，可算第一部分和第二部分中间的桥梁。

所有这些第一期的对话集，都是很简短的，并且思想上也没有什么变动，纯然限于苏格拉底的势力之下。这时节柏拉图还没有发展他自己的体系，只是陈述苏格拉底的学说。然而纵是这样，他也绝非仅乎一个剽窃家可比。这些对话集里面随处都可以证明他的清新创发的天才，然而他表现这种天才却不在于哲学的本质的方面，而在于文学的外形的方面。在这些对话集里，我们寻得到所有苏格拉底的原理，如：德是知识，唯一而可教；一切人所求的都是善，惟于什么是善所见不同；人之有心为恶者较之无心为恶者为优；诸如此类，不一而足。而且恰如苏格拉底孜孜探问以求确定各种德的概念，穷究"何为谨慎""何为节制"等问题一样，柏拉图也追究同样的问题。《吕西斯篇》讨论友谊的概念，《卡尔米德篇》讨论节制，《拉凯斯篇》讨论勇敢。就大体言，第一部的对话集的哲学的实质都很为菲薄，插叶太重，而且多系关于苏格拉底生平的事情。这些里面，艺术过于哲学。所以从纯粹文艺的观点来讲，这些属于第一期的，在柏拉图的全集里要算最为精彩，其中如《申辩篇》和《克里托篇》，尤其为不把柏拉图看作哲学家，而把他看为艺术家来研究他的人所爱好。

　　第二部分的对话集大概都是在柏拉图的游历生活时期著的。这一期在苏格拉底的影响之外，又添了爱利亚学派的影响，这自然和他寄寓麦加拉的时期有关。在这一期的对话集里面，柏拉图便开始尝试建设他自己的特别的体系。实在这一时期就是他的最伟大的创造时代。他的哲学的中心原理便是他的观念论。其他一切均隶属于此，而以此为根据。他的体系不外就是观念论，连着些依据于它的理论。他的观念论的创立和发展，以及对于爱利亚学派的"存在"的哲学之讨论，都是在这个时期之内。这里我们可以看见柏拉图的最原创的思想之艰难的诞生。这时候，他正劳心瘁力于哲学的中心问题，以全力注意思想的本身，文辞之粉饰已无暇顾及。他正尽力寻求在他的内心新发出来的观念之适当的表现，对于这些新观念，他还未能应心得手，操纵自如。因此，所以这一期的文辞的华美大不如前，附属的情节既少，滑稽的风趣全无。这一期所有的都是密致的、刚硬的、苦心的理论。

《高尔吉亚篇》和《泰阿泰德篇》（*Theaetetus*）大概是这一部分的最早的两本。这两本没有得到很着实的结果，大致都是偏于消极的。柏拉图在这两本里只是预备开场。《高尔吉亚篇》是驳斥智者学派的德和快乐合一说，并企图显示善必是客观的存在，而超乎个人的快乐之外，来反对它。和这个相同，《泰阿泰德篇》是说明真理绝非如智者们所设想，仅乎是个人主观印象，而是本身具有客观的真实性的东西。此外便是《智者篇》《政治家篇》和《巴门尼德篇》。《智者篇》是讨论"存在"和非存在，及其对于观念论的关系。《巴门尼德篇》是探讨绝对的实在是否能于照爱利亚学派的样子，看作绝对的"一"。所以这本对话给予我们的，是柏拉图对于他自己的哲学和爱利亚学派的思想之间的关系的概念。

第三部分的对话集便是柏拉图的成熟期的著作。这时他已经贯通了他的思想，无入而不自在，从而恢复了他的第一期的流丽典雅的词华。假如第一期的特征是辞藻的华美，第二期的特征是思想的深沉，那么，第三期便是兼而有之。这个时期，完全的实质和完全的外形相得而益彰。这一期的对话集的最显著的特征就是，它们统都假定了观念论已经确立而为读者所熟知，只把来应用于思想的各部分里面。第二期是力求组织和证明观念论，而第三期则出之以系统的应用。如《会饮篇》，就是解释爱的哲理，企图把人的美的情感和智识上观念的知识结合起来。《斐莱布篇》(*Philebus*)是把观念论应用于伦理上面。《理想国》是把它应用于政治上面。《斐多篇》是根据观念论来建设灵魂不灭之说。《斐德罗篇》大概是和《会饮篇》属于一部的，它的文辞之明澈优美和它彻底假定观念论已经确立的事实，使我们相信它是柏拉图的成熟期的作品。策勒（Zeller）却谓它是在第二期之初著的，乃是要诱令读者，使肯进而研究艰深的《智者篇》《政治家篇》和《巴门尼德篇》的。但是这句话似乎太觉牵强，而且用不着。

假如第二期是柏拉图一生的伟大的组织时代，第三期便可称作他的系统的和综合的时代。他的体系的每一部分都是在这个时期和其他各部分连络起来的，我们可以看见他的体系里所有的分枝，都从一个中心的原理——观念论而出发。知识的和实在的各方面的问题，统都展开在这个原理的光明之下，而为它所贯彻和渗透。

要想了解柏拉图，其最好的计划，初看起来，似乎是要把他的对话集一本一本的顺次研究下去，而抽出每一本的主旨来。但是这却是不可能的。因为柏拉图的哲学自身虽然成为一个整然的体系，然而他并没有用有系统的方法把它表现出来。反之，他只把他的观念随意散布于各处，一点秩序也没有。论理上应该是最先的往往反见于最后。它可以在一本对话的临了时才可发现，而论理的第二步时常一开头便出来，有的时候又要到另一本里方能寻到。所以我们欲要得到他的体系的一个一贯的观念，非舍弃柏拉图自己的陈述的秩序，而重新把他的思想整理一番不可。我们须要从那论理上应该是最先的下手，无论它发现在什么地方，然后再如此加以阐释。

对于柏拉图哲学分类的问题，也有一个相同的困难。他自己没有给予我们什么明确的分类的原则。但是通常总把他的哲学分为三部分：（1）辩证学说；（2）物理学说；（3）伦理学说。辩证学说或观念论就是柏拉图对于绝对的实在之本质的学说。物理学说就是存于时空里面的现象论，当然包含灵魂和轮回说，因为这都是时间之内的事。伦理学说包括政治、公民和个人道德。他的体系里还有些部分如"恋爱论"（Eros），不能够归入这三部的任何一部。但是他的对话集中虽然有几本在题旨上含混不清，而其最重要者则都甚明了，一望可定其属于何部，如《蒂迈欧篇》《斐多篇》和《斐德罗篇》属于物理学说。《斐莱布篇》《高尔吉亚篇》和《理想国》属于伦理学说。《泰阿泰德篇》《智者篇》和《巴门尼德篇》则属于辩证学说。

二、知识论

观念论自身是以知识论为基础的。什么是知识？什么是真理？柏拉图讨论这个问题，着手先告诉我们什么不是知识和真理。他在这里的目标，就是要驳斥假伪的理论，先把它们扫除净尽，然后再为正面的说明。他所攻击的第一个假伪的理论，便是那知识就是知觉之说。《泰阿泰德篇》的主要目的便是排斥这个。现在把他的论点概括说来如下：

第一，知识是知觉之说，是普罗泰戈拉和智者们所提倡的，其结果如何，我们已经看见。这就等于说每一个人所认为真实的，在这一个人便是真实的。但是无论如何，我们只要把这种理论做根据，来判断未来的事实，就必显其荒谬。我也许以为我明年便可做司法院长，但是说不定我明年反而犯罪下狱。每个人对于将来所觉得是实在的，通常在事实上都不竟然。

第二，知觉产生矛盾的印象。同样的东西近则较大，远则较小，和某一种东西比较就轻些，和别一种东西比较又重些。在一种光的下面，它是白的，另一种光之下是绿的，黑暗当中便一点颜色也没有。从这一角看来，一张纸是正方的，从另一角看来又是斜方的。所有这些印象，究竟哪一个是确实的呢？欲辨孰为确实，我们必须把这些分歧的印象加以区别、选择，而后才能够取此而舍彼。但若知识就是知觉，便不容我们有选择的权衡了。因为一切知觉既然都是知识，自然都是真确的了。

第三，这种理论使一切学说、一切讨论，证明或否证，都成为不可能的。既然一切知觉是一样地确实，儿童的知觉自必和他的教员的同为真理。从而教员也就不能够再教他什么东西了。至于讨论和证明人对于一种事物的争辩，就暗含他们都相信有一客观的真理存在。他们的印象如果彼此冲突，便不能双方俱是对的。否则，也就没有可以争辩的了。所以要依普罗泰戈拉所说，一切证明和辩论都成了废话。

第四，假如知觉便是真理，人为万物的权衡，当然就在其为有知觉的动物。那么，一切动物都是有知觉的，最低级的畜牲定然和人一样，也是万物的权衡了。

第五，普罗泰戈拉的学说是自相矛盾的。因为普罗泰戈拉承认我所见为真实的于我就是真实的。从而如果我认为普罗泰戈拉的理论是错误，普罗泰戈拉自己便也必须承认它是错误。

第六，这种理论破坏了真理的客观性，致使真和伪的分别毫无意义。一样东西同时既可是真而又是伪，在你为真而在我为伪。照这样，我们说一个定理是真确的，和说它是假伪的，实在毫无差异。两种说法都不过是一样意思，换言之，就是，都没有意思。说我所知觉的，无论如何，于我就是真实的，不过给我的知觉以一个新的名词，并不曾把它增添一点什么价值。

第七，一切知觉里面都含有非感觉所提供的要素。例如，我说："这一张纸是白的。"我们也许以为这是一个纯粹知觉的判断。没有别的，这只是说明我由感觉所看见的东西。然而细察起来，实大有不然。我首先须要着想，"这一张纸"。为什么我称它为纸？我把它称为纸，便表明我已经把它类别起来。在我的心里，我已经把它和别的纸比较，决定了它是和它们属于一类的。所以我的思想实已含着比较和分类。我所见的对象乃是诸种感觉，白色、正方等的组合。我必须把现在所得到的这些感觉参验和相合于以前从相同的物体而得到的这些感觉，然后才能辨别其为一张纸。我不单须要认出这些感觉的相同，并且还要认清它们和别的感觉之不同。我必不可把得于纸的感觉和得于一块木板的感觉相混。定要辨明这些感觉和哪些相同，以及和哪些不同，而后我才能够说，"这一张纸"。我再进一步，说它"是白的"，其经过也恰是这样。必须把它归入白色的东西的一类里去，并把它和别种颜色的东西分别开来才行。但是这些比较和对照的作用，感觉自身是不行的。每一感觉都可以说是各自分离的一点，它是不能够越出它的自身，而自行和别的东西比较的。只有我的心才能行此功能，而为支配的中枢，接收各种分离的感觉，而加以结合，比较和对照。这个我们若把一个感觉器官的感觉，和另一感觉器官的感觉比较一下，便更易明白。我用我的手指扪一圆球，说觉得它是圆的，视之以目，也说觉得它是圆的。但是触觉和视觉，其为感觉实在是全然不同的，然而我却同称之以一"圆"字。这便表明我已把这两个感觉合而为一。而这个全靠感觉自身是断乎不可的。因为我的目不能触，而手亦不能视。只有心是超乎这两个感觉之上，才能够把它们总合而统一起来。照这样，同一和差异的观念，实在并非我的感觉所产生，乃是由理智引入于事物之中的。而且一切知识，纵连最简单的知识活动，如"这个东西是白色"这一句话，也必包含这些观念。可见知识绝非仅由感觉印象所构成，像普罗泰戈拉所设想，因为就连最简单的一句话其中所包含的也不止于感觉的。

假如知识不与知觉相同，它和意见也绝不是一样。以知识为意见，便是柏拉图所驳斥的第二个谬说。错误的意见自然不是知识。但是就连真确的意见也算不得知识。譬如，我毫无根据地说，在未来的复活节那天必要下雨，也许碰巧这句话证明不错。但是在这种盲目的猜测上，断不能说我有了什么知识，虽则我的意见竟然无误。真确的意见也许不只是胡猜，而有些相当的事理做根据，这虽然是略胜一筹，然而仍然绝非真正的了解。我们往往直观地、本能地觉得某种事物是确当的，虽然我们说不出来其所以然之故。这种信念也许很为准确，但是照柏拉图所说，绝不能算为知识。这不过是准确的意见。要真有所谓知识，一个人不单须要知道一种事物如此，还要明白它何以如此。他须要知道它的理由。知识须是充分完全的了解，合理的认悟，绝非仅乎是浑然的信念。它必须根据理性，而断不可凭诸信心。真确的意见可以凭诱说和诡论，雄辩家和修辞家的才能而引起。但是知识则只能由理性而产生。真确的意见一样地也可被辩论之才能所移易，所以是不坚定的不着实的。而真知识则是不可摇动的。人之有真知识者是不会能因言语的眩惑而失去其知识的。结总一句话，意见是可真可妄的，而知识则只有真实的。

这些假伪的理论既已驳倒，我们现在可来一探知识论的正面的问题。假如知识既非知觉，亦非意见，到底是什么呢？于此，柏拉图采取了苏格拉底的一切知识都是经由概念的知识之说，一点不曾更动。这个，在讨论苏格拉底时也已说明，正是所以排除智者学派把知识和知觉认为相同而发生的不良效果的。一个概念和一个定义一样，是一种确定的东西，不容凭个人的主观印象而有所改变的。它是给我们以客观的真理的。这实在正和柏拉图的见解相合。知识不是根据浑然直观的意见。知识乃是建立于理性之上。这便等于说知识建立于概念之上，因为理性就是概念的机能。

但是柏拉图于回答"什么是知识"这个问题，虽然一本苏格拉底的主张，但是他却以这个主张为根据而建设了他自己的新的体系，和苏格拉底的迥然不同。他把苏格拉底的知识论改造成了一种实在的本质的理论。这便是他的辩证学说的主旨。

三、辩证学说或观念论

苏格拉底的概念本来不过是一种思想的范畴。定义就如指路碑一样，乃是所以使我们的思想循乎直道，例如我们把任何一个行为和德的定义比较一下，便可确定它是否为德。但是在苏格拉底仅乎是思想的范畴，而到了柏拉图的手上，却变成了一种形而上的实质。他的观念论就是概念的客观性质的理论。概念非仅是心里的一个空想，而是有它自己的实在的东西，独立于心的外面，这便是柏拉图哲学的根本精神。

柏拉图的这种主张是根据这个见解，就是，真理便是一个人的观念和存在的事实两者的相符。譬如，我看见一个湖，假使真有这样的一个湖，那么，我的观念便是真实的。如果实际上没有这个湖，我的观念就是虚妄，不过是一个幻觉。由此可见，所谓真理就是我心里的思想确乎是存于我心之外的某种东西的摹本。而所谓虚妄就是有了一个观念而非确实存在的什么东西的摹本。所谓知识自然便是真实的知识。所以我说我心里的一个思想是知识的时候，这个意思定然就是此一思想是一确实存在的某种东西的摹本。但是我们已经看见知识都是经由概念的知识。一个概念若是真实的知识，其所以为真实，也必因其与一客观的实在相符而后可。因此，所以在我心之外，不能不有许多总括的观念或概念，若一方面认概念为真知识，而另一方面又不以它为和存于我们之外的什么东西相符，那便是一个矛盾。那就如同说我的湖的观念是一个真实的观念，而又说没有这样的一个湖确实存在一样。我心里的概念必须是一个存于心的外面的概念的摹本才行。

假如由概念而来的知识是真实的，那么，由感觉而生的经验就必是虚妄的。我们的感觉使我们知道无数个别的马，我们的理智则给我们一个笼统的马的概念。假如后者是唯一的真理，则前者必为虚妄。这便犹如说感觉的对象不是真实的。只有概念具着实在，由感觉而知的个别体都绝无实在。这个马或那个马并非真实在，只有笼统的马的观念才是真实在。

让我们再从一个略微不同的方向来把这种理论探讨一下。譬如，我问你这个问题："什么是美？"你许指着一朵玫瑰，说："这里是美。"或者举出少女的面容、山林的风景、良夜的月色，但是我要回答，这都不是我所要知道的。我并非问何种东西是美的，而是问什么是美。我问的不是许多东西，而只是一个东西，即是，美。假如美就是玫瑰，便不能又是月色，因为玫瑰和月色乃是全不相同的东西。我所说的美不是许多东西，而只是一个东西。我只用一个字来称它，便是明证。我所要知道的就是这一个美是什么，这个和所有的美的对象是大有分别的。你也许说，没有离开了美的对象而独立的美这种东西。我们虽然只用一个字，然而这不过是一种言语的方法，其实是有许多的美，每个都存诸一个美的对象里面的。那么，我便要说，你既然只用一个字去形容它们全体，分明你是承认它们都是类似的了。然则你又怎样知道它们是类似的呢？你的眼绝不能明示你以这种类似，因为这个便含着比较，而我们已经见出比较乃是心的一种活动，并非属于感觉的。所以你必有一个美的观念在你的心里，把各种美的对象和它对比，认出它们都和你的美的观念相合，然后你才能知道它们都是类似的。所以无论如何，你的心里必具有一个美的观念。这个观念或者和存于你的外面的某种东西相符，或者不和什么外面的东西相符。要是不和外面的东西相符，那么，你的美的观念便不过是一种虚构，你的脑海里的幻想。如果这样，你便是要用你的主观的观念来判断外面的东西，根据这个而决定其为美与否，你便是回到智者们的地位。那就是又以你自己个人的头脑里的妄想为外面真理的标准。因此所以没有别的法子，只能认为非仅是你心里的一个观念，而是确有一个美这种东西之存在，你的观念就是它的摹本。这个美存在于心的外面，而和一切美的对象不同。

美是这样，其他如正直、善、白色、重之类，亦莫不然。正直的行为有许多样，而正直则只有一个，因为我们只用一个字称之。这个正直必是一个实在的东西，而异于一切特殊的正直的行为。我们的正直的观念就是它的摹本。同样，白色的对象其数无穷，而白也只有一个。

上面所列的例中，有些是很高尚的道德的观念，如美、正直和善。但是由白之一例，可见这种理论不单把实在附与高尚的观念，对于别的观念也都可以的。我们就把恶来代替善，也是一样说得通的。现可取一实物为例，"马"的意义为何？所谓马绝非许多个别的马，因为所用的只是一个字，所以它所指的必是一个东西，其与个别的马相关，恰如白之与个别的白色的对象相关一般。它是指着一个普遍的马，乃是一般的马的观念，恰和善及美一样，也是一个客观的实在的东西。

那么，美、正直、善、白、一般的马，确实都是概念。美的观念便是总合一切美的观象的所有的公通点，而摈除其所有的相异点，从而形成的。这个如我们所说明，其意义实在就是一个概念。所以柏拉图的理论，简单说来，就是概念便是客观的实在。他把这些客观的概念加上一个术语——观念。这就是他对于"在万物的一切假像和幻影之中，那绝对的终极的实在，万物可由之说明的是什么"这个重要的哲学问题的解答。柏拉图认为这个实在就由观念而构成。

现在我们再来研究一下这种观念有些什么特征。

第一，观念都是实质。实质是一个哲学的术语，但是它在哲学上的意义不过是它的通俗的意义之较精密的发展。在普通谈话，我们恒以实质这个字来指物质的东西，例如，铜、铁、木材或水。我们并且认为这些实质都是具有属性的。例如坚硬和明亮都是铁的实质的属性。这些属性绝不能离开实质而存在。它们的存在都非凭着它们自己，而是依附于实质的。明亮绝不能独立自存。必有一种明亮的东西。但是，照一般的观念，性质虽须凭依实质，而实质则绝不依赖属性。性质都是从实质而来的，而实质则具有实在于其自身之里。哲学上的实质这个名词只就是这种观念的更精密的应用。哲学家所谓实质的，就是具着全部存在于其自身，它的实在非自任何别的东西而发，它自身便是它的实在的根源。它是原因于其自己，决定于其自己，为一切万物的根源，而它自身则除了它自己之外，绝无任何别的根源。比譬，假如我们相信那流行的耶教的上帝创造了世界，而他自身是一个终极的非被创的东西的观念，那么，世界是凭依上帝而有其存在的，而上帝的存在则只是根据他自身的，所以上帝便是实质，而世界则非实质。"三位一体"之说其中的体字，意谓本体，就是这个实质的意思。又我们如果和唯心论者一同相信心是一个自存的实在，而物质的存在是由心而来的，那么，物质便非实质，而心才是。便在这种专门的意味里，观念都是实质。它们都是绝对的终极的东西，其全部存在均在它们自身之里。它们不须依靠任何别的东西，而万物却都以它们为根本。换言之，观念就是宇宙的第一原理。

第二，观念都是普遍的。一个观念绝不是任何一个特别的东西。马的观念并非此马或彼马，而是所有的马之一般的概念。它便是那普遍的马。所以近人又常把观念称作普遍相（universals）。

第三，观念绝非物体，而是思想。绝没有像普遍的马这样东西存在。如其存在，我们就必能在什么地方把它寻出来，既然寻得出来，便又是特别的，而非普遍的了。但是说观念是思想的时候，有两种错误，须要小心避免：（1）把观念想做一个人的思想，你的思想或我的思想。（2）把它想做上帝心里的思想。这两种看法都是错误。如以为我们的思想可为宇宙的原因，那是荒谬之至。我们的概念固然是观念的摹本，但是要把它们和观念自身相混，照柏拉图所说，其荒谬就如把我们的一个山的观念和这个山自身相混一般。观念也不是上帝的思想。它们虽然有时又称为"圣心的观念"，但是这不过是一种比喻的说法。假如我们高兴，我们也未尝不可以说："圣心"便是观念的总和所组成。然而这实在毫无什么特别的意义，只不过是一种诗歌的比喻。这两种错误都是由于我们很难离开思想者而来著想思想这个事实所产生。而柏拉图所说的却正是这种无主的思想。他所讲的观念绝非主观的观念，即是，并非一个特殊的存在的心里面的观念；而是客观的观念，具有实在于其自身的思想，超脱于任何的心的外面的。

第四，每个观念都是一个统一。它是多中之一。人虽多，而人的观念却只有一个。每一阶级的物件不能有一个以上的观念。假如有几个"正直"的观念，我们便要在它们当中寻出公通的原素，这个公通的原素也就成了那唯一的"正直"的观念。

第五，观念是不变不灭的。一个概念和一个定义相同。凡是一个定义，它的要旨总是要常如是。定义的目的便是要把个别的事物和它比较，视察其是否和它相合。但是假如一个三角形的定义每天改变，那就毫无用处，因为这样，我们便无从断定某一特殊图形是不是一个三角形；恰如伦敦炮台里的标准码要是今日变成昨日两倍长，便一点用处也没有了一样。所以一个定义确实是一种绝对恒定的东西，就是一个观念的性质之文字的表现。由此可见观念是不变的。美的对象虽变化万端，生灭无常，而那一个美则是无始无终的。它是永劫的、不变的、不灭的。无其数的美的对象不过是那唯一永恒美的流转的表现。人的定义也必仍然是这样，纵然所有的人都毁灭净尽。人的观念是恒定的，而与一切个人的生死少壮都毫无关系。

第六，观念是万物的基本素质。一个定义便是表明一种东西的基本素质为何。例如我们下个定义，说人是理性的动物，这个意思就是理性为人的基本素质。至于这个人是翻鼻子，那个人是红头发，都只是偶然的事实，而和他们所以为人的基本素质是不相干的。我们断不把这些纳入人的定义。

第七，每个观念都是它自己的那个阶级的绝对的完全，它的完全是和它的实在一样的。完全的人便是那个普遍的范型人，即是，人的观念，一切个人和这个范型多少总有一点差异，人之离此范型的程度，就是人的不完全和不实在的程度。

第八，观念是在时间和空间之外的。观念在空间之外是显而易见的。假如观念是在空间之内，就必在某一特别的地方，我们便应该能在什么地方寻出它们。或者用望远镜，或者用显微镜，总可以把它们发现出来。这样，它们便又是特殊的东西，而纯然不是普遍的了。观念也必在时间之外，因为它们是不变的永劫的，但是这个意思，并非它们在一切时候都是一样的。那样，它们的不变不易便成了经验之事，而非理性之事了。从而我们便不能不随时来看验它们，以证其是否的确没有改变。但是它们的不变不易并非经验之事，而是由思想以认悟的。不仅是它们时时如一，而是时间与它们无关。它们是无时间的。《蒂迈欧篇》中便把永劫和无限的时间分开，认为无限的时间不过是永劫的摹本。

第九，观念是合理的，这就是说，它们是须由理性而认悟的。于杂多之中，发现公通的素质，是归纳的理性所有事，观念的知识必依由这个理性才始可能。这里那些妄拟柏拉图为一种中和的神秘主义者的人须要注意。那不灭的一，绝对的实在，并非凭着直观，或任何神秘的游神作用所可认识，而是必由合理的了解，辛勤的思维，方可理会的。

最后，柏拉图晚年又把他的观念和毕达哥拉斯学派的数相合。这个我们是从亚里士多德而得知的，在柏拉图自己的对话集里并没有提过。这大概是他晚年的见解，见于亚氏所听过的讲演里面。不过这种见解确实是一种退步，徒足以损害柏拉图的伟大而明了的理想主义的体系，而使沦于神秘的数说。在这里，和其他处所一样，毕达哥拉斯学派所加于柏拉图的影响也是很有害的。

这个整个的观念论的结果便是，人的经验有两种来源，一是感觉知觉，一是理性。感觉知觉以感觉的世界为对象，而理性则以观念为对象。感觉世界的特征和观念是完全相反的。观念是绝对的实在，绝对的"存在"。感觉的对象除了观念多少有一点存在于其中的限度之外，是绝对的非实在，非存在。他们所具的实在无论怎样都是由于观念而来的。柏拉图的体系里有一个绝对的非存在的原理，这个留在他的物理学说里面再来讨论。感觉的对象对于观念和非存在都相关联。所以它们是彷徨而参与于"存在"和非存在之间的。它们是半实在的。观念是普遍的，而感觉的东西总是特殊的。观念唯一，而感觉对象是杂多的。观念存于时空之外，而感觉的东西则绝不能离开空间和时间。观念是永恒不变的，而感觉对象则是一不断的变动的长流。

在这末尾的一点上，柏拉图采取了赫拉克利特的唯有绝对的变化之主张，而合之于感觉的世界，这个里面绝无牢固恒定的东西，只有一永续的流转。观念是永恒存在的，绝无变化的，而感觉的对象则永恒变化，绝不存在。由此，柏拉图认为感觉世界的知识是不可能的，因为刻刻变动的东西，它的知识人是不能够得到的。知识必有其一定的目标横于心目之前，恒定不摇，而后方才可能。此所以观念的知识是唯一的知识。

这种议论初看起来也许很为奇怪。在我们现代人着想，主张绝无感觉对象的知识，岂非便要推翻现代物理科学，否认它所惨淡经营而得来的确切精密的知识吗？万物虽生灭无常，然而它们当中有许多其持续之长久是能够容许知识之成立的。山岳之恒定是足以使我们得到它们的知识的。它们纵无绝对的恒定，是有相对的恒定的。这种批评是有一部分理由的。柏拉图确实是看轻了物理知识的价值。但是这个批评大部分却是误会。柏拉图所谓感觉世界乃是赤裸的感觉，其中是绝无合理的素质的。而物理学却并非以这样的赤裸的感觉为它的对象。它的对象乃是合理化了的感觉。假如我们和柏拉图一样，所设想的只是纯粹感觉，那么，实在它只是一不断的长流，毫无稳定可言，其知识自是不可能的。山是比较恒定的。然而我们的山的感觉是不断地变动的。光影云气之变化，时时均足以改变山的颜色。我们每一移步，山的形式便随而更改。山之所以成为恒定，就在我们把所有这些纷纭变化的感觉总合起来，而认为同一客体的感觉。这里实在包涵着一个合一的观念，那些变动不息的感觉都以此为线索似的，而联系于其上。但是这个合一的观念，非由感觉所可得到的。它是由理性引进来的。所以这个恒定的山的知识，确实是由于理性之运用而始可能的。用柏拉图的话来讲，就是，我们对于山所能知道的便是它所参与的观念。再就先前的例来说，就连"这一张纸是白的"这个简单的知识都含着有理智的活动，仅凭感觉也是不可能的。赤裸的感觉是一不息之流，它的知识是无从得到的。

亚里士多德说柏拉图的观念论有三个来源，就是爱利亚学派的、赫拉克利特的和苏格拉底的学说。由赫拉克利特，柏拉图取来变动界的理念，这便成了他的体系里的感觉界。从爱利亚学派，他取得绝对"存在"界的观念。由苏格拉底，他采取了概念说，又从而把爱利亚学派的"存在"和苏格拉底的概念结合起来，于是遂造成了他自己的观念论。

感觉的对象在其可知程度之内，其所以不止于为赤裸的感觉，就只因观念存于其中。这一点便是柏拉图对于感觉对象和观念的关系的理论的要键。第一层，观念是感觉对象的原因，即是根本（不是机械的原因）。观念是绝对的实在，特殊的万物都须由它而说明。万物的"存在"都是由观念而流灌于其中的。它们都是观念的摹本或拟态；它们是实在的程度恰如它们和观念类似的程度，而它们之为非实在的程度便恰如它们与观念相违的程度。照柏拉图所说，感觉的对象都是观念的褪色的穷乏的不完全的摹本。它们都只是照片和半实在。柏拉图惯用"参与"两字来表明这种关系。万物都是参与观念。白色的物件都参与那一个白，美的物件都参与那一个美。美为一切美的东西之原因或说明，便是这样，别的观念亦莫不如是。所以观念是超越的而又是内在的，其内在的程度便是其存于感觉的东西之里的程度，而其所以是超越的便由于其自有其实在，而独立于参与它们的感觉的东西之外。人的观念纵使一朝人类完全灭亡，仍然是实在的，就在没有一个生民之前，它也是一样实在的。因为观念是无时间性的，所以绝不能一时是实在的，一时又不实在。

但是观念有些什么种类呢？我们已知有伦理的观念，如正直、善和美；有具形的观念，如人、马、树、星、河流之类；有性质的观念，如白、重、甜等。不单有天然的具形的东西的观念，而且有人造的具形的东西的观念，例如床、桌、衣服的观念。不仅有像美和正直这些高尚的伦理的实质，而且有观念的丑恶和凶残。甚至还有头发、污秽等观念。《巴门尼德篇》中假设巴门尼德问少年的苏格拉底有无头发、污秽等观念。苏格拉底认为没有这样下等观念。巴门尼德矫正他，告诉他到了他达到最高的哲学的时候，他便将不再鄙视这些东西了。并且这些下等东西的观念也是它们自己的种类的完全，就如美和善一般。大概这个原理是：无论什么地方，只要可以形成一个概念，即只要有许多东西能成为一类，同称一名，便必有一个观念。

我们讨论爱利亚学派时，已知在他们看来，绝对的"存在"是不含非存在，绝对的一是不含多的。正因为他们把非存在和杂多完全摈除于绝对的实在之外，所以他们不能够说明世界的存在，而不得不把它完全否定。柏拉图也须有以解决此同样的问题。"存在"是绝对摈斥非存在的么？"绝对"是一个抽象的一，和多是全不相容的么？他的哲学是一纯粹一元论，或多元论，还是两者的结合呢？这些问题都在《智者篇》和《巴门尼德篇》里，曾经讨论。

柏拉图探究一与多、"存在"与非存在的关系，其途径是很抽象的。他只把所包含的原理决定，而让读者自己把它应用于观念论方面。"绝对"是一还是多，是"存在"抑是非存在，这是不须何种特别的关于"绝对"之本质的理论而后可以决定的，所以和柏拉图自己的"绝对"就存于观念之说也可以分开讨论。柏拉图没有接受爱利亚学派的分析。"一"绝不能仅乎是一，因为每一个统一，都必是一个杂多。多与一实在是互相关联的观念。没有这个，便绝不能着想那个。一不是多，这种分析，其谬误就如全体没有部分一样。因为下一个"一"的定义，只能说是非多，而多的定义也只能说非一。"一"若不和一个多的背景对比，是无从着想的。所以"一"的观念包含多的观念，如其不然，便拟想不出。而且一切思想和知识都不外乎加谓语于主语，而谓语便包含其主语的双重性，从而一个抽象的"一"是不可解，想不通的。

试观这句简单不过的话，"一是"。这里我们便有两样东西：

"一"和"是"，就是"存在"。这个定理的意思便是"一"是"存在"。从这上面可以见出"一"是二。第一，它是它自己"一"；第二，它是"存在"。这个定理就是说这两样东西是二而一。我们加"一"以任何别的谓语，也都如此。我们无论说它为何，都必含着它的双重性。此所以凡是假定终极的实在为一抽象的单一之体系，诸如爱利亚学派的学说、印度思想以及斯宾诺莎（Spinoza）的体系，对于这个"一"都力避正面的说明。他们都只把它加以消极的谓语，告诉我们它不是什么，而不说出它是什么。就是这个缘故，所以印度人谓婆罗门是无相的、不动的、不灭的、不变的、非被创的。但是这当然是白费气力。因为，第一，纵是消极的谓语，也包含着主观的双重性。第二，一个消极的谓语骨子里还是积极的。你不能有反面而无正面。否定一个东西就无异承认它的反对的东西。否定"一"的动，说它不动，实际上还是承认动。可见非多的"一"是想不出来的。同样，多的观念若无"一"的观念，也是无从着想的。因为多就是多数一，所以一与多是万不能照爱利亚学派的法子，两下分开的。每个统一都必是多的统一。而每一个多，正因其是多，亦必是一个统一，因为我们是着想多于一个观念之中，假如我们没有知道，甚或不想及其为多。此所以"绝对"必非一抽象的"一"，也非一抽象的多，而是个一中之多。

同样，"存在"也绝不能完全排除非存在。它们是两相联系而不可分离的，就如一与多一样。任一东西的存在，便是与之相反的东西的非存在。光的存在便是黑暗的非存在。所以一切存在之中都含着非存在。

现在我们试把这些原理应用于观念论上面。绝对的实在，观念的世界是多，因为观念是很多的；然而又是一，因为观念并非分离的单元，而是一单纯的组织的系统里的分子。观念是有上下主从的关系的。恰如一个观念为许多个别的物件的公通素质，位于其上而总其全体一样，一个高级的观念也是许多低级的观念的公通素质而总括其全体。在这个高级的观念和许多别的之上，又有一个总管全体的更高级的观念。例如，白、红、蓝、黄这些观念都隶属于一个色的观念之下。甜和苦的观念便总合于一个味的观念之中。但是色和味的观念，又附属于一个更高的"性质"的观念。照这样，观念就好像一座金字塔，这个金字塔自必有个顶点，就是必有一最高观念，位于所有其他的之上。这一个观念定然就是那最后的绝对的真"存在"，便是它自己的，所有其他的观念的，以及全宇宙的终极的根源。柏拉图告诉我们，这个观念就是善的观念。我们已看见观念界是多，而现在却又是一。因为它是一整然的体系，登峰造极于一个最高观念，这个观念便是它的统一的最高的表现。并且，每个分离的观念都恰如这个一样，也是一个"一"中之多。就其自身而论，它是"一"，这便是说，假如我们把它对于其他观念的关系置之不问，于其自身，它便是一。但是在它对于别的观念具有多杂的关系这一点上，它便是一个集团。

每个观念都是一个包含非存在的存在。因为每个观念都可和某一些观念结合，而和别的则不能结合。例如具形体的东西的观念，可以和静及动的观念结合；而静与动的观念则彼此绝不能结合。所以静的观念对它自身便是"存在"，而对于动的观念便是非存在。一切观念就其自身而言，都是"存在"，而就所有的与之不能结合的观念而言，便都是非存在。

由此遂而产生了一种观念的科学，这就叫作辩证学。这个名词有时是这样用法，和"观念论"同义。但是也用作狭义，单指那研究何种观念能够结合，何种观念不能结合的科学。辩证学不外乎是观念之正确的联合和分离。它就是所有的观念的相互关系的知识。

柏拉图认为这种知识之达到，乃是哲学的首要问题。把所有的观念，都就其自身与其对于别的观念之关系，一齐认清，这是最重要的事业。这个事业少不得两个步骤。第一步就是概念之形成。这个目的便是要把每个观念分别辨明，而其途径便是凭归纳的理性，寻出许多特别的物件之所参与的公通素质。第二步就在于诸观念相互的关系，包含归类和区分两个程序。归类和区分的目的，都是把较低级的观念配列于适当的较高级的观念之下，不过所以行之的方法相反。一个人可以从低级的观念，如红、白、黄等着手，而把它们配置于它们的高级观念，色的观念之下，这便是归类。也可以从高级的色的观念着手，而将它区分为低级的观念，白、红、绿等。归类是由下而上的，区分是由上而下的。柏拉图所给予的区分的证例，都是二分法。我们可以把色直分为红、蓝、白等；也可以逐级分为两个属级。例如，色可分为红和非红，非红可分为白和非白，非白可分为蓝和非蓝，以此类推。这后一途径便是二分法，柏拉图采取这个方法，大概就因其虽然烦复，却很为周到而整齐。

柏拉图对于辩证学的最重要的工作，所有的观念之归类和配合，实际上的成就不大。他也不曾想要把它完成。他只给了我们很多的证例。其实他也仅能为此，因为观念之数显然是无穷的，所以把它们配置起来的工作也是不可得而完成的。但是柏拉图的辩证学说，却有一重要缺点是不容忽视的。照他所说，最高观念是善的观念。这个是最后的实在，为一切别的观念的根本。那么，他就应该把所有别的观念，都从这个里面推演出来才行，而这一层他却没有做到。他仅乎以多少独断的态度，说善的观念是最高观念，却是一点也没有将它和别的观念联络起来。不过他之所以有此断论，其原因却很为明显。实在这个就是他的体系的必然的论理的结果。因为每个观念都是它的种类的完全。恰如美的观念之统御一切美的东西一样，此之完全亦必为一最高的观念，而驾乎一切完全的观念之上。所以这个最高的观念必然是完全之自身，即是善的观念。但是另一方面，我们也未尝不可以说，因为所有的观念都是实质，所以最高的观念便是实质的观念。这些问题，柏拉图都没有说明，他只断言那最高的观念便是善。

考察善的观念自然要引起我们来探究一下柏拉图的体系，其目的论的特征到底至何程度。于此，只要略微一看，便可见出他的体系是彻底目的论的。每个观念都是它自己的种类的完全。而且每个观念都是那些属于它的特殊的东西的存在之根本。这样，白色的物件的说明便是完全的白，而美的物件的说明便是完全的美。或者，我们可取柏拉图在《理想国》里所阐释的国家的观念为一例来讲，通常必以为这个国家不过是柏拉图自己的幻想的制造品，所以应该看作完然不实在的。这却是完全误会了柏拉图。他绝不以为这个理想国是不实在的，反之，他却把它认为唯一实在的国家。所有现实的国家，如雅典或斯巴达，都是不实在的，到它们与此理想国相违的最高程度。不宁唯是，这个唯一实在的观念的国家并且就是一切现实国家的存在的根基。它们的存在都由它的实在而来。它们的存在都须由它而说明。但是现在这个观念的国家实际上尚未达到，不过是所有的现实国家所向而趋进的完全的国家，由此我们可以清清楚楚地见出这里确实是一个目的论的原理。国家的真正的说明不在历史的起始，最初的民约，或生物学的必需，而在其目的，最后的或完全的国家。真正的始便是终。终必潜然地观念地存于始之中，而后才可以有始。所有其他事物都也是这样。人须由观念的人、完全的人而说明；白色的东西须由完全的白而说明，以此类推。一切事物的说明都必求之于结局，而不能探之于起始。一切事物都不能以机械的原因，而只可以拿理由说明之。

柏拉图的目的论便以善的观念为顶点。这一个观念就是一切其他的观念，以及全宇宙的终极的说明。而把一切事物的究极的根本都置于"完全"自身里面，就是表明宇宙便是由于万物所同趋的完全的目的而发生的。

还有一件这里要加以讨论的，就是上帝的概念在柏拉图的体系里有什么地位。他时常把上帝用作单数又用作多数，他的说法毫不费力地一滑便从一神论而到了多神论。在许多神之外，他时常提起一个最高的世界的创造者、支配者和统御者，监视于人的生活之上。但是这个最高的神——上帝——对于观念，特别对于善的观念，究竟有如何的关系呢？假如上帝和最高的观念是分离的，那么，如策勒所说只有三种关系可能，却是一样地不通。其一，上帝许是善的观念的原因或根本。但是这就要破坏观念的实在，实际上便是要破坏柏拉图的全部体系。他的体系的根本精神就是观念为终极的实在，独立自存，而绝不有赖于何种别的东西。而这个理论却把观念变成了上帝的制造品，凭依着他才始有其存在。其二，上帝的存在可由观念而出。观念可为上帝的存在之根源，犹如它为宇宙里一切别的东西的根源一样。但是这种理论又侵犯了上帝的观念，把他变成了仅乎一派生的存在。事实上，便是一个幻象。其三，上帝和观念也可并列于体系之中，而认为两个一样原始的、独立的、终极的实在。但是这就是表明柏拉图对于终极的实在，给予两个彼此抵触的说明，否则便是他的体系成了一个无可排解的二元论。那么，这三种理论既然一个也不能维持，我们只有假定上帝和善的观念合一之一途了，《斐莱布篇》里有许多话分明就是这个主张。但是，如果这样，上帝便纯然不是一个具人格的上帝，因为观念是没有人格的。上帝这个名词，这样用来，便不过是观念的比喻的言词。这个实在却是最或然的理论，因为在一个把所有的实在都置于观念之里的体系中，确实不能容有一个具着人格的上帝，这样的概念一经引入，便有致全部体系于崩溃的危险。柏拉图或者为使他的学说便于传布起见，所以采取了一般的神的概念，以神话的形式，用来表明他的"观念"。从而柏拉图说到上帝和上帝的治理那些部分的话，都要和其他的柏拉图的神话以同样的原理来说明才对。

在我们讨论辩证学说终结之前，不能不一探其在人类生活上占有何种地位，并有怎样的重要。于此，柏拉图的解答极堪注意，他说，辩证学是知识的皇冠，而知识是生命的皇冠。一切其他精神的活动之为有价值，就只在其为"观念"的知识之向导的范围以内。所有别的各门各类的智识上的追求，都仅是哲学的探究的预备。特殊的科学其自身都无价值，只因它们的定义和分类可为观念的知识之预备，才有价值。数学之所以重要，就因其为从感觉界到观念界的阶梯。它的对象，数和几何的图形，就其一定不移观之，则和观念类似；而就其存在于空间和时间之中观之，则和感觉的东西类似。在柏拉图的课程里，哲学列于最后。不是人人都可以研究它的。一个人要想研究哲学，先须经过所有的预备的教育阶段，受过了极严格的心的训练，而后才可以进而研究辩证学。一切知识都以辩证学为极致，而生命若无哲学，便不足以言达到它的最高的目的。

一切精神的活动都附属于哲学，这种主张表现得最显明的，大概就在他的"恋爱论"里。"柏拉图式的恋爱"这个成语说的人是很多的，然而通常却和柏拉图自己的意思大相悬远。照柏拉图所说，爱和美是关联着的。他对于爱的主张大半都发抒在《会饮篇》里面。他相信灵魂未生之前，不为形体所缚，住在纯粹的观念界的沉思之里。一沦于肉体，浸没于感觉界中，于是它遂忘记了观念。一个美的对象可使灵魂忆起这个对象的原型，美的观念。就是这个缘故，所以我们看见了美的对象，便生一种不可名状的快感。但是柏拉图又主张丑的观念和美的观念是一样存在的，例如有头发、污秽等观念，而且这些观念都是和美的东西的观念一样地神圣完全的，照这样说来，我们应该欢迎丑恶卑污的观念而有同样的快感，和我们在美的面前之所觉得的一般。其何以不能如是，柏拉图却没有说明。但是灵魂由学知爱一个美的对象，渐进而爱及其他对象，继之而解识呈现于一切美的东西之中的，只是同一的美。于是它遂由爱恋美的形式，进而爱恋美的灵魂，更进而爱恋美的科学。于是它就不再迷恋于纷呈杂出的对象自身，即是，美的观念的感觉的外表。而爱也便突入于美的观念的本体，由此更进，便进入于一般的观念界的知识。实际上，它便是进入于哲学。

在这种进程里，有两点我们须要注意。（一）是说明情绪的爱，只是理性对于观念的盲目的捉摸。它就是理性尚未认识其自身之为理性。所以它只能以感情的形式显现出来。（二）是灵魂的爱之后来的进步，只就是理性之逐渐认识它自己。灵魂知道了所有的对象里的美都是同一的，乃是杂多之中的公通的素质的时候，这只就是归纳的理性的进程。这个进展最后便达于观念界的完全的合理的认识，易言之，就是哲学。所以爱就是本然的理性。下等动物没有美的感情，就因其缺乏理性。美的爱恋是发乎人性的，不在人之为知觉的或感情的生物，而在其为合理的生物。爱之极致便是理性由其自己的完全的认识，不在情感与直观，而在观念之合理的解悟。

对于一般庸俗之流和法利赛人（philistines），要想知道哲学的用处何在，与其实行之道，柏拉图的回答该是怎样是可想而知的。要回答这样的一个问题，在柏拉图是不可能的，因为这个问题本身便是不合理的。一种东西有一种用处，就因为它是对于某一目的的一个手段。火之有用，就因为是炊爨的手段。金钱之有用，便在其为获得货财的手段。其以自身为目的，而非另外什么目的的手段者，便绝不能有用处之可言。所以说到哲学应该有什么用场，便无异置车于马前，颠倒全部价值的次序。这便无异于说哲学是某种另外的目的之一手段，而非一切别的东西都是它的手段的绝对的目的。哲学绝不是为着别的什么东西。一切的东西都是所以为它的。假如我们以为这个见解不免夸张或不实际的，那么，我们至少可以想起来这种见解实在也存乎人的宗教意识里面。宗教以上帝的知识和相通为生命的最高目的。上帝之于宗教，一如观念之于哲学。上帝无异于观念的代名词。所以置生命的目的于绝对的或观念的知识之里，实在是哲学和宗教共同的主张。

四、物理学说或存在论

辩证学说是实在的理论，物理学说是存在的理论；前者探究伏于万物之后面的根本，后者讨论由此根本而发生的万物。就是，物理学说乃是关于现象和虚影，存于空间和时间之内而和观念相反的东西。这一类的东西有具形体的，也有无形体的。所以物理学说也分为两部分，就是外表的实体的存在，即是宇宙，及其无形体的本质，宇宙魂（the Worle-Soul）的学说，其次便是人的无形体的灵魂的学说。

（a）宇宙论

假如柏拉图在辩证学说里已说明了万物所从而起的根本原理，那么，现在的问题就是要说明现实世界里的万物如何从这个根本产生，怎样从这个第一原理展演出来。换句话说，观念既为绝对的实在，这个感觉的世界和整个的宇宙，又是如何从观念里发生出来的？在这个问题之前，柏拉图的体系便破裂了。我们已被告知，感觉的东西都是观念的摹本或模仿。它们都参与观念。直到这里，都说得很好。但是何以而有观念的摹本呢？何以观念要产生它们自己的摹本，而且这些摹本又是怎样产生出来的呢？对于这些问题，柏拉图没有回答，于是遂不得不乞灵于神话。因而这里诗歌的描写，遂替代了科学的说明。

关于世界起源的诗歌的描写，可在《蒂迈欧篇》中找出。我们已经知道观念是绝对的存在，感觉的东西都是半实在的，半虚妄的。它们之所以是部分地实在的，就因其参与存在的缘故；而其部分地虚妄，就因其参与非存在的缘故。所以一个绝对非存在的原理也是不能不有的。柏拉图认为这个原理便是物质。感觉的东西就是物质构成的，或印于物质之上的观念的摹本。但是柏拉图之所谓物质，并非我们今日之所谓物质的意义。我们所谓物质，总是一种特殊的物质，或铜、或木、或铁、或石。它是具有一定的特质和性质的物质。但是具有特殊的性质，就是表明其为观念的模样已经印于其上的物质。因为世界之上产铁虽多，而通乎所有的铁之中，必有一公通素质，以此为根据，所有的铁，都可归为一类，所以便必有一个铁的概念。从而在观念界之中定然有一个铁的观念。而我们在地球上所得到的铁，自然都必就是已经铸成了这个观念的模样的物质。它是参与铁的观念的。所有别的种类的物质都是这样。实际上，就是所有物质的形式、特质和状态，如我们之所见到的，完全都是由于观念的作用而来的。而物质自身，在观念的影像铸于其上之前，则是绝对无性质、无状态、无形式的。但是绝对的无性质就是无。因此，柏拉图遂认为这个物质便是绝对的非存在。策勒以为柏拉图的意思就是指着虚无一物的空间而言。这种解释可能是对的。虚无一物的空间是个现实的非存在，而且是全然无定的，无形的。其尤与这个见解吻合的，就是柏拉图采取了毕达哥拉斯的主张，也谓物质本体的特殊的性质，都是由于其最小分子之为有规则的几何的形相而来的，这些形相都是从无限里面限制出来的，就是由空间里限制出来的。换言之，就是虚无一物的空间被限制（无限被限制）而成了许多立方体的时候，便成为地。火的最小分子是四方体，气的是八面体，水的是二十面体。

那么，我们一方面有观念界，另一方面有物质，一种绝对无形的混沌体。由观念的模样印于这个混沌体之上，遂生万物，即是，特殊的感觉的对象。这样，万物是对于"存在"和非存在两方面都参与的。然而这个"存在"和非存在的挽合是如何发生的呢？观念是怎样将它们的模样印刻于物质之上的呢？便是在这一点上，我们进入了神话之域。直到这点，柏拉图的意思都是很明晰的。他当然是相信观念界的实在，也必坚信那个物质的原理而不疑。他以为把感觉的对象认为印于物质之上的观念的摹本，便可以把它们说明。但是一问到这个摹本是如何产生的问题，柏拉图便丢弃了科学的说明而不顾。假如观念是万物的绝对的根本，那么，这种摹印的程序便非由观念自身而行不可。它们必得自为万物的产生的原理才行。然而这在柏拉图却正不可能。因为生产必包含变化。假如观念从它们自身产出万物来，在这个过程中，其自身便不能不起变化。然而柏拉图已说明它们是绝对不变的，不变不动，如何能够生产？所以观念于其自身，实在绝无产生万物之道，以此为基础，而欲把万物求得一科学的说明，是不可能的。所以柏拉图舍乞灵于神话以外，实在也没有别的法子。只有幻想一个世界建造者或设计者，好像一个大技师似的，把可塑的物质造成观念的模样，从而产生了万物出来。

上帝，创世主，在他身旁一方面发现了观念，一方面找到了无形相的物质。他首先创造了世界魂，而把它布置于空间如巨网一般，这个是无形体的，但是占据空间的。他又把它划分为两半个，圈为内外二圆，内面的圆便是行星所在之区，外面的圆便是恒星出现之处。他把物质拿起来，而将它约制成为四大原素，世界魂的空虚的组织便是他从这四大原素造成的。这个工作完毕之时，宇宙的创造便于焉告成。《蒂迈欧篇》中其余的部分都不外乎是柏拉图的天文和物理学的详细见解，大都烦琐而无甚价值，这里不必赘述。只有一点可说，就是，柏拉图自然也是认为地是宇宙的中心。星辰都是圣灵的生物，均绕地而旋转。它们定必都循着圆圈而运行，因为圆乃是完全形。唯其是圣灵的，所以星辰都为理性所统御，从而它们的运动也都必是圆的，因为圆的运动是理性的运动。

上述宇宙起源之说明只不过是神话，柏拉图也知其为神话。但是他显然是相信世界魂之存在的，对于这个问题，我们不能不说明几句。灵魂在柏拉图的体系里面是介乎观念界和感觉界之间，其无形体和不朽与前者类似，而其占据空间，则与后者相同。柏拉图认为在世界之中必须有一灵魂，而后才可以说明万物的合理的行为，而后才可以说明运动。那统御世界的理性便存于世界魂之里。这个世界魂之为外在的世界里面的运动的原因，恰如人的灵魂之为人体的运动的原因一般。宇宙是一个生物，与人无异。

（b）人魂论

人的灵魂和世界魂在种类上是一样的。它是肉体运动的原因，人的理性便存在它的里面。它对于观念界和感觉界都是密联着的。它分为两部分，其中一部分又分为两半。最高的部分为理性，这便是理会观念的灵魂。它是纯一不杂而不可分的。一切东西的毁灭都不外是它们的部分的解散。但是灵魂的合理的部分，唯其单纯，所以没有部分；唯其没有部分，所以是不可毁灭的，不朽的。不合理的灵魂的部分分为高尚的和不高尚的两半个。勇敢、光荣的爱好以及一般高尚的情绪，都属于高尚的半个。所有感觉的欲望都属于不高尚的半个。高尚的半个和理性有一些亲缘，所以其中具有企慕、光荣和伟大的性向。然而这仅乎是性向，不是合理的。理性的座位在头，低级灵魂高尚的半部在胸部，不高尚的半部在身体的下部。只有人才备具三部灵魂。畜兽仅有下级的两部，植物只有肉欲的灵魂。人之所以异于其他被造的下等的东西，就在唯有他具着理性。

柏拉图又提出回忆和转生之说，把合理的灵魂不灭说和观念论联络起来。据他所说，一切知识都是灵魂投生之前，在冥杳之中的经验的回忆。但是，我们须注意，这里知识这个名词，乃是用作柏拉图的特殊的狭义的。并非凡是我们称为知识的东西，都是回忆。我的知觉，这一张纸是白色的，这当中的感觉的素质绝非回忆，因为它仅乎是感觉的，所以在柏拉图，不能算为知识。这里和其他处所一样，他所说的知识乃是限于合理的知识，就是，观念的知识，虽则这样对于他自己，特别是对于数学的知识，是否不相抵触，是很可疑的。还有我们须要注意的，就是，这个学说和东洋前生俗世记忆之说，并无公通之点。佛教《本生经》（Jatakas）可为一例，在这里面，释迦历述其多次前生身体所遭的许多事故。柏拉图的学说却很为不同，它是仅指灵魂生前浑然之中，在观念界里的经验的回忆而言的。

柏拉图之所以主张这种学说，其理由可约为二。一是观念的知识不能由感觉而得到，因为观念在其感觉的表现之内，绝不能纯粹，而总是混杂的。例如美，在经验里面之所见的，总是与丑相搀，绝无纯粹的美。第二个理由更可注意。假如回忆说其自身是怪想的，其所依据的这个主要理由却是很有劲而重要。就是，他指出数学的知识是内在于心的，非来于传授，亦非得于经验。于此，柏拉图实际上差不多就发明了现今所谓必然的和或然的知识两者之间的区别，康德便是以这个区别为基础而开了哲学上绝大的发展。合理的知识具有必然的特质，而感觉的知识则否。要说明这个区别，我们可取一定理，如二加二等于四，来做合理的知识的证例。这个定理的意义不仅是我们实际上所试验过的每两个东西和每另两个东西相加便等于四。这不仅乎是一个事实，而是一个必然。非仅是二加二为四，而是必然为四。这是无从着想其不如此的。我们不须去看每一新例，验其是否如此。我们预知其如此，因其必然如此。但是像"金是黄的"这一类的定理便大有不同了。这个是没有什么必然的。这只不过是一个事实。它也未尝不可以是蓝的，虽然人人看见它不是这样。这绝不像二加二等于五那样的不能设想。当然金是黄的毫无疑义，也是一机械的必然，就是，为原因所决定的，在这个意味里自不容成为别样。但是这个绝非一论理的必然。想象一种蓝金，绝不似想象二加二等于五，是一个论理的矛盾。数学上一切别的定理都无不具此同样的必然。两等边三角形的两底角相等，是一必然的定理。如其不然，便是矛盾。这个反面是不能设想的。但是"苏格拉底站着"绝非一必然的真理，因为他也未尝不可以坐着。

由于数学的定理是必然实在的，所以它的真实是不须经验之检核而后知的。例如，既已证明了关于两等边三角形的定理，我们便不须测量三角形的物体的角度，以确定其绝无例外。我们完全不必靠着经验而可知其必然。而且假如我们够聪敏，我们甚或可以凭着自己的思想，得到数学的知识，不需别人传授。但是凯撒（Caesar）被布鲁图斯（Brutus）刺死这个事实，我们无论聪明伶俐到什么程度，也不曾自己知道的。这个知识必须有人告诉我们，而后我们才会知晓。然而两等边三角形之两底角相等，我们却可由思想而发现的。那个关于布鲁图斯的定理绝非一必然的定理，是可以不如此的。而这个关于两等边三角形的定理却是必然的，所以我们不待告语而能知其必然如此。

柏拉图并没有在必然的和非必然的知识之间，划出这样清楚的界线。他不过觉到数学的知识可以不由经验或传授而得知。后来康德对于这类事实的说明更有条理。但是柏拉图断言这样的知识出世之时就必已存于心里。它必然是由先前的存在回忆而来的。我们可以说，这种知识虽非得于感觉的经验，也许是得于传授。它也许是由别的心所传达而来的。我们不能不教儿童以数学，这个如果已经存于他的心中，我们便不须出此一举了。但是柏拉图的回答是，教员对儿童说明一个几何定理的时候，儿童乃是直接了解其意义，他承认他是自己见出它的。但是假如教员说明葡萄牙里斯本（Lisbon）是在特茹（Tagus）河上，儿童便绝不能自己见出这句话确是真实的。他只有或者相信教员的话而不疑，或者自己跑去看一下。由此可见知识实在绝非由一心所传与别一心的。教员只能传授儿童以儿童所没有的知识。但是数学的定理已预存于儿童之心，教授的经过不过是使他认识他所已隐然知道了的东西。他只须反观于其本心，便可以得到它。这正是我们所谓儿童乃是自己见出它的这句话的意思。

柏拉图在《美诺篇》（Meno）中对于回忆说有一个实证，假设苏格拉底与一个毫无数学知识，不知正方形为何物的儿童谈话。苏格拉底用巧妙的诘问，居然从这个儿童的心里得到一个关于正方形的性质的定理。这个诘问的要点就是，苏格拉底不告诉他一点什么东西，不漏一点消息，只管穷问。所以这个儿童对于这个定理的知识绝非由于苏格拉底的传授，也非出于经验。这只能是回忆。但是，假如知识是回忆，我们何以不能把它立刻一齐回忆出来呢？为何数学的知识不能不有待于长久的烦琐的训练呢？这个缘故，就因灵魂由观念界降入肉体，浸沉于感觉之里，因而致其知识钝化，甚至几乎磨没净尽。它已经忘了，或仅存最黯淡最模糊的回忆。所以必须提醒，必费苦辛，而后才能使半已丧失之观念恢复于心中。这个提醒的过程便是教育。

与此密连的当然是轮回转生之说，这个无疑的是柏拉图从毕达哥拉斯学派得来的。柏拉图的轮回说大抵不过是神话。他在不同的对话篇中，对于此说的详情所言往往悬殊，甚至枘凿，可见他并不怎样重视它。他所相信的，概括说来，不外乎是，灵魂是先在的和不朽的。它的自然的居所为观念界，它本来便住在这个当中，无形体之累，默然与观念合一，纯洁而欢欣。因为它和感觉界有亲缘，所以遂下降而入于肉体。一个人死后，若是他一生良善，特别如果他曾修到了观念的知识——哲学，他的灵魂便归往观念界，快乐之乡，直到许久之后，再回肉体。那些为非作恶的人死后，就受严刑，并转生为不如他们自己的生物。作恶的男人可变成女人。男人们假如他们的生活完全沉沦于肉欲，甚至可以转生为兽畜。

五、伦理学说

（a）个人伦理

恰和柏拉图的知识论从消极的方面说起，下手先行排斥关于什么是真理的谬误的学说一样，他的德道论也从消极的方面开场，首先掊击关于什么是德的假伪的理论。柏拉图哲学的这两个消极的部分是处处相应的。在前他是力申知识不是知觉，如普罗泰戈拉所说，这里他断言德绝不和快乐是一样的东西。并且恰和知识不仅乎是真确的意见一般，德也绝非仅乎是正当的行为。知识就是知觉，和德便是快乐，这两个定理是一样的，都只是同一原理应用于不同的思想范围。智者学派认为个人所见为确实的，无论如何，于此个人，就是确实的。这实在便等于说知识就是知觉。智者学派又认为，每个人认为正当的，无论如何，于此个人，就是正当的。这实在无异于说，每个人高兴什么，就做什么，都是对的。推出这等结论的，便是智者们自己当中许多人，其后昔勒尼学派也就是这个主张。

因为这两个定理实际上只是一个原理，所以柏拉图驳斥前者而说的话，也就可以驳斥后者。德是快乐这种理论之于道德，其破坏的影响，和知识即知觉之说之于真理一般。现在我们可以把柏拉图的理论概括地一述。

第一，和智者学派的关于真理的学说之破坏真理的客观性质一样，这种德即个人的快乐之说，也徒足破坏善的客观性质。没有一种东西其本身是善的。一切事物只有于我或于你是善的。这个结果便是一个绝对的道德的相对论，使那一个客观善的标准的观念全归消灭。

第二，这种理论破坏了善恶之间的区别。因为善是每个人所喜的无论怎样的东西，而且一个人之所喜好的往往为别一人之所嫌厌，那么，同一个东西岂非可以同时是善而又是恶，于此一人为善，而于彼一人又为恶吗？这样，善和恶便成为一样，毫无分别了。

第三，快乐是我们的欲望的满足，而欲望只是情感，所以这种理论乃是把道德建筑在情感上面。但是一个客观的道德绝不能以个人的特殊性情为基础。道德律如欲施于一切人而有效，只有建立于通乎人人的普遍的理性之上才行。

第四，道德的目的须在道德的行为自身之内，而绝不能在于其外。道德定须具有内在的，而非仅外在的价值。我们断不能为着别的缘故而为善，须要为为善之故而为善，以德之自身为目的。然而智者学派的理论却置道德的目的于道德之外。我们为善，非因其自己之故，而是为快乐之故。这样，道德便不是自为目的，而仅乎是另一目的的手段了。

所以德绝非快乐，一如知识绝非知觉。而且犹如知识非正确的意见一样，德也不是正确的行为。正确的意见可由谬误的根据而生，正确的行为也可由错谬的根据而发。但是要有真正的德，我们不单必须知道什么是对的，还要知其何以是对的。真正的德乃是由于真正的价值之合理的认识而产生的正确的行为。因此，所以柏拉图的体系里有哲理的德和常规的德之分。哲理的德是根据理性，真知灼见其所据而行的原理的。这实际上就是为原理所支配的行为。常规的德便是由于别的根源，如风俗、习惯、传说、良善的动机、仁慈的感情、本性的善之类而来的正当的行为。一般人之为善，只因别人为之而为之，只因习惯如是而为之，虽然为之，而不了解为之之理由。这是寻常诚实的公民，体面人的德。这也就是蜂和蚁之类的德，它们的行动看着好像是合理的，而其实它们对于自己所做何事，一点也不了解。柏拉图说——无疑的，这也有意带着一点滑稽——像这样的人来世一定投生为蜂和蚁。柏拉图不单否认寻常大众有哲理的德，就连希腊头等的政治家也是没有份的。

因为真正的德是明其自己的目的是什么的德，所以最高目的的本质的知识，遂成为伦理学的主要的问题。道德的活动的目的是什么？现在我们已经知道这个目的必须在道德的行为之内，而不能在于其外。善的目的便是善。然则什么是善？什么是那最高的善呢？

在未讨论这个问题之先，有一点须要提出。就是，柏拉图时常说起一切道德的活动都以幸福为目的和归场。我们耳里听满了新名词，很容易把柏拉图解作一个实利主义者。边沁（Bentham）和穆勒（Mill）的实利主义的特征就在置道德的旨归于幸福里面。但是柏拉图确实不是一个实利主义者，他的思想和穆勒的学说是不相容的。由柏拉图的立场看来，穆勒的学说在原理上和智者学派以快乐为德的目的之说无殊。仅有的差别就在智者学派把德和个人的快乐合一，而穆勒却易之以社会的快乐。其能达到最大多数的最大快乐的行为，便是正当的行为。这在实际上，当然大有不同。然而其原理却是一样不健全的，因为它和智者学派的理论一般，都是以感情为道德之基础，而不以理性；都是把道德的目的置于道德本身之外，而不在其内。可是穆勒的公式，其谓道德的目的便是幸福，和柏拉图的话很相似。然则究竟有什么不同之处呢？

这个差异就在穆勒之所谓幸福，在柏拉图只能称为快乐。快乐乃是欲望的满足，无论这种欲望之为高尚，还是卑下。然则幸福又是什么呢？这个只能解作生命的一般和谐状况。只有那种人其全部灵魂状态适得其宜。事实上就是唯有正直的、善的、有德的人才有幸福。幸福与快乐无关。假设有一个绝对公平而正直的人，处于一切痛苦忧愁的压迫之下，其生命毫无快乐之分，这样的人却仍然能是一个绝对幸福的人。所以柏拉图所谓幸福只是最高善的另一名词。他说最高善是幸福，这绝不是说明它而只是给它一个新的名词。我们还是要去问，到底什么是最高善？什么是幸福？

柏拉图对于这个问题的解答，其实就连他的全部伦理学说，也只是观念论之一应用。但是这里我们可以辨出两种不同的，并且有一些矛盾的思想并存着，不断地互相起伏。两种见解都是基于观念论的。一方面，观念在柏拉图的体系里是唯一的实在。感觉的对象是不真实的，徒足以阻碍混淆灵魂对于观念的辨认。物质是妨害观念的自由活动的东西。感觉的对象遮蔽了观念，使我们不能看见。所以感觉界全然是恶的。真正的德就在逃出感觉界，脱除俗世的烦累，甚至感觉的美，亦须并而绝之，以退归于宁静寂灭的哲学的沉思之境。假如只是这样，哲学——观念的知识——便是最高善的唯一因素了。但是一方面我们也可以拿另一种眼光来看感觉的对象。它们毕竟是观念的摹本，所以也就是观念界的显露。所以柏拉图为这种思想所迫，又不得不承认感觉界以及它的事业和它的美，也具有相当的价值。

虽然，这个矛盾的结果，无论如何，总使柏拉图不失为广大中和。他一方面没有主张纯然自私的退遁于哲学，或褊狭的绝欲主义，一方面也不曾采取低级的实利的人生观，专认实际的东西为有价值。他总算忠于希腊的人生的观念，这个观念就是，生命为一切才能的谐和的运动，不容人的某一部分特别发达而侵害其他。

这个结果便是，柏拉图的最高善不是一个单纯的目的，而是总合四个部分。（1）最重要的是对于观念一如其本体的知识——哲学。（2）对于观念的如其显示于感觉界之里的默识，即是，对于一切美的、整秩的、谐和的东西之爱和欣赏。（3）特殊的科学和艺术之培养。（4）纯洁的、优美的和光明的、感觉的快乐之放任，但是这里凡是卑下的和丑恶的自然除外。

柏拉图还有一个特殊的关于德的主张。上面已经说过，他分别哲理的德和常规的德，而附予前者以绝对的价值。然而他并不否认常规的德有相对的价值，因为它可为达到真正的德的手段。柏拉图看出人是不能够一跳而几于合理的德之顶峰的，必得经过常规的德的预备阶段才行。所以理性还未觉醒的人，须要培植善的习惯，以使理性到来的时候，可有现成的基础。

苏格拉底说过，德是唯一不二的。柏拉图早年也采取这种主张。但是他后来却认为人的每一个才能都有其自己的地位和功用，这个功用的适宜的施行便是一个德。却是他也没有完全丢弃德的统一，而认为它的统一和它的多杂是并行不悖的。照他所说，有四种基本的德，其中三个是和灵魂的三部相当的，第四个是其余三个的总合。理性的德是智慧，可朽的灵魂其高尚的半个的德是勇敢，其卑下的半个的德为节制和自治，即是情欲自己都肯听命于理性。第四个德就是正义，乃是从其余三个而产生的。正义的意思便是平均和调和，灵魂三部协作无间的时候，才可产生。

德的说明既毕，我们可再略述一些柏拉图对于人生细节的见解，以为补充。现在先说他对于妇女和婚姻的意见。于此，柏拉图实在无甚超过寻常希腊伦理思想的水平之处。他所说的毫无特别的创见，不过反射他的时代的观念而已。照他看来，女人是根本劣于男人的。并且像近代以为女人可以补男人的不足，具有特殊的女性的品德为男子所无，这种见解，对于柏拉图也不相合。他认为男女的差异不是种类的，而只是程度的。两性的唯一的差别，就在体质之不同。在精神方面，他们都是一样的，唯有女人为较劣。从而柏拉图主张男女要受一样的教育。他主张要用全然一样的方法来训练女人，这个包含加女人以一样的负担。纵连兵役的义务，女人也非尽不可的。

他的关于婚姻的见解是根据同样的原理的。女人既然不能以补男人之不足，从而也就不配做男人的特殊意味的伴侣。所以精神伴侣的理想，在柏拉图的婚姻见解里是没有的；他认为婚姻的唯一目的便是生子。一个男人的自然的伴侣不是一个女人，而是一个别的男人。所以在柏拉图的思想里面，友谊的理想替代了精神上的婚姻的理想，其实这也不止于柏拉图，古来的人大都是如此的。

柏拉图对于奴隶制度是不反对的，他也没有辩护它是合理的，因为他觉得这显然是正当的，不需言说。他只主张对于奴隶的待遇要仁爱而公平，虽然也须坚决而不以感情用事。

柏拉图在这些地方虽然并没有越出希腊的人生观，但是有一点他却很为不同。他的那时候的普通见解，都以为人应该对友人为善，而对敌人则为恶。柏拉图对于这个见解明白反对。他认为行恶绝不能是善。人对于敌人也须为善，以期化敌为友。所以柏拉图之主张以德报怨，是不在耶教之下的。

（b）国家论

个人伦理既如上述，我们现在来讨论社会的伦理，柏拉图的《理想国》，并非企图描写一个幻想的虚构的完全而已。它的目的乃是要表彰国家的观念，而根据观念论来改造政治的。所以这个国家绝非虚构，而是唯一的实在的国家，它的实在，便是一切现实的国家的存在的基础。

于此，我们也能寻出两种思想倾向，犹如我们讨论个人伦理时所说的一般。一方面，因为唯有观念是实在的，现实的世界不过是虚幻，从而国家的服务不能为合理的生物之理想的生活。完全脱离世界，退遁于观念之域，才是最高尚的目的，至于寻常政客所为不过是无价值的胡闹。哲学者虽足以胜治平之任，然而不屑于办理国家的事务，除了不得不然的时候。他的形体虽存于世界上现实的国家之里，但是他的灵魂却如居异域，不懂他们的规矩标准，也漠然于他们的欲望。然而另一方面，又有一反对的思想倾向，我们被告知毕竟只有在国家里面，只有做一个公民，社会之一分子，尽其本分，个人才能够臻于完全。要想把这两种见解调和起来，只有一个可能的法子。假如国家的理想和哲学的理想似乎冲突，其调和之道必须使国家适合于哲学。我们须要有一个建立于哲学和理性的根基之上的国家。必如此，而后哲学者的灵魂和肉体才能并住于其中。只有这样，个人才能够臻乎完全，国家也才始能臻乎完全。以理性为国家的基础，便是柏拉图政治哲学的基调。

而且这个也就是国家的目的为何这个问题的要键。为什么而有国家？这个意思不是，在历史上国家是怎样发生的？我们所探寻的不是原因，而是国家的理由或目的。一切生命都是以智慧、知识和德为目的的。孤立寡助的个人绝不能够达到这些目的。必有国家而后才能把这些目的从天上拿下来而实现于人间。可见国家的目的就是公民的德和幸福。但是这个必由教育而后才能成为可能，所以国家的主要任务便是教育。

国家既然以理性为根基，从而它的法律必得是合理的；而合理的法律非哲学者绝不能够创立，所以治者又必须是哲学者而后可。但是哲学者的人数是极少的，从而政治必操于少数贵族，不是门第的或财富的，而是知识的贵族。国家所凭以行的第一个原理是理性，第二个原理是武力。因为如欲不合理的群众都能诚心愿意服从合理的法律，这是万做不到的。他们是不能不受强制的。又因为人间的工作不可一日或废，所以第三个原理便是劳动。柏拉图也曾相信过分工的原则。人必专门贡献其全生命于某一种事业，而后这种事业才能得到优异的成就。因此，所以相当于此三个运行的原理，有三个阶级。理性存于哲学者的治者，武力在乎军人，劳动属于一般大众。这种国家的功能的分类，是根据灵魂的三部之区别的。哲学者的治者阶级相当于合理的灵魂，军人阶级相当于可朽的灵魂的高尚的部分，群众的阶级相当于情欲的灵魂。所以由这三个阶级各司其事，遂又产生国家的四大基德。哲学者的治者的德为智慧，军人的德为勇敢，群众的德为节制。以上三个阶级苟能合作无间，于是便生正义。

治者绝不可停止为哲学者，必须用其大部分的时间于观念的探研——哲学，只能用一小部分的时间于政治事务。这个若有轮流接替的制度，便可实行。凡不在执事的时间之内的，都应该退而静思。军人的职务就是捍卫国家，抵御外敌，并防止自家群众不合理的冲突。平时他们的主要任务，便是强制群众遵从哲学者的治者的调度。群众是经商、做工、务农的。其余两个阶级对于工、商、农业是不得染指的，这些事情在柏拉图一个希腊贵族看来，都是很可鄙的。一个公民应属何种阶级，不凭门第，亦不由个人自己的选择而定。个人不能选择自己的职业。个人的职业须由国家特任的官吏决定，但是这个决定是根据个人的性质和能力的。各阶级的人数须受限制，所以地方官又须有管制儿童生产之权。为父母的不能随意生小孩子，须得政府的许可才行。

国家既以公民的德为目的，自然对于恶须尽量歼除，对于善要极力鼓励。为防祸于未然起见，凡不良父母之子女，或未得国家批准的产儿都须除去。孱弱疾病的儿童亦须不任其生存。为要积极地培养善，公民教育必须由国家掌管。儿童出世之后便不属于其父母，而属于国家，所以生下来的时候，便要从父母的居所，移至公共育儿处。父母和儿童之间，不应该有一点关系存在，儿童一经移入公共育儿处，便以严格的方法，使父母不能复辨其自己的儿童。教育课程完全由国家制定。例如诗，其记事诗、戏剧诗和抒情诗三种，前两种都在所摈除，因为其所描写的诸神猥亵的事迹，徒足以助长恶化。只有抒情诗在所不禁，但是也须受严格的监察。题材、形式，就连音律，都须为适当的权威所指定。诗之自身并不被认为有价值，而仅乎是当作一种教育上道德的工具。所以一切的诗都必以德化为严格的目标。

照柏拉图的意思，个人离开了国家的财产而有其自己的财产，那是不堪容忍的。私有财产之于公共财产是不相容的，所以必须废除。个人绝不得有物质的资产，亦不得为他的什么家庭之一员。这自然包含着产业公有、妇女公有和儿童出世便归公有。

六、艺术的见解

在今日，艺术是哲学的一个分离的部分。而柏拉图的时候却不是这样，但是他对于艺术的见解，也不能够纳入辩证学说、物理学说或伦理学说，而另一方面又不可以忽视，所以只有把它当作他的哲学的一个附属的部分来加以讨论。柏拉图没有具体的艺术论，仅有零散的意见，这里姑择其最重要者一述。

现代的艺术论大都是根据这个见解：艺术自身就是一种目的，美是具有绝对的价值的，它的价值绝不在仅乎为其他目的的手段。就是由于这种观念，所以现代艺术被认为有其自己的独特的领域，只受它自己的定律的支配，只受它自己的标准的判断。我们绝不能如托尔斯泰之所主张，而绳之以道德的标准的。

美绝不是善的手段。美和善于其终极固然一致，然而欲明其一致，非先承认其差异不可。它们两者，此一绝不能隶属于彼一之下的。

这种艺术观在柏拉图的体系里，是没有它的地位的。他认为艺术是绝对役于道德和哲学的。其役于道德，我们可从《理想国》中见出，在这个理想国里，只准有宣扬德化的诗歌，而且也仅乎因为其宣扬德化。无论什么样的诗歌，徒借口其为美，是不足以资辩护的。无论其美或不美，若无补于道德的目的，都在所必禁。因此遂有诗的事业下至最细微的地方，也须受国家的严密的管理的谬见。如谓这个结果必致艺术于灭亡，这或者为柏拉图所不曾想到过，或者他纵曾想到，也是毫不介意的。假如诗歌在道德的羁轭之下不能够生存，那就必不能听其生存。至于艺术仅不过是哲学之一手段，更为明显。一切教育其目的都在观念的知识，各种学科如科学、数学、艺术之采入于课程，都只是所以为这个目的的预备的。它们于其自身是没有价值的。这在《理想国》中说得很为明白，而在《会饮篇》里更为明显，这里面都说，对于美的对象的爱，不以自身而以哲学为归宿。

柏拉图之不把艺术看重，在他的艺术不外是模仿之说，以及对于艺术天才的本质之轻蔑的议论，也可见出。关于前一层，他认为艺术只是模仿。它是感觉对象的摹本，而感觉对象又是一个观念的摹本。所以一个艺术的作品不过是一个摹本的摹本。柏拉图否认艺术的创造。这种见解自然是错误。假如艺术的目的仅乎是模仿而已，那么，一张照片便是一张最好的图画了，因为它是它的对象的最真确的摹本。殊不知艺术家绝不是模仿他的对象，而是把它理想化。这个意思就是，他不是仅乎以一个对象，而是以一个观念的表露来看他的对象。他不是以一般人的眼光来看对象，而是透入感觉的表面，把照耀于感觉的盖幕的后面之观念发达出来。

其第二点为柏拉图对于艺术的天才的评价。艺术家不是本理性，而是凭灵感以活动的。他并不，或者不必，假手什么规律，或遵照什么原理以创造美的作品的。批评家之于其中发现规律，乃是在艺术品已经创造之后。这个意思也非规律的发现是虚假的，而是艺术家无意之中，出于自然地循乎规律。例如，假若我们相信亚里士多德所谓悲剧的目的，就是用恐怖和悲哀来净化人心之说，这样，我们绝非以为悲剧家是有意来成就这个目的的。他之为此，并不自觉，也非有意。这种自然的冲动，便是我们所谓艺术家的灵感。这些事实，柏拉图是充分明白的。但是他否认这种灵感是崇高的东西，而以为比较的卑下可鄙，正因其不是合理的。他把它称为"神妙的疯狂"，神妙固属的确，因为艺术家可以产出美的作品，但是疯狂却也实在，因为他为之而不知其故，也不知其怎样成功的。诗人所说的聪明和美丽的事物虽多，然而却不知道这些何以是聪明和美丽。他仅乎觉得，而不能了解。所以他的灵感不在知识的水平上，而只属于正确的意见，仅乎知道什么是正确，而不知其何以正确。

那么，柏拉图的艺术观实在不能令我们满意。他置灵感于理性之下，艺术于哲学之下，这是很对的。它们确实是有主从的关系的。但是这样的一个问题，绝不能仅凭个人的好尚而决定。寻常关于艺术和哲学何者更好，情感和理性何者较高的讨论大都不免是无的放矢，没有什么意义，因为辩者总不过是根据各人自己的性质而立论。性情近于艺术的人，自然欢喜艺术，而认它为最高。哲学家自然便把哲学抬高于艺术之上，因为它是他所心爱的玩意儿。像这样的讨论是白费气力的。这个问题要想解决，非凭一个原理不可。而且这个原理也很为明显。艺术和哲学具着同一的目的，就是对于"绝对"或观念的理解。哲学乃是就它的本体，以思维的形式来认识它。而艺术则仅以感觉的形式来认识它。哲学达到它的实在，而艺术则只及于它的比较不实在的外形。就是这个缘故，所以哲学在艺术之上，这个虽然为任何一种真正的艺术哲学所必须承认，却万万不能解作艺术止于为哲学之一种手段的意味。我们须有以容纳艺术自身就是一种目的这个承认才行，而就在这一点上柏拉图是失败了。

亚里士多德的文章没有艺术的光彩，他的著作都是极严格的科学的论文，但是他对于艺术却能很为公平，而且创立了一种很圆满的艺术论，迥然非柏拉图的见解所可比。柏拉图自己是一个伟大的文学家，反而对于艺术却全不公平。实则亚里士多德对于艺术之所以能公平不徧，正因他不是艺术家。他只是一个哲学家，所以他自己的文章都是科学的，没有艺术的。这正足以使他明于艺术自有其特殊的领域，所以自有其自己的权衡。柏拉图却不能够把这两个分开，它的对话集是哲学的著作，也是成功的文学的作品。如我们所已知，这个事实对于他的哲学是有很坏的影响的，因为就是这个致使他用诗歌的神话代替了科学的说明。现在我们又看见这个事实，在他的艺术的见解上发生了同样坏的影响。就因为他是一个哲学家的艺术家，所以他自己便专以文艺为手段，而表达哲学的观念。因此，所以他的艺术的见解染上了特殊的色影。在他自己，艺术实在只不过是哲学的手段。这的确便是他的全部艺术见解的根源。

七、柏拉图哲学之批评

我们要想得到柏拉图哲学的价值之正确的估评，万不可着眼于其体系的枝节，而须直达其核心。他的体系虽然是分门别类，纵错复杂，而其全体系的中心思想便是观念论，其余一切都由此推演出来的。他的物理学说，他的伦理学说，他的政治思想，他的艺术观，都由这一个中心理论出发。所以他的体系的优点和缺点都须求之于此。

观念论也并非由柏拉图所偶然幻想出来的，它的渊源实在很为长久。照亚里士多德所说，观念论乃是爱利亚学派、赫拉克利特和苏格拉底诸家学说的结果。但是根本言之，它便根据感觉和理性的区别，这个区别自巴门尼德而后已成了希腊思想家的公产。巴门尼德头一次着重这个区别，主张真理必求之于理性，感觉界是虚妄不可靠的。赫拉克利特，就连德谟克里特，都明白地拥护理性，而反对感觉至智者运动兴起而其势一变，智者学派要把这个区别完全推翻而将一切知识都置于感觉之上，由此又引起苏格拉底和柏拉图的反动。苏格拉底反抗智者学派，提倡一切知识都须经由概念，即是理性之说；柏拉图更进一步，认为概念不仅是思想的范畴，而是一种形而上的实在。这便是观念论的根本精神。无论何种哲学，如欲以系统的方法来说明宇宙，下手必先确立一种关于宇宙所从而发生的绝对的和究极的实在的本质之理论才行。这个绝对的实在，我们可简称之为"绝对"。柏拉图的理论便是，这个"绝对"就由概念构成的。谓"绝对"为理性，为思想，为概念，为普遍相——这些都只是同一理论的四种不同的说法。但是"绝对"就是理性，便为一切理想主义的根本思想。柏拉图而后，伟大的理想主义的体系已经有了许多，而把"绝对"认为就是理性，实是他们的公通的中心主张。所以柏拉图确实是一切理想主义的始祖，便是这一点给予他以哲学史上极重要的地位。主张"绝对"就是普遍的思想，这是柏拉图对于世界哲学思想的极重要的贡献，也就是他的最有精彩的处所。

但是我们对于他的体系的紧要关节，却不能不仔细考察一下。我们须要研究一下他应用这个原理来解决哲学上重大的问题其功效究竟如何。在讨论爱利亚学派的时候，已经说过，成功的哲学必得满足两个条件：一，它的"绝对"的说明须能显出那个"绝对"足以说明世界。现实世界里的万物，都非能够从这个第一原理推演出来不可。二，这个第一原理不仅须要能够说明这个世界，并且还须能够说明它的自身。它必得确实是究极的，换言之，就是我们绝不可仍须借助于它以上的，或它以外的任何东西来了解它。假如我们仍须这样，那么，我们的究极的实在便纯然不是究极的，我们的第一原理便根本不是第一的。我们所借助而来说明它的东西，必代之而为究极的实在。我们的原理不仅须是究极的，而且还须完全可以理解。它绝不可仅乎是一个究极的神秘，因为把世界归原于一个最后的神秘，那不是说明它，是很明白的。简单说一句，我们的原理须能于自明。让我们就用这两个标准来把柏拉图的体系考验一下：先看观念的原理是否能够说明世界，再看它是否可以自明。

它可以说明世界吗？马、树、星、人、万物之实际的生存都被它说明了吗？让我们先问，万物和观念之间的关系究竟如何？柏拉图谓万物为观念的摹本或模仿。它们都是参与观念的。

观念是万物的原型。所有这些话都不过是诗歌的比喻，并不曾确实告诉我们万物和观念究竟是怎样的相关着。但是我们姑且置此不论，为便于讨论，假定我们懂得了所谓"参与"，以及万物是观念的"摹本"这些话的意思。问题却仍然存在，何以而有这样的摹本？它们是怎样产生的？徒然明示这些摹本由于一种不可思议的作用而来，仅乎说出这个事实，那是不够的。这非有一个来由不可，而说明这个来由，正是哲学的本务。而且这个来由必须就在观念自身的本性之内，绝不能在于其外。观念于其本性之内，必须有一种内在的必然，使它们不得不把它们自己表现于万物之中。我们说观念须可以说明万物的生存，便正是这个意义。然而在柏拉图的观念里面却绝无这种必然。观念的定义便是唯一的实在。它们已尽有实在于其自身，它们是自足而无缺的。它们根本不必再求成就它们的存在于万物的具体的表露之中，因为它们既然是完全实在的，确实便无需乎另有所成就。然则为什么它们不永远安守本分，而要越出它们自己的范围，进入万物之中呢？为什么它们不肯以它们自己的那个样子自足，而要又把它们自己呈现于感觉的东西里面呢？我们知道宇宙之间有白色的物件。我们已被告知，这些白的物件的生存，可由"白"的观念而说明。但是何以白的观念要产出白的物件？它自身已是完全的白，何必要搅乱它自己呢？它为什么不留在它自己的圆满之乡——观念界——中，永世不动呢？我们一点也不能明白。观念纯然没有复制它们自己的必然的道理，这就是它们并无可以说明万物的原理。

但是柏拉图不能不解决这种困难。由于观念本身不能够产出万物，于是柏拉图遂不能以理性来解决这个问题，而要以武力来解决它。他从一个乌何有之乡硬拉出来一个上帝的观念，用作一个法宝。上帝的用处就在把物质造成观念的模样。实在柏拉图引进一个创世主，这个事实便证明了观念自身不足以为说明的根据。万物是应该由观念自身而说明的，唯其不能够说明一样东西，遂而不能不请出上帝来代行其工作。所以柏拉图于存在的问题面前，实际上便丢开了他的观念论，而投降于粗陋浅薄的一神论。即使我们说，这个上帝的名词不可照字直解，柏拉图不过把它用作善的观念的代名词，这样固可使柏拉图避免了提倡和他的哲学全不相容的一神论之讥，但是前一困难又复出现。如此，则万物的存在就须以善的观念来说明。却是这个观念和别的观念一样，都是不能够生殖的。

柏拉图的体系之破裂成为二元论，也就在这个地方显著出来。假如万物都是起自一个终极的实在——观念，那么，整个的宇宙就必得包括于一个体系之里，它的所有的部分都须从观念而来。如果在这个宇宙内，有一点什么东西，分离而孤立于这个体系之外，不能够归为观念之表露，这种哲学要想说明宇宙之起源便是已经失败了，我们得到的不过是一个干脆的二元论。但是柏拉图为要说明万物，不仅拉进一个上帝，而且又拖出一种物质。上帝拿起了物质，把它造成观念的模样。但是这种物质是什么？并且从何而来？显然的，如果唯一的实在是观念，物质就必和一切别的东西一样，都以观念为根本。但是在柏拉图的体系里，却并不如是。物质似乎是一种独立的原理，而与观念无关。它既然是自发的和本原的，它自己当然就是一种本质。而这个又正是柏拉图之所否认，他称它为绝对的非存在。却是它的根源既然不在于观念或它自身以外的任何东西，我们不能不说，虽然柏拉图把它称作绝对的非存在，而事实上它却是一个绝对的"存在"。所以在柏拉图的体系里面，观念和物质对峙着，都是平等的、终极的、绝对的实在。这是清清楚楚的二元论。

这种二元论的根源就在柏拉图于感觉和理性之间划出了一道绝对的区别。他把感觉和理性两下分开，当作纯然不同的，而且反对的东西，从而也就根本无法使它们彼此沟通。凡是以这种前提做根据的哲学，它的骨子里的二元论在它的体系里随处都可以显现出来的。柏拉图的哲学便是一例。他的二元论便显现于观念和物质之对立，再现于感觉界和思想界之对立，又现于肉体和灵魂之对立。当然认为感觉和理性是有区别的，这也并非不对。凡是真正的哲学对此都须承认的。并且毫无疑义，把真理和实在置于理性方面，而不放在感觉方面，也是确当的。但是感觉和理性虽然分异，却也须一致。它们必得是异流而同源才行。这个意思就是，一种哲学如把理性认作绝对的实在，便定须证明感觉是理性的一种较低的形式。就由于柏拉图不能见到感觉和理性殊异而又一致，所以他的哲学成了二元论，始终欲解脱而不得。

这样，对于我们的第一个问题，观念论能否说明宇宙，实在只能有一个否定的答复了。让我们再来讨论第二个问题。观念的原理是不是一个自明的原理？这样的原理须能完全本其自身而被了解。它绝不可像唯物论者的原理那样，仅乎把整个的宇宙归原于一个究极的神秘的事实。因为纵然证明了万物的根源是物质，我们仍然不容不问物质的根源又是什么。我们看不出一点何由而有物质的道理来。它只是一个事实，强加其自身

于我们的意识之上，而不给我们以它自己的来由。我们的原理
要能使我们不需乎再问一个问题才行。它须要就是它自己的理
由，于其自身之中便足以提供一个最后的说明。世界里像这样
的一个原理，实在只有理性。你对于世界上无论什么东西，都
可以问它的理由。你可以问日、月、星、辰、灵魂、上帝以及
魔鬼的根由。然而你不能再追问理性的根由，因为理性便是它
自己的根由。让我们换一个方法，来说明这个意思。当我们要
求某一事物的说明的时候，我们所谓说明究竟系何意？我们所
要求的究竟是什么？我们的意思可不是这个事物看来像是不合
理的，而我们欲要显明其为合理？这个做成了时，我们便认为
它已经被说明了。举例言之，试思所谓罪恶的问题。一般人说
起这个问题来，往往把它认作"罪恶的原始"的问题，似乎我
们所要知道的就是罪恶是如何起始的。但是这个纵然我们明白
了，它也不能够说明一点什么东西的。假定罪恶便是由于亚当
吃了一个苹果而起始的。这便果然能使这个问题清楚了么？我
们便可以认为我们对于罪恶之存在的难点一齐都解决了么？绝
不！这并不是我们所要知道的。困难之点乃是，我们看来罪恶
是不合理的。只有证明罪恶之发生虽似不合理，而实则合理，
然后这个问题才可以解决。明示我们以此，于是罪恶便说明了。
所以一个事物的说明，就在显明这个事物是合理的。今我们对
于世界上一切别的东西，都可以要求它被显明是合理的。但是
我们不能要求哲学家证明理性是合理的。那便是荒谬。理性已
经是绝对合理的东西。它就是说明它自己的东西。它便是它自
己的根由。它是一个自明的原理。那么，它当然就是我们所要
搜求的原理。我们已说过，"绝对"须是一个自明的原理，并且

只有一个像这样的原理，即是理性。所以"绝对"便是理性。

柏拉图的伟大就在发明了这一点，这便成了后来所有的真正哲学的基础。因为他谓"绝对"为概念就等于说它是理性。那么，柏拉图已经满足了我们执以批评他的第二个标准了。他所持的第一原理是一个自明的实在了。却是这个结论绝不能如此容易。到底仅乎理性这个名词是万不能为钥，而替我们启开宇宙的神秘之门的。我们所要求的绝非仅是一个字眼。实际上我们非被告知理性是什么东西不可。今我们可以拿两种意味来问理性是什么这个问题，一种是确当的，一种是无理的。如果我们问理性是什么，而是要它为非理性的别样东西所说明，这是不通的。那就是要舍弃我们对于理性就是它自己的根由的信仰。那就是要寻求理性的根由于非理性的东西。那就是承认理性本身是不合理的。这便是大谬。但是我们如问理性是什么而是要探寻理性的内容是什么，那便是本当的。如我们所已知，理性的内容是许多概念。不过是些什么概念？我们如何可以知道某一特殊概念是理性系统的部分或不是呢？显而易见的，这必须先断定其是否为一合理的观念而后可。假如一个概念是纯然合理的，它便是理性的一部分。如其不然，便非是。若然，我们就须把理性之所包含着的一切概念仔细说明，并且证明这些概念每个都是确实合理的才行。这是我们治哲学下手唯一之路，是很明显的。在我们能够显示理性可以自明，即可以把世界合理化之前，我们确实不能不先说明理性本身是合理的，精密言之，就是，我们的理性这个概念是合理的。我们的理性的观念里，如果只是莫明其妙的事实，神秘的漆黑的一团，那是毫无用处的。它非表里贯彻着理性之光，内外透明不可。假如我们的第一原理本身就含有不可解在，我们如何能希望说明这个世界呢？

这样，每个概念都须经证明其自身是合理的才行。这个意思就是它得是一个必然的概念。凡是一个必然的定理，总是独一无二的，例如二加二等于四，这个反面是万不能够设想的。所以柏拉图的观念如欲证明真是必然的，那我们要想否认它的实在，应该是论理地不可能。离开这些概念应该全然不能设想这个世界。要想否认它们的实在就必显出来是自相矛盾。它们应该这样必然地包含于理性之中，没有它们，思想便成为不可能。显然，这便等于说，观念必不能徒然是终极的不可思议的事实。凡是这样的一个事实，我们总是仅乎断言其如此，而不明其何以如此。要想知其何以如此，绝不仅要知其如此，而是要了解其必然如此。

但是柏拉图的观念并不属于这个必然的种类。我们被告知有一个白的观念。但是何以而有这样的一个观念？这仅乎是一个事实，而绝非一个必然。我们没有它，是仍然可以着想这个世界的。照我们看来，或是没有白的物件，或是没有白的观念，世界都未尝不可以进行如故。否认它的实在，并不至于自相矛盾。换言之，世界上确有白的东西，我们要求把这些东西和别的东西一样，都加以说明。柏拉图的说明告诉我们，所以有白的物件，就由于有一个白的观念的缘故。但是何以而有一个"白"的观念呢？我们一点也不能明白。这并没有什么根由。其中毫无什么必然白的观念如此，其他观念亦莫不然。它们都不是合理的概念。它们都不是理性的本体的一部分。

但是在这一点，我们或者曾看见一线希望。我们问的是这些理由的根由。柏拉图岂非说过究极的理由和一切较低观念的根本都存乎最高善的观念之中么？信如是说，较低观念就都必求其必然于此最高的观念。假如我们能够看得出来善的观念必须包含别的观念，那么，别的观念便确实被说明了。换一句话说，就是，我们应该能够从这一个观念，把所有别的观念一齐都推演出来。就是定须要能够表明，假定了善的观念，所有其余的观念都必从之而起，既假设了善，而否认其他观念，便是自相矛盾而不能够着想。柏拉图已经把这种推理给了许多实例。比如在《巴门尼德篇》里，他表明了一的观念必须包含多的观念，而多的观念也必包含一的观念。你绝不能够着想一而不牵连到多。这个意思就是多由一而来，一亦由多而出。我们应该能够从善的观念把"白"的观念演释出来，恰如这个一样才行。然而这却是分明不可能的。你尽可以把它分析，如你所喜的那样长久，你尽管穿凿绞榨，但是无论如何，你总不能从它得到"白"。这两个观念彼此是毫不相干的。它们是分开着想的。我是可以着想善而不想及白的。别的观念都也是这样。它们当中并无一个能从善里推演出来。

　　这个缘故也很为明显。恰和较低观念都只包含一个种类的物件的所有的公通点，而摈斥它们的差异点一样，较高的观念也只包含那些在它们之下的观念的公通点，而不顾其所有的不同点。例如，色的观念包括白、蓝、红、绿等的公通点。但是一切颜色并没有白的公通点。例如绿绝非白。所以色的观念是不容纳白的观念和其他一切特殊颜色的观念的。同样，那个最高的观念也仅乎包括所有观念的相合之点，所有的差异点是都在它的范围之外的。这样，白的观念是它自己的种类的完全，但是一切观念都是一样的完全，所以最高的观念便在它们的公通点，即是完全自身。但这个意思就是白的观念的"完全"，固然是包括在那最高的观念之里，而它的所以异于其他观念之特质，却被摈于其外。它的特质正是它的白。就是，白的完全是包含在善的里面，而它的白却不然。从而要想从善推演出白来也成为不可能的，因为善并不包含着白。你绝不能得到其中本来所没有的。柏拉图从一推出多的时候，其所以能为此，就由于他显明了一包含着多。而他不能够从善演释出白来，就是因为善不包含着白。

那么，较低的观念都是没有必然的性质的。它们都只是事实而已。我们要想从那最高观念里寻出它们的必然来，这个希望是失败了。但是我们姑且置此不论，假定既有一个善的观念，便必须从而有一个白的观念。却是又何以而有一个善的观念呢？这个必然性究竟在什么地方？我们根本看不出其中有什么必然。我们所说的关于别的观念的话，可以同样适用于那个最高的观念。善也许是一个必然的观念，但是柏拉图却没有把它显明出来。

统上以观，可见柏拉图虽然把理性称为"绝对"，而且虽然理性是一个自明的原理，他对于理性的内容之详细的说明却绝不能令人满意，他所纳入于它里面的概念，没有一个确被显明是合理的。他的体系在第二个测验上和在第一个测验上一样，都失败了。他没有从观念把世界说明，也没有使观念说明它们本身。

柏拉图的体系里还有一个缺点，最关重要。他的体系里面，实在和生存两个观念始终混淆不清。区别生存与实在，乃是一切理想主义的一个根本要点。我们纵使回溯至爱利亚学派的很为暧昧的理想主义，也可以发现这个。我们已知，芝诺否定了运动、杂多和感觉世界。但是他并不曾否定这个世界的生存。那是不可能的。纵然世界是一个虚幻，这个虚幻究竟是生存着的。他所否定的乃是这个生存的实在。但是实在如非生存，是什么呢？爱利亚学派回答它是"存在"。但是"存在"不是生存的。凡是生存的总必是这个或那个特殊的一个生存。"存在"本身是不能在什么地方被寻找出来的。这样，爱利亚学派先否定生存为实在，又否定实在为生存的。他们自己固然不曾引出这个结论，然而这确实包含于他们的全部立场里面。

　　这一点在充满发达如柏拉图的体系里面，照理应该愈益明了。在一种意味里，这也确乎更为明了。个别的马不是实在的，但是生存。普遍的马是实在的，但不生存。不过在不生存的一点上，他却摇动而跌倒了。他到底不能避免以生存来着想那绝对的实在。经他这样一想，于是观念遂不仅是这世界里的普遍的实在，而有一隔离的生存在它们自己的世界之中。其实柏拉图定己见到了绝对的实在不生存，这的确包含在他的全部地位里面。他明明地告诉了我们它是普遍相，绝非任何特殊个别的东西。但每一生存的东西，总都是一个个别的东西。他又告诉我们，观念是在时间之外的。但是凡是生存的东西，都必生存于某一时间。于此可见在柏拉图的心目中，这个理想主义的中心思想，实是很确定的。然而到了他说起回忆和转生，告诉我们灵魂于生前另住在观念界之里，死后可以希望回归那里这些话的时候，他又明明的忘记了他自己的哲学，而把观念看作个别的生存的东西，住在它们自己的世界之中。这是一个观念的世界，自有一个隔离的生存和位置。它不是这个世界，而是另外一个世界。这样，柏拉图哲学始则从很高的理想主义的思想的水平出发，认为普遍相是唯一的实在，而结果却把普遍相自身变成了生存的个别物。这正是勉强把没有图像可以说明的东西构成心里的照片的老故事。因为一切照片都由感觉的材料而造成，又因不是一个特别的东西，便无从构成其图像，所以要把普遍相造成一个像片，势必把它想成它所正不是的东西——一个特殊的东西。于此，柏拉图确实犯了所能归罪于一个哲学者的最大的过错。他把思想如同实物一样地看待。

　　总而言之，柏拉图实是理想主义的始祖，他的思想为后来一切哲学的张本。但是和一般前头开路的人一样，他的理想主义是很粗糙的。它不能说明世界，也不能说明它自身。它竟至不忠于它自己的原理，因为它先是在历史上头一次明确地说白了"实在"便存于普遍相之中这个重要的理论，却是旋即忘记了它自己的信条，又回归一种特别论，把观念都视为生存的个别物。亚里士多德矫正了这些缺点，从而建设了一个更纯粹、更精密的理想主义的哲学。

第十三章　亚里士多德

一、亚里士多德之生平及著作与其学说之大概

亚里士多德（Aristotle）公元前384年生于色雷斯沿海斯塔吉拉市府，该地是希腊的一个殖民地和商港。他的父亲尼各马可（Nichomachus）为马其顿王阿明塔斯三世的御医，亚里士多德便由此渊源而和马其顿皇室发生了长久的亲密的关系，这个关系对于他的一生事业是极为重要的。他童年丧父，当他的监护者普洛克塞努（Proxenus）把他送到当时世界知识中心的雅典，去完成他的教育的时候，他才是一个十七岁的青年。他在那里加入了柏拉图的学院，亲炙柏拉图之教诲凡二十年。后来他的敌人指摘他对于他的老师忘恩负义，谓就由于他的捣乱引起同学中的破裂，以致柏拉图晚年很为苦痛。但是据我们所可知道的，并且照亚里士多德的书中涉及柏拉图而说的话看起来，把柏拉图的烦恼归罪于亚里士多德，实在毫无根据。若亚里士多德果有不合，那他就断不能够列于柏拉图的门墙至二十年之久，直到柏拉图死后才始离去。况且亚里士多德的书

199

中虽排斥柏拉图的学说毫无假借，却并寻不出一点暴戾或个人恶意的痕迹。反之，他说他自己是柏拉图的朋友，不过更是真理的朋友。大概一个像亚里士多德这样具有独立的创造的天才的学生，对于柏拉图定然是没有那种盲目的推崇，如一般人之甚。恰如一般才能出众的青年一样，这位英俊卓越的学生，也许不免曾有少年浮躁矜夸之病。但是比此更坏的事情，一定是没有的。

在学院里的时候，亚里士多德表现出一种迥非常人所可及的好学的精神和毅力，一切门类的知识，无不钻研，不知厌倦，这个引起了许多关于他的诨名和故事，不过这些都和通常伟大人物的轶事一样，均是未尝不可信，而有未必可信的。其中有一个故事说他曾自造一个机器，用来惊醒他自己，使睡魔不至于打断他的研究的时间。

公元前 347 年柏拉图逝世，其外甥斯彪西波（Speusippus）被举为学院之长，亚里士多德遂和他的同学克塞诺克拉底（Xencrates）离开了雅典，同往小亚细亚，见阿塔纽斯（Atarneus）王赫尔米亚。赫尔米亚出身平民，为人很好，学问也颇高，曾居柏拉图门下两年，把这两位少年哲学者待为上宾。亚里士多德在阿塔纽斯住了三年，并且就在这里和王的侄女皮提娅斯（Pythias）结了婚。其后他又和一位叫作赫尔庇利斯（Herpyllis）的姑娘结婚。不意在这三年过了之后，赫尔米亚中了波斯人的诡计，被惨杀而亡，于是亚氏遂去至米提利尼（Mytilene），在那里度了好几年，直到马其顿王腓力聘请他教育他的太子亚历山大，就是后来最出名的世界征服者，那时才只十三岁。亚氏受聘而往，为亚历山大之师傅者凡五年。腓力王和亚历山大对他都备极尊重。据说，马其顿的朝廷不单供给他从事研究的费用，并且给他几千奴隶，专来替他采集标本。这些话也许铺张过甚，不必全然的确。但是他在科学和哲学的探讨上有朝廷做他的后盾，凡所需求都可得其帮助，这是毫无可疑的。

腓力王逝世，亚历山大即位。这时他的为学时期已过，他开始从事后来武功的预备。亚里士多德使命既毕，遂而回归了他自柏拉图死后久别了的雅典。他看见柏拉图的学院在克塞诺克拉底的领导之下，方兴未艾，柏拉图的学说在雅典最有势力。于是他遂在一个叫作吕克昂（Lyceum）的地方，自己开创了一个学院。他的跟从者后来被称为逍遥学派（Peripatetics），这个名称便由于亚里士多德讲学的时候，时常一面说话，一面方步的习惯而来。他住在雅典专力于教育和著作，一直经过十三年，这个时期是他一生最有效果的时期。毫无疑义，他的最重要的著作，都是在这个时期成就的。但是在这一期的结尾，他的命运便改变了。

公元前323年亚历山大王于战功极盛之际，忽然崩驾于巴比伦。先是雅典政权乃在亲马其顿派之手。及至亚历山大既死，此派亦随之而被推倒，并且起了一个绝大的反动，凡是沾到马其顿的东西，都被激烈排斥。当时，亚历山大之于希腊，无异一世纪前拿破仑之于欧洲。他凌辱了许多的希腊的自由城市，甚至于把底比斯市府劫掠一空，使希腊全国无时不生存于侵略恐怖之下。一旦这种恐怖随他的一死而俱去，于是反马其顿的感情发泄出来，而澎湃于各处。反马其顿派因而当政。亚里士多德素来是被人认作马其顿宫庭的代表和亲信的，虽然实际上近来的他已经蒙不到骄贵了的亚历山大的眷顾。雅典人因要害他出气，乃诬告以大不敬的罪名。于是他遂逃往优卑亚（Euboea）

的卡尔塞斯（Chalcis），他自己说，这是因为要使"雅典人不
至再有机会获罪于哲学，如同他们所已得之于苏格拉底那次一
样"。大约他还拟风潮平靖之后，再回雅典。却是翌年他便在卡
尔塞斯旅次暴病而没，时已六十二岁，正公元前322年。

亚里士多德所著之书传有四百卷之多。这样的多产实足惊
人，不过须知这里所谓卷，差不多就和现代论文里的一章相同。
这些著作的四分之三已经散失。幸而所存留的大都属于最重要
的部分，从这里面我们可以得到亚里士多德的全体系的各部分
之颇为完备的说明。但纵是这些留存下来的著作，也都残缺不
全。尤其以《形而上学》为然。这篇论文不曾完成，大概著者
没有把它作完便死了。并且就以《形而上学》而论，其中有几
卷毫无疑义的便是赝品。余者则次序错乱，一看便知。尝时一
卷正在讨论之中便就完结，而下一卷开始却在一个纯然不同的
问题的中间。重复的地方是常常找得到的。有些读起来就如同
演讲的略记一样。还有很多处所，凭空插入，和上下文不相连贯。
这些特色在亚氏的别的著作里面也可寻出，不过其程度稍低些。
大概它们都不是预期就照它们如今这样子刊印的。它们没有经
过最后的修正和润色。但是不拘这些缺点，这些著作总可算很
繁富，很明了，能够使我们寻出亚氏的思想的全部主要地位来。

我们讨论柏拉图时，曾知他的著作事业延长半世纪以上，
这个时期中，他的哲学思想是不断地进展的，就其对话集的次序，
寻出这个进展的途径，乃属必要。但是这个于柏拉图为然，而
于亚里士多德则不然。亚里士多德的全部的著作，或者毋宁说，
传留及于我们的那些著作，似乎都是在他掌教于雅典的十三年
中写成的，这就是说，在他五十岁之后写的。那时他的体系已

经圆满成熟，充分发达了。从而他们著成的次序的问题也就没
有多大关系。但是批评的考证的结果显明了他大概是首先著成
关于逻辑学诸书，而后著成物理学上的论说，而后著成伦理学
和政治学的著作，最后始著"形而上学"，未完成便死了。

我们须要注意，亚里士多德不仅是像今日限制了的意味的
哲学家。他的学问至极广博。在当时，或者除了数学，没有一
门学问不受到他的注意，也没有一门学问不以他为泰斗。他不
单非仅是一抽象的哲学家，而且他的自然的性向似乎正在物理
科学，而不在抽象的思想。但是他的计划好像是要遍探知识的
全宇，彻底审查所有已存的科学，尽扫前人的谬说，而把所剩
余的加入他自己的有价值的发展和建议。抱着这样大计划，凡
遇不曾有而又必需一种科学的处所，便非创立一种新科学不可，
从而他遂发明了逻辑学和动物学两种科学。所以他在各门各类
的知识上，都达到了超群轶伦的地位，在现在，无论一个怎样
的人都是万不能做到的。他的著作对于逻辑学、形而上学、伦
理学、政治学和艺术，都有专书。他有一本书专论修辞学的原理，
另有一本关于天文学，题目就叫作《论天》(*On the Heavens*)，
还有一本是关于气象学。他有好几本著作研究动物生活，对于
这个方面，他是极其有兴趣的。这几本是:《动物的器官》(*On
the Parts of Animals*)、《 动 物 的 运 动 》(*On the Movement of
Animals*)、《动物的生成》(*On the Origin of Animals*) 和他的有
名长书《动物志》(*Researches on Animals*)，这一本里包含大
量从各种可能方面搜集来的事实。这些事实当中固然有许多现
已证明为幻想，但是这实在是科学萌芽时代所免不了的。照现
在推算起来，亚里士多德显见已经认识了约五百种不同的生物，

不过他没有照现今的方法把它们分类。他便由这些书而创立了动物学，在他以前没有一个人曾对于这一科作过特殊的研究。

我们有一句恒言，世人的心不属于亚里士多德，则必属于柏拉图。这句话似涵着亚里士多德和柏拉图相反对的意味，而实则一半真理也没有的。凡是真正了解亚里士多德的人，绝不会把他的体系认为和柏拉图的相反，实在如说亚里士多德是柏拉图派当中最伟大的一个，还更为的确一些，因为他的体系仍然是建筑于观念之上，企图建设一种免于柏拉图的缺点的理想主义。他的体系实际上就是柏拉图哲学的发展。然则那流行的把亚里士多德认为和柏拉图相反的见解，究竟有什么根据呢？事实是他们两人在许多的要点上确乎是相反对的。但是他们之间却有一个根本的一致，比较他们的差异更深。他们的差异大抵都是表面的，而他们的一致却是深伏的。就是这个原故，所以差异最为明显，即对于亚里士多德自己，也是差异最为明显的。这个流行的意见的根源，大概就由于亚里士多德对于柏拉图的观念论只要遇有机会，总必肆力排击。他时常不惮烦复，尽力来说明他和柏拉图之间的差异，而于他们的一致，则无一言提及。但是没有一个人在他自己和他的前辈及同时人的较深的关系上，能够做一个贤明的判断者。必须等到争论的骚动在过去的寂静中平息了，而后治历史者才可以看清真相，而透入每一伟大人物和他的时代的最深的关系。柏拉图是理想主义的创立者，但是他的理想主义在许多地方都是很粗糙而不可维持的。洗净这些缺点，而把柏拉图的体系发扬光大起来，这实在是亚里士多德的特殊的任务。这样，他着重他所应该以全力来对付的那些缺点，而不着重柏拉图已经发展了的，从而在他的手上也就不需乎特别讨论的真理，不能不认为是很自然的。他所看得最明白的，便是他自己和他的前人之中的差异，因而他对于他的老师采取纯然驳斥的态度，也实在是不得不然了。

虽然，他们的一致固较之差异为更深，但是就在承认观念为世界的绝对本源这一点上，他们的差异也很为重大。第一层，亚里士多德是最爱重事实的。他所要求的总是确定的科学的知识。而柏拉图则不喜事实，缺乏为物理的探研所不可少的天赋。柏拉图的体系其与亚里士多德根本不合之处，便在其对于感觉界之极端的鄙视。轻贱感觉对象，而认为其知识毫无价值，这是柏拉图全部思想的根本特征。但是感觉界就是事实界，而亚里士多德正是对于事实极有兴味的人。无论在哪一门知识上，随便什么事实没有不为亚里士多德所热诚欢迎的。在柏拉图，几种什么不大为人知道的动物的习惯是一点趣味也没有的。其值得追求的，唯有观念的知识。他甚至根本不承认感觉界的知识足以称为知识。而在亚里士多德，动物的习惯本身则是具有研究的价值的。培根（Francis Bacon）在他的《新工具》（*Novum Organum*）一书里，对亚氏有许多轻蔑的议论，大意不外说亚氏并不尊重事实，只有他自己的头脑里的成见和臆断，没有耐心地考察自然的事实，徒本着所谓合理的根据，来钦定事实，绞揉事实，以合于他的理论。

虽然，培根这样对于他，实在不免欠公平了，不过这也是很自然的。在培根那时，经院哲学势力正盛，自命为代表真正的亚里士多德学说，他和当时其余的思想家方图以全力来反抗这一派。经院哲学确实是迷于推理而忽视事实的，他们甚或至于诉诸亚里士多德的著作，以求决定应该询问自然的事实之间题。所以培根把亚里士多德和这一班自称代表亚里士多德的人混为一谈，从而把后者的罪过归于前者，不能说是不自然的。但是亚里士多德对于事实观察之敏锐，确实从没有人能出其上，这由他的关于动物的著作便可证明出来，这些著作里含有充分的证据，显出他对于搜集事实有怎样的惊人的耐心和勤劳的努力。固然纵在事实的领域里，亚里士多德和所有的古人一样，也犯有悬揣武断，不切实际的毛病。以故他毫不踌躇地断言星辰运动必绕圆而行，因为圆是完全的形式。像这样的例，不胜枚举。然而这实在是势所难免的，当科学尚在襁褓的时代，毫无器具之辅助，亦无预有的确定了的知识可言，亚里士多德如何能不陷于错误呢？他知道得很清楚，事实的辛勤的考察，是一切自然科学的根本必需，但在那个时候，这却实在是不可能的，从而他只能运用在他的能力以内的唯一手段，即是他的理性。

第二层，柏拉图虽创立了理想主义，但在他的思想的发展里，却给予了神话和诗歌以很大的地位，甚至明晰表露一种神秘主义的倾向。而在这里，亚里士多德之所要求的也是确定的知识。以诗歌的描写来代替合理的说明，是他所深恶而痛疾的。而这个也就正可以说明柏拉图和亚里士多德之间第三个主要的差异，即是他们的文体的明显的对照。柏拉图是一个大诗人，他的文艺的天才罕与伦比。而亚里士多德则全不留心文辞之藻饰与华彩。他在他的著作里且竭力摈除这些东西。他只着重意义、文字之所表达的真理。他只以哲学为务，不肯让他自己反为华丽的文字之所迷惑，或舍理性而以譬喻自误。他的文体很为粗涩、兀突、甚至于恶劣。但是他的词华的损失，在概念的明晰的上面却得到了补偿。他所要表明的每一思想，或每一意念，都有一个明确的名词。凡遇有一个思想缺乏通用的名词可以表明，他便创造一个出来。所以他实在是从来最伟大的名词专家当中的一个。由他而采用的或发明的名词是极多的。他可以认为是哲学词语的创始者，也可以认为专名词典的发明者。有许多现在所用以表达人的最抽象的思想的名词，都是由亚里士多德而发明或引进的。却是我们绝不可因亚氏著书之用严格的科学的文体，遂而以为他是缺乏了审美的感觉。实际上绝对不然。他的艺术论可以显明他要算古代最大的批评家，而且在美的欣赏和评价上，实在远出乎柏拉图之上。不过他灼见艺术和科学各有其自己的领域，万不可以混为一谈。令艺术为理论之车辆，则必致艺术于死地。而使哲学屈服于诗歌，亦立便断绝了哲学的生路。我们若以美为目的，就必循艺术之路。但是我们若欲求真理，则须要绝对忠于理性。

亚里士多德的体系很自然地分为逻辑学、形而上学、物理学、伦理学和美学五部。现分别陈述如下。

二、论理学或逻辑

这一部分不须多说，因为只要读过普通逻辑学教课书的人，没有不知道亚里士多德的逻辑学的。演绎的和归纳的两种推理方法，其后者亚里士多德也分明见到了。他有许多关于归纳法的话极其透彻。不过他没有把归纳法另成一种科学。他没有把归纳的思想的根本规律说明出来。这个是在比较近代才完成的。所以他的名字特别和演绎的推理相连，他就是它的创立者。他不仅创立了这门科学，而且实际上就已把它完成了。我们现在所知道的形式逻辑学，所有的教课书里都有它，所有的学校以及大学里都教它，其根本要义不比原来的亚里士多德的逻辑学多增一点。他在这个题目上的著作的讨论范围，对于一切重要的思想定律、十大范畴、五种宾语、名词论、三段论法以及把别种形式化为三段论法的第一形式的说明，无不包罗全尽。今日形式逻辑学上最详细的著作，其内容亦不过如是。晚近逻辑学者只有两点较之亚里士多德更为进步，就是，三段论法的第四形未为亚里士多德所明认，和他仅乎说明了确述的三段论法，而没有论及假设的三段论法。但是这个三段论法的第四形究竟有无价值还是一个问题。而且假设的三段论法纵然重要，也非根本的，因为所有假设的三段论式，都可还原为确述的三段论式。确述的三段论式乃是基本的推理范型，一切别的演绎式都可归原于此。至于现代学者所出产的形式逻辑学上的许多庞大的书籍，其所增加的实在只觉其麻烦而累赘，不过是无用的堆砌粉饰而已，倒不如忘记了还好些。所以亚里士多德的逻辑学实已尽涵逻辑学之精粹。只有一点我们可以指摘，就是他的论理的程序是纯然限于经验的。但是这又另成一个问题。在把理性的事实加以集合、配列和分析这一点上，他的逻辑学已经臻乎完全无憾的境地了。

三、形而上学或玄学

亚氏所著现在称为《形而上学》的这部书，原来并不是这个名字。亚氏给它的名字是"第一哲学",这个意思就是宇宙第一的、最高或最概括的原理的知识。所有其他各门的知识,都是隶属于这个科学的,并非因为它们在价值上较低,而是因为它们在论理的次序上较低,其所讨论的原理的范围不像那样大。一切特殊的科学只管"存在"的此一或彼一区分,而"第一哲学"的研究对象则是"存在"的本身,"存在"的全体。它所探讨的不是"存在"的此一或彼一种类的特征,而是通乎一切存在无不真确的原理。动物学的定律只可以适用于动物,而"第一哲学"的原理则可以施于一切事物而皆准。"形而上学"这个名词,直到公元前半世纪,安德罗尼古斯(Andronicus)刊印亚里士多德全集的时候才用的。在这个刊本里,"第一哲学"是列于"物理学"之后的。按"形而上学"的原文 metaphysics 就是 after(后于)physics(物理学),即在物理学之后的意思。所以这个字的来源是很偶然的和冒险的。究竟此字本来可就是"超乎物理学",即研究形而上的东西的意义,实在是一个问题。

亚里士多德的形而上学的理论,从他对于柏拉图的观念论的诘难而自然产生出来,因为他自己的体系不外乎就是要洗除柏拉图所犯的缺点的一个企图。现在将他的重要论点概述如下:

第一,柏拉图的观念不能够说明万物的生存。但是说明何以而有这个世界存生,到底是哲学的主要问题,而柏拉图的学说要来解决这个问题是失败了的。纵使我们承认说白的观念是有的,我们仍然根本不能明白它是怎样产出白的物件来的。

第二,柏拉图没有把观念对于万物的关系解释清楚。我们被告知,万物是观念的摹本,而且参与观念。但是我们怎样来了解这个"参与"?亚氏认为柏拉图用了这样的成语,并非给我们以那个关系的确切的说明，不过是卖弄诗歌的比喻。

第三，纵使观念可以说明万物的生存，也万不能说明它们的运动。假定白的观念产出白的东西，美的观念产出美的物件，如是类推，但是观念本身既然都是不变不动的，它们的摹本就必也是这样。那么，宇宙就须是绝对静止的，如同大诗人柯勒律治（Coleridge）所说："一个描画的海洋上的描画的船只。"但是，反之，这个世界却是一个变化成长运动生活的世界。柏拉图一点也不曾企图来把万物的不断的变化加以说明。纵然白的观念可以说明白的物件，然而这些物件又如何而产生，而发达，而衰败，而死灭呢？要想说明这个，在观念本身之中必须有一种运动的原理才行。然而这却是没有的。它们都是不动的，无生命的。

第四，世界之内，万物无穷，说明它们是怎样存在的，乃是哲学的本务。柏拉图的说明仅乎假设又一个宇宙的无穷的万物，观念的存在。这个效果不过是把所要说明的万物的数目加上一倍。把各样的东西都重复起来，有什么益处呢？亚氏谓柏拉图恰如一个人算不清一个小数目，妄想再加一倍便易于计算些一样。

第五，观念虽设为非感觉的，而实则仍然是感觉的。柏拉图以为必须找一个非感觉的原理，而后才可以说明感觉界。但是他找不出这样的一个原理来，于是遂把感觉对象调动了一下而呼之为非感觉的。却是实际上马和马的观念之间，确实没有什么分别，不过多一个毫无益处，毫无意义的"本体"或"普遍"的名词，加在每一感觉对象之前，以使之不同罢了。观念都不过是虚构的变相的感觉的东西，亚氏比之于流行的宗教的拟人的神。他说："恰和这些神不过是神明化了的人一样，那些观念也不过是永恒化了的自然的物体而已。"柏拉图说万物是观念的摹本。但是实则观念不过是万物的摹本。

第六，还有便是所谓"第三人"的论点，这个名词就出于亚氏所用以说明它的证例之里。观念之假定，便是所以说明许多物件当中的共通点的。无论什么地方有一共通素质，就必有一观念。所有的人当中有一共通素质，于是有一个人的观念。但是在个个人和这个人的观念之间，也具有共通的素质，自然须有一个另外的观念——"第三人"——来加以说明。而在此另一观念和个别人之间也具有共通的质素，从而又须再有一个观念来说明它，这样是没有穷尽的。

第七，但是亚氏反对观念论最重要的理论，而且实际便包括一切其他在内的，就是，它既假定了观念为万物的根本质素，而又把那些根本质素放在万物本身之外。一种东西的根本质素是必须内在，而不能外在的。但是柏拉图却把观念和个别物两下分开，而将观念都远远地放在他们自己的一个神秘的国度里。殊不知观念虽然是普遍相，却只能存在于特别体之中。存于一切马之里的实在，也许就是那普遍的马，但是那普遍的马绝非独立自存于个别马之外的东西。而照柏拉图那样说来，好像除了我们所知道的个别的马之外，还另有一个个体叫作一般的马，或者除了白的物件之外，还另有一种东西叫作白。始则认为普遍相是实在的，特别体非实在，而终则又把普遍相贬为特别体，这实在是观念论的最大的矛盾。这就是说，柏拉图的错误便在于最初见出了（正确的）存在不是实在，而继则又幻想（错误的）实在为一种存在。

从这个最后的论点便产出了亚里士多德自己的体系，它的基本原理就是，普遍相固然是绝对的实在，却是这个普遍相乃存于个别物之中。什么是实在？什么是本质？这是形而上学者所要解决的第一问题。所谓本质乃是有它自己的一个独立的存在的，它的实在绝不是由它外面的什么根源而灌入于它。所以本质绝非谓语，一切谓语都是所以用之于它的。例如："金重"之一定理，金是主体，或本质，而重为其谓语。重的性质必依金而存在，所以后者是本质，而前者则非。

明乎此，我们再来一问，柏拉图所说的普遍相便是本质吗？绝不；所谓普遍相仅乎是用以附加于一个种类的许多个体之公通的谓语罢了。例如：人的概念不过是人所公具的通点。它的意义是和"人性"（Humanness）这个名词一样。但是人性是绝不能离开了人而独立的，恰如重的性质绝不能离开重的物体而能存在一般。可见普遍相并不是本质。可是个个体也绝非本质，因为世界上绝没有绝对特别和孤立的这样东西。假如人性不能离人而存在，人也绝不能离人性而存在。要把一个人和别人以及别的东西的共通点一齐除去，你就必发现，在剥尽了他的一切性质之后，绝对便没有一点剩余的东西了。我们说金是重的、黄的、有展性的等等。所谓重、黄以及其他性质都是不能够离开了金而存在的。但是，一样地确实，金也绝不能离开它的性质而存在。试思剥除了它的所有的性质，再问你自己离开了这些性质，还有什么是金子。那你就将见到你的心里完全是空虚。除尽了性质，也就没有了金子自身。金子是只能由它的性质而着想的。可见金子之依存于它的性质，无殊于它的性质之寄托于金子。所以它们两下是没有一个离开了另一个而可以视为本质的。但是金子的性质是存于金子里的普遍质素的，金子如果没有这些性质，便是绝对特别的和孤立的。因为，（1）黄色是这个金子和那个金子的共通性质，所以是一个普遍相，其他性质，都莫不然。纵然有一块金子具着一种什么性质，为别的金子所没有，也必为世界上某一他种物件所有，否则，它也就不能够被我们认识出来了。由此，所以每一性质都是一普遍相。（2）金子若没有它的性质，便是绝对特别体了，因为除去了所有的性质，它就是被剥尽了和其他物件的公通点，它就是被剥尽了它所含有的普遍相，从而所存余下来的自然只是绝对的特别体。由此可见普遍相非本质，特别体亦非本质。因为它们之中此一绝不能离开彼一而存在。从而本质必须是两者的综合，必须为特别体中之普遍相。这个意思就是只有个体是本质，例如，金子连着它的性质便是。

时常有人以为亚里士多德是自相矛盾，因为他先说如上面所述，个别物——普遍相和特别体之结合——是本质，嗣后又容认普遍相具有一个更高的实在，或他所谓形式，论其实，这就是和柏拉图一样，认为唯有普遍相是绝对实在的，唯有普遍相是本质。但是我却不能相信亚里士多德有什么真正的矛盾。或者毋宁说，这个矛盾是只在文字上，而不在思想上。须知凡遇亚里士多德说普遍相非本质，而个别物是本质的时候，他总是在想着柏拉图。他的意思乃是要否定普遍相如柏拉图所说，可以独立自存。但是他却和柏拉图一致，都承认普遍相是实在。他说普遍相非本质的时候，他的意思乃是反对柏拉图，而断言它不是生存的。生存的只有个别物，普遍相和特别体的综合。在他明说或暗示普遍相是本质的时候，他的意思便是说，它虽然不是生存的，却是实在的。所以他的文字是矛盾的，而他的意思却不然。他没有清晰地表出他的真意，但是我们万不要以词害义。

亚氏的形而上学由此更进的发展，便根据他的原因说。但是这里所谓原因，较之今日这个名词，其意义广泛得多。我在前几章里也已说明了原因和理由之间的区别。一个事物的原因，并不能给我们以它的理由，所以绝不能够说明这个事物。原因不过是理由之所凭借而产出它的结果的机械作用。例如死的原因不外乎是意外之事或疾病，但是这些原因一点也不能够说明何以世界上而有死。假如我们接受这个区别，我们便可以说亚里士多德的原因的概念，乃是包括我们所谓原因和理由两者在内的。无论事实或原理，原因或理由，凡属为要完全了解一种东西之存在，或一个事情之发现之所必需的，都包括于亚里士多德的原因的含意之里。

把原因解作这样的广义，亚里士多德得到四种原因，即物质因、动力因、形式因和究竟因。这些原因并非是更替的；不是各种事物必由这四个原因之中的此一或彼一而说明。在各种存在的事物里，或一种东西之产生中，所有这四种原因，都是同时运行的。并且这同样的四种原因显现于人类的发生里，也呈露于宇宙的发生里，发现于人工品的制造中，也存在于自然万物的产生中。然而它们显示得最明白是在人工品里，所以我们就从这个区域里举例一论。一个物件的物质因便是它所由以构成的物质，就是造成这个物件的物质。例如，造一座赫尔墨斯的铜像，铜便是这个像的物质因。这一例或者会使我们认为亚里士多德所谓物质因的意义，便是我们所谓物质，像铜铁、木材等实质一样。但是我们稍后便可见出不一定如此，虽则现举之例是这样。动力因亚里士多德解作运动的原因，就是赖以致起变动的能力或动力。我们须要记着，亚里士多德所谓运动，其意义不仅是地位的改变，而是种类的改变。一柄树叶之由绿而黄，与一石块之下落，其为运动是相等的。所以动力因就是一切变化的原因。就上面所举之例而言，其使铜成为像的原因，其产生此变化的原因，便是那雕刻师。所以他就是像的动力因。形式因照亚里士多德的定义，是物之本质和根本要素。但是一种东西的根本要素，实在便包含于其定义之里。而定义则不外乎是其概念之说明。所以形式因就是物之概念，或者，如柏拉图所称，就是物之观念。这样，柏拉图的观念实在重现于亚里士多德，不过改了一个形式因的名词罢了。究竟因便是运动之所趋向的目的。像之正在造就的时候，这种活动的目的，雕刻师之所欲达到的目标，就是完成了的像的自身。要之，一种东西的究竟因，便是这个东西的自身这个东西之完成了的存在。

　　这种原因的概念较之今日的概念，其更为广泛至如何程度，是很明显的。穆勒（Mill）对于原因所下的定义，可以认为现代科学的观念的最好的表现，他说原因是："一个现象的不可变的和无约制的在前现象。"这立刻便把究竟因割断了。因为究竟因乃是结果，乃是目的，于时间上绝不是在前的。它也不包含形式因，因为我们现在并不把一种东西的概念着想作它的原因的部分。那么，这个当中只剩有物质因和动力因，这两个约略相当于现代物质和力的观念。但是如果再仔细考查一下，纵是亚里士多德的动力因也被摈除于现代原因的观念之外。因为动力因虽是发生运动的力能，但现代科学是把它看作纯粹机械的力,而亚里士多德则把它想做一种观念的力,其运用不是从起始,而是从终局——目的。但是现代原因的观念虽然舍弃了形式因和究竟因,我们却万不可以认为亚里士多德添了它们是错的,或者,以为现代的观念比亚里士多德的更好一些。这纯然不是一个优劣的问题。现代科学,无论在那一方面,都不曾否认形式因和究竟因的实在。它只不过认为它们是在它的范围之外。它们的存在与否,非科学应管之事。知识愈进步,则分工愈细密。科学只以机械的原因为它的领域,而形式的和究竟的原因则一齐留归哲学者来说明。例如,科学把一切形式的原因都置之不管,因为它们在今日的意义里,全然都不成为原因。它们就是我们所谓理由。假如我们是要说明一种东西在宇宙里面的生存,那就必得引进形式因,即概念,以显示这个东西何以生存之故,实际上,即所以显示它的理由才行。但是科学并不企图说明万物的生存。它只假定它们的生存,而推寻它们的历史,和它们彼此间的关系。从而它也就不需要形式因。它只求造成宇宙的机械观,所以只要考察机械的原因。但是亚里士多德学说,与其认为科学,毋宁认为哲学,乃是兼容并蓄机械论和目的论两样的原理的。

亚里士多德有一个习惯,就是从来不直接陈述他的学说,显见其为绝对新颖的东西,头一次从他的脑海里跳出来的。他讨论一个问题,总先列举当时的和前人的见解,加以批评,摈斥其不足取的,而保留其真确可凭的,然后再加之以他自己的提议和创见。这个结果所得,便是他自己的学说,但经他如此表达出来,就不觉得绝对新奇,而仿佛是前人的见解的发展了。在这里,他所取的即是这个途径。《形而上学》的第一卷,便是所有先前的哲学从泰勒斯到柏拉图的历史，其目的就是要审查这四种原因已被前人认识至何程度。他说物质因自初始便为人所认识。伊奥尼亚学派相信只有这个，绝无别的。他们都要拿物质来说明一切，不过对于物质因的本质，却各持异见，泰勒斯说它是水，阿那克西美尼说它是气。其后赫拉克利特想它是火，恩培多克勒认为四大原素，阿那克萨戈拉又说它是无限种类的物质。但是这个要点是，他们都一致发现，要想说明宇宙，物质因是必须的。

最古的思想家仅乎假定了这一个原因。俟乎思想进步，亚氏说，其他哲学者兴起，"事情自己引导了他们"。于是遂发现了不能不有一第二个原因来说明万物之运动和变化。因为物质自身绝不能够产生运动的。木材绝不能为它自己变为床的原因，铜也绝不能为它自己变为像的原因。由是遂而发生了动力因的观念。爱利亚学派不曾见到它因为他们否定了运动，从而在他们，运动的原因是不可以着想的。但是巴门尼德，亚氏谓，却在这一点上游移着，仿佛承认一个第二原因的存在，他称之为热和冷。这自然是指着巴门尼德的第二章诗而言。至于别的哲学家就分明假定了一个动力因，因为他们曾设想一个原素，例如火，更为活动，即是比较别的更能发生运动。恩培多克勒便确实达到了动力因的观念，因为他假定了调和与矛盾，爱和憎，为原动力。阿那克萨戈拉也用了睿智做原动力。

形式因或者已被毕达哥拉斯学派所承认，因为数便是形式。但是他们旋又认为数是万物之所由而造成的材料或物质，因而仍然把形式因降至机械的原因的水平。只有柏拉图才明白见到形式因之不可少。因为形式因，如我们所已知，和柏拉图的观念是相同的。但是柏拉图认为一切的东西都只从物质和观念而来，所以他的体系也仅乎包含四种原因的两种，即物质因和形式因。由于观念自身都不具有运动的原理，所以柏拉图的体系里不含有动力因。至于究竟因，柏拉图固然有每个事物都是为着善的缘故，这个模糊的观念，然而他并没有使用这个观念，也没有加以发展。究竟因是阿那克萨戈拉所引进哲学里来的，他的形成世界的心灵说，便是假设了来说明世界之里所显露出来的计划和目的。但是在他的体系的发展中，他却忘记了这个，而仅将睿智用作一块机器以说明运动，从而把它弄得比动力因并不多有一点意义。

结果，亚里士多德发现所有四种原因，在多少不等的程度上，都为前人所明认，这个他认为大足以巩固他自己的学说。不过物质因和动力因虽已被明白了解，而形式因和究竟因的价值，他的前辈们却仅乎含糊地察觉，没有清楚地认识。

亚氏的形而上学的第二步，便是要把这四种原理约而为二，他称之为物质和形式。这个归原的方法便是表明形式因、动力因和究竟因，都可化为一个单纯的概念。第一，形式因和究竟因是同一的。因为形式因便是物的根本质素、概念、观念。而究竟因，或目的，便是物的观念之实现于实际。物之所向的目的便是它的形式之确定的表现。所以目的就是形式，事物的究竟因与其形式因是同一的。第二，动力因和究竟因也是相同的。因为动力因是变化的原因，而究竟因便是变化的目的，便是其所变化出来的样相。照亚里士多德所说，其所以有变化，就由于其趋向一种目的。万物都向着目的而努力，而且就因为目的而生存。这样，目的自身便是变化或运动的原因。这就是说，究竟因便是真正的动力因。为明了起见，试举例言之。橡树的种子之目的或究竟因便是长成了的橡树。长成了的橡树便为橡树的种子生长的原因，它的生长，根本言之，不外就是它向着它的目的，长成了的橡树，而伸展的运动。这个如就人工品看来，便更为明确，因为在这里朝向目的之努力是自觉的，而在自然里是不意识的。铜像的动力因是雕刻师。便是他运动铜的。但是其运动雕刻师，其使雕刻师把铜造成像的，乃是存于他的心里的完成了的铜像的观念。由此可见目的的观念，究竟因，才是运动的真正最后原因。不过在人工品里，目的的观念明确地存于雕刻师之心，而为一原动力。而在自然里，则无所谓心，其目的是不意识的，但是自然的运行固自具有目的，而且这个目的就是其运动的原因，于是三种原因都合而为一，亚里士多德称之为物的形式。所剩下的只有物质因，不能够归入其他。所以我们现在只有物质和形式两者的对照了。

因为物质和形式便是亚里士多德哲学的根本范畴，他就是要以这两样来说明整个的宇宙，所以我们非把它们的特点彻底明了不可。第一，物质和形式是不可分离的。我们所以把它们分开着想者，乃是为明白了解之故。这是很得当的，因为它们是相反的原理，所以在思想上是可以分开的。却是在事实上它们是绝不可以分开的。绝没有光是形式而无物质的这种东西，也绝没有光是物质而无形式的这种东西。凡是存在的东西，即凡是一个个别的物件，都是物质和形式的结合。于此，我们可以把它们和一个物件的物体和形状比较一下，不过我们切不可以为形式仅乎是形状。几何学研究各种形状，好似它们是独立自存的。但是事实上，我们知道，是没有像平方、圆和三角这些东西的。只有方的物件、圆的物件等。恰如没有无物体的形状一样，也绝没有无形状的物体。我们时常也说某种东西"没有形状"，但是这个意思只是它的形状不规则，不常见。一个东西是必有一种形状的。但是形式和物质虽在事实上是不可分的，然而它们却是相反的原理，故在思想上是可以分开的。几何学把形状当作独立自存的来讨论也是很正当的，然而其所讨论的实不外乎是抽象。恰和这个一样，物质和形式绝非分离的，单着想形式自身，或物质自身，只不过是一种抽象。像这样的东西是不存在的。实际上把形式幻想为能于独立自存，这正是亚里士多德所归咎于柏拉图的错误。因为形式便是观念，而柏拉图认为观念是存在于它们自己的世界之内的。

从这上面我们又可见出形式是普遍相，而物质是特别体。因为形式就是观念，而观念就是普遍相。谓形式和物质不能分离而存在，便等于说普遍相只能存在于特别体之中，如我们所已知，这正是亚里士多德哲学的根本音调。但是假如我们这样把物质和万物里面特别的质体认为一物，我们却万不可把特别体和个别物混为一谈。我们时常将这两个名词用作实际上一样的意思，这也并无什么妨害，但是这里我们务必把它们分别清楚。因为照亚里士多德所说，每一个别物都是物质和形式、普遍相和特别体的一个结合。而我们说物质是特别体的时候，我们的意思并非指着像这样的一个结合，而是指着绝对的特别体，其中绝不含有普遍相而言的。但是绝对特别的和孤立的东西是不存在的。譬如一块金子，其所以存在只是凭着它的性质，诸如黄、重等，这些性质正是它和其他万物所有的公通点。所以真正的特别体是没有的，这和上面所已说过的话一样，就是，物质绝不能离形式而单存。

这里有一个很自然的错误，就是把亚里士多德所说的物质的意思，解作我们今日之所谓物质，即是实质，如木材、铜铁之类；其次就是认为他所谓形式便仅乎是形状。这些观念虽则不无一点亲缘，然而这两对观念却绝非一样。让我们先从物质说起。我们的寻常的物质的观念，是把物质看作实质，是一个绝对的观念。就是，我们所称为物质的一种东西，一言为定，绝对到底总是物质。它绝非从这一观点看来是物质的，而从那一观点看来便非物质的。无论在何种关系之里，它总是物质。其为物质，在时间的进程里，是永远没有休止的。譬如铜，始终是物质，绝不会变为别的东西。诚然，在自然里面，一种物质变为他种物质，也是有的，例如镭变为氦。并且我们虽然没有见过，铜也不见得就不能够变而为铅。不过纵使如是，其为物质仍然没有改变。但是亚里士多德的物质的概念乃是一个相对的概念。物质和形式都是流动的，交相渗透的。同样的东西，从此一方面看来是物质，而从彼一方面观之则是形式。在一切变化里，其变化的，即变化之所行于其上的，是物质；而其为变化之所趋向的，便是形式。发生变化的是物质，而变化成功的便是形式。譬如木材，如就其对于床的关系而观之，便是物质。因为它是变化而成为床的东西。然若对于生长的树而言，木材便是形式。因为它就是树所变成的东西。同样，橡树如对于橡树的种子而言，便是形式，但如对于橡木制的器具而言，便是物质。

物质和形式都是相对的名词，这也就可以显明形式不能仅乎是形状。因为其在一方面里是形式的，在另一方面里便是物质。而形状则总不外乎是形状。无疑的形状也是形式的一部分，因为实际上形式是包涵物的一切性质的。然而形状实是形式的甚不重要的部分。因为形式包括组织，部分和部分的连络，以及所有的部分对于全体的从属的关系。形式便是一种东西之所成就的内部的和外部的关系、观念的架构。形式并且包含功能。因为一个东西的功能，便是这个东西之所为着的东西；而一个东西之所为着的东西，便是它的目的，或究竟因。所以功能也是包含在形式里面的。例如手的功能，握捉力，便是它的形式的一部分。所以手从腕上斩下，遂而失了它的功能时，也就是失了它的形式。当然，已死的手也未尝没有一些形式，因为每一个别物都是物质和形式的一个结合。然而它已经失去了它的形式的最高的部分，相对地说，实在它对于活手只能算是物质，虽则对于它所由而组成的肉和骨，它仍然不失其为形式。可见形式分明不仅是形状。因为斩下来的手并不失去它的形状。

形式包含物的一切性质，而物质则是具有这些性质。因为性质都是普遍相。一块金是黄的，这个意思就是它和别的金子以及别的物件同具着这个公通点。所以说某一物件具有一个性质，便是直接把它放入一个种类里面去。而一个种类之所公具的正是一普遍相。没有无性质的物体，也没有无物体的性质。这便等于说，形式和物质绝不能够各自分离而存在。

那么，物质是绝对无形式的。它便是万物的基底。它的自身毫无什么特点。它是绝对无形状的，不定的，没有性质的。其付与一个东西以定限、物质、属性，其使之成为这样或那样者，乃是它的形式。所以物质内里是没有区别的。一个东西其所以异于别的东西，就由于具着不同的性质。由此可见亚里士多德的物质的观念和我们今日实质的观念大相悬殊。因为照我们今日的用法，一种物质和别一种物质是不同的，如铜与铁不同。但是这个乃是性质的不同，而照亚里士多德所说，一切性质都是形式的部分。所以依他的见解，铜与铁的不同，并非物质的不同，而是形式的不同。所以物质是可以依照加乎其上的形式而成为任便怎样的物件的。这样，它便是一切种类的物件的可能性，虽则实际上它一样物件也不是。它只凭着获得一种形式而成为一种物件。于此，亚里士多德遂提出了一个潜能和实效（现实）的最重要的对比。潜能就是物质，实效就是形式。因为物质潜然便是一切种类的物件。它可以成为一切种类的物件。它实际不是任何一种物件。它只是一个潜能，或化为任何种类物件的能力。其使之确定化而成为这个或那个，使之成为显式的物件的，便是它的形式。所以一个物件的实效就是它的形式。

亚氏认为有了他的这个潜能和实效的对比，便已经解决了那从古以来的变化的问题，这个问题差不多成了一个不可解的谜，自由爱利亚学派提出来之后，所有的希腊的思想家费尽了心力，都不能够排解。变化是怎样可能的？由"存在"而变为"存在"不是变化，因为这个当中并无变化，而非存在变为"存在"又是不可能的，因为无中不能生有。但是在亚氏，非存在和"存在"之间，便没有了严刻的界线。他除去了那些绝对的名词，而代之以相对的名词，潜能和实效，这两个是互相渗透的。在他的体系里，潜能替代了先前的许多体系里的非存在。它所以能够解开这个谜者，就因为它不是一个绝对的非存在。它固然是非存在，因为它实际不是任何一物；然而它又是"存在"，因为它潜然是存在的。这样，变化便不包含那不可能的飞跳，由无而到有了。它只是由潜然的"存在"到实相的"存在"的转动。所以一切变化，一切运动，都是潜能成为实效，物质入于形式的经过。

既然物质本身是一个赤裸的未经实现的能力，而形式是现实的、成就了的和完全了的存在，形式自然是高于物质的东西了。但是物质的是由变化而成为形式者，所以在时间的次序上，物质是在先的，而形式是在后的。然而在思考的次序和实在上却不然。因为我们说物质就是它所要变成的东西的潜能的时候，这便含蓄着其所要变成的东西，已经观念地潜然地，虽然不是现实地，存乎它的里面。所以结局即伏于开场，目的即存乎起始。橡树便观念地存在于橡树的种子之里，否则橡树就绝不能从它而生长出来。而且一切变化都是向着目的而行的，并且如不为目的之故，也就不会发生，所以目的实在是变化之所凭而行的原理和真正的原因。运动之发生并非由于一种机械的推进力驱于其后，而是由于一种观念的摄力，吸引它趋向一个目的，如同磁石之吸铁一样。其施使这个力量的便是目的自身，所以目的定须存在于起始，否则它就不能够施出什么力量。不宁唯是，它不单是存乎起始，而且先于起始。因为目的乃是运动的原因，而原因在论理上是先于它的结果的。这样，目的或形式的原理在思考和实在上，确乎是绝对第一的，虽则在时间里许是最后的。那么，假如我们要问，照亚里士多德的主张，什么是究极的实在，整个的世界之所从而发生的第一原理，这里的回答便是目的、形式的原理了。又因形式便是普遍相、观念，由此我们可以看出他的根本理论和柏拉图的相同，不外乎是思想、普遍相、理性，是绝对的"存在"、世界的根源；这实在是一切理想主义的公通的中心主张。他和柏拉图不同的处所，就是否认形式可以离开了它所凭依以表现它自身的物质而存在。

以上所述在非有哲学素养者，必觉颇为奇特。谓宇宙之所从而产出的绝对的"存在"存乎目的，存乎宇宙进程的结局之中，而且哲学还要断言目的确实先乎起始，以证明其无误，这确实大反于一般人的思想方式而近乎诡辩。实则这一点也不奇特，一点也不是诡辩。根本言之，这实在是很健全而真确，而在常人视之，其所以近乎奇特者，只因其对于万物的观察更为深彻而已。实际上，这样的思想乃是一个发展了的理想主义之所少不得的，非到这种思想被握捉了之后，哲学绝不能有何进步可言。对于这个是否了解，确实就是一个人具有哲学的天资与否之最好的试验。事实是，凡是这类哲学总把时间看作非实在的，仅乎是一种幻相。如此，绝对的实在或上帝对于世界的关系，便全然不能是一种时间的关系了。寻常人的观念大概总是这样：假如果然有一个第一原理或上帝，那么，他必然在世界起始之前便已存在，到了后来，也许一千兆年之前，不知是什么一回事发生了，其结果遂产生了世界。这样，"绝对"是看作原因，而世界则看作结果，在时间里原因总是先乎结果的。而另一方面，我们若认为世界是无始的，那么，寻常人的思想便又要以为全然不必假设一个第一原理。但若时间仅乎是幻象，那我们对于外物的这等看法就必全是错误的了。上帝之于世界，其间的关系，并不如原因之于结果。这纯然不是一时间的关系，而是一论理的关系。上帝有如论理的前提，而世界则是其结论，假定了上帝，就必跟着有一个世界，恰如假定了前提，就必跟着有一个结论一样。就是这个理由，所以在讨论柏拉图的时候，我们说过，从他的第一原理，必须能将整个的世界推演出来才行。假如"绝对"之为世界的原因仅乎是在时间上，那它便绝不能够说明这个世界，因为原因是不足以说明什么东西的，这在前面已经累次说过了。但若世界能够从这个"绝对"给推演出来，世界便被说明了，那便是给了它一个理由，而不是一个原因，如同前提之为结论的理由一般。今三段论法的结论是随着两个前提而来的，就是前提居先，而结论在后。但是前提之在先，是只在思想上，而非在时间里。它是一个论理的接续，而非时间的接续。恰和这个一样，"绝对"，或取亚里士多德的用语，形式，是论理的第一，而非时间的次序上第一的。而且它虽然是目的——终局，而在思想上则是绝对的起始，所以是世界的根源，世界之所从而发生的第一原理。也许有人反对说，若"绝对"之于世界的关系非时间的关系，那么，这种关系便无所谓始终，"绝对"便既不能是起始，也不能是目的。但是稍迟我们便可明白，这种反对实是对于亚里士多德哲学的一种误会。虽然万物都存在于时间之里，向着目的而努力，却是绝对的目的是纯然不在时间之内的，或者，换一句话说，这个目的是绝不能够达到的。把它认作目的，其于世界的关系之为一种论理的而非时间的关系，和把它看作起始或绝对先在的，其于世界的关系之为一种论理的而非时间的关系，是相同的。世界之始终，起始和目的，绝非时间内事。

因为世界的进程是物质由低的形式而趋于高而更高的形式之连续的上升，于是亚里士多德遂得到了一个概念，认为世界里表现着一个蝉联的存在的阶梯。在这个阶梯里面，较高的其中形式占优势，较低的其中物质过乎形式。这个阶梯的脚底，便是无形式的物质，而其顶上便是绝对无物质的形式。然而这两个极端都是抽象的，没有一个是存在的，因为物质和形式是不可分离的。无论什么存在的东西都在两者之间什么地位，所以世界呈现一个层层递进的程序。运动和变化都起于在目的的引力之下所发生的自下而上的努力。

在这个阶梯的顶上的绝对的形式，亚里士多德称之为上帝。而上帝的本性的定义也就由此自然得来。（1）因为形式是实效，所以唯上帝是绝对真实的。只有他是实在的。一切生存的东西在多少的程度上都是非实在的。在这个阶梯里面，其更高的便更为实在，就因为它具有更多的形式。所以"存在"的阶梯也就是一个实的阶梯，从绝对实在的上帝到绝对非实在的无形式的物质，其中是有无限的层次的。（2）因为这个形式的原理包括形式的、究竟的和动力的三个原因，所以上帝便以一身而兼这三者。其为形式因就因他是观念。根本上他就是思想，理性。其为究竟因就因他是绝对的目的。万物都向他而努力。每一个存在无疑的都有他自己的目的在他自身里面。但是上帝是绝对的目的，所以他是包含一切较低的目的的。而且恰如每一个东西的目的都是他的成就的完全一般，上帝是绝对的目的，所以也是绝对的完全。（3）上帝之所以为动力因，就因为他是一切运动和变化的原因。他便是第一运动者。唯其如此，所以他自己是不动的。第一运动者其自身必不动，这确实是亚里士多德把他认为目的和形式这个见解的必然的结论。因为运动乃是一个东西向其目的而趋的过程。绝对的目的便不能于其本身之外而另有目的，从而是不能被动的。同样，运动乃是物质进于形式的过程。绝对的形式不能再有什么更高的形式可入，所以是不动的。但是亚里士多德主张第一运动者不动不变，其惯常的论点是，我们非把它想作这样，便寻不出运动的原因来。凡是运动的物体，大概总是被动于别一个运动的物体。但是后者的运动一定另有一个原因。若这个另外的原因其自身也是在运动，那我们便又须来采求它的运动的原因。若是这个程序继续无休，运动便永远不能说明，因为它的真正的原因这样便根本找不出来。就是这个缘故，所以真实的和最后的原因必须是不动的。

从这个末尾的论点看来，亚里士多德好像是在从机械主义的立场着想。他所谓第一运动者，似乎便是存于时间之里的一种开始的什么东西，这种东西，可以这样说，不知怎样冲撞了一下，遂使万物发生运动。但是亚里士多德实在并非这个意思。因为真正的动力因便是究竟因。上帝之所以为第一运动者，就在其为绝对的目的之特质。至于时间，世界以及世界之中的运动，在时间里，都是无始的。每一个机械的原因，都另有它自己的原因，这个因果的链是无穷尽的。照我们所见，上帝并非一个第一原因，即存乎世界之前而创造世界的第一机械原因。他乃是一个目的的原因，他的作用是从目的所在的地方而运行的。但是唯其如此，所以他是论理地先乎一切所谓起始，从而是第一运动者。而且恰和世界在时间里无所谓始一样，他在时间里也是无所谓终的。他是永恒连绵前进无止的。他的目的便是绝对的形式，然而这是绝不能够达到的，因为如其达到，那就是表明绝对的形式能于存在，但是我们已经知道，形式是绝不能离开物质而单存的。

上帝是思想。但是什么思想？因为他是绝对的形式，所以上帝不是物质的形式，而是形式的形式。我们可以这样说，他的物质便是形式。形式是普遍相，所以是思想。这个便给了我们以亚里士多德对于上帝而下的有名的界说，就是："思想的思想。"他所思想的仅乎是他自己。他同时兼为他的思想的主体和客体。如同一般人思想物质的东西，如同我现在思想我写字于其上的这张纸一样，上帝也是这样地以思想为对象而思想。用新名词来讲，他便是自意识，他是绝对的主体的客体。上帝而思想什么出乎思想之外的东西，是不可以设想的。因为一切其他思想的目的，都是在思想本身之外。譬如我要思想这张纸，其我的思想之目的的纸，是在我之外的。但是上帝的思想，唯其为绝对的目的，所以绝不能于它的本身之外而有什么目的。上帝要是思想异乎思想的什么东西，那他就是被他自身之外的东西之所决定了。亚氏关于这种观念，更进的说明，便流入了比喻的话语。他说上帝是生活于永劫的宏福之里，他的宏福就在乎对他自己的完全之永续的沉思。

我们现代人自然要一问亚里士多德的上帝是否具有人格。在这一点上，我们不必臆断。亚里士多德和柏拉图一样，都不曾讨论过这个问题。也没有一个希腊人曾讨论过它。这是晚近才有的一个问题。所以我们必须做的，就是要把两方面的证据一齐搜取出来。照亚里士多德的用语看来，其中分明含着人格的意味。上帝这个名词，用来代替绝对或形式，便满带着人格的观念。而他说上帝生活于永劫的宏福之里这些话，直接解之，更不能外乎上帝是一个有意识的人的意思。假如我们说这些用语不过是比喻，那么，我们可以回答，亚里士多德在原则上是反对比喻的用语的，他时常诋柏拉图滥用譬喻，他所要求的而且实用的正是明确、直白、科学的词语，他不至于竟采用仅乎诗歌的词语，以破坏他的哲学的表现的规律吧。

说到第二方面，我们须先采求人格的意义究竟若何。现在我们对于这个极其闪烁的观念，也不必作过于繁杂的讨论，姑可以这样回答：无论如何，人格是涵着一个个别的和生存的意识的。但是第一层，上帝是绝对的形式，而形式就是普遍相。普遍相如无特别体存乎其中，便绝不能成为一个个体。因此，上帝不能是个别的。第二层，形式没有物质是不能生存的。上帝既然是无物质的形式，他也就不能是生存的，虽则他是绝对实在的这样，上帝既非生存的，也非个别的，而这个正就表明他不能是一个人。降实在于生存的水平，变普遍相为个别物，恰是亚里士多德之所归咎于柏拉图的过错，也就是他的哲学的全部的目的之所要矫正的过错。所以假如他果然拟上帝为一个人，那他自己便犯了同样的而且更甚的错误。

于此，我们有了两个假定，每个都含着亚里士多德犯了一些矛盾。假如上帝不是一个人，那么，亚里士多德的用语便是比喻的，而他之用了这样的文辞，便是和他原来反对用它的宗旨枘凿。然而这毕究还不过是文字的矛盾，尚非思想的矛盾。这还是足以表明亚里士多德是自己矛盾。这不过表明他始则务求以科学的语词来表现他的哲学，而摈斥比喻的文字，却是在一些段落里，他竟被迫而不得不用它。有些形而上的观念这样抽象，这样微妙，要想不用譬喻而求表明它们，几乎是不可能的。文语乃是普通的人为着普通的目的而造成的，这个事实常使哲学者势有所不能不使用那些词语，他是明知那些词语仅有比方他的意思，而绝不能够明确地把它表明出来的。差不多世界上每一种哲学都时常屈服于这种困难之下，所以假如亚里士多德是陷入这个困难，因而至于名词上自相矛盾，那也就不足为怪，而且于他也就不能有什么严重的指谪了。

但是另一个假定，上帝是一个人，便含着亚里士多德犯了一个矛盾，不仅是在文字上，而是在思想上，不仅牵涉无关紧要的枝节，而是关乎他的体系的中心理论。这就表明他是荒唐之极，竟把上帝的概念弄得和他的体系的根本要义绝对冲突。因为亚里士多德的哲学，一言以蔽之，是什么？他的哲学就是，"绝对"是普遍相。而普遍相却并不是离开特别体而存在的。前一句是柏拉图的发明。而后一句是亚里士多德之所补充，而这一句便正是他的哲学的独特的精神。所以如谓上帝，绝对的形式，犹如一个个体似的存在着，便根本和这个冲突。亚里士多德量总不至于在这等重要的关键上，自己矛盾到这种地步，因为这便表明他的体系根本瓦解。

所以我认为把上帝看作一个人，这绝不是亚里士多德的本意。上帝是思想，但是绝非主观的思想。他绝非存乎一个心的内里的思想，而是客观的思想，自有它自己的实在，而独立于所以拟想它的任何心的外面，和柏拉图的观念一样。但是柏拉图的错误就在以为思想既是实在的和客观的，其存在就必和生存的东西一样。亚里士多德力避这个错误。绝对的思想是绝对实在的，却不是生存的。亚里士多德的形而上学便以上帝的概念而完结。

四、物理学或自然哲学

生存着的世界形成一个存在的阶梯，处于无形式的物质和无物质的形式两极端之间。然而这断不能仅乎说出来，而把它确定为一个概括的原理便了事。这是须要详细说明的。自然界中，物质趋于形式的进程，其间所有的阶段非逐一示明不可。亚里士多德的物理学或自然哲学的目的便在于此。

要想了解自然，有几个概括的观点，我们须要放在心里。首先，因为形式是包含目的的，所以世界的程序，物质趋向形式的经历，其全部不外乎是趋向目的的运动。自然之里，每一个东西都有它的目的和功能。没有一样东西是盲无目的的。我们随处都可以找出合理的计划和手段的证据来。亚里士多德的自然哲学根本是目的论的。然而这也并不竟然排除机械论的原理，并且审查机械的原因还是科学应尽的本分。不过机械的原因于其终极总必显出是有目的的，因为真正的动力因便是究竟因。

但是说宇宙之间没有一样东西是无目的或无用的，这绝不能以狭隘的人中心的精神来加以解释。这个意思绝非万物的存在都是为着人的，太阳之被创造要为要给人光明于白日，月亮是要照人于黑夜，而植物和动物其生存都是为着供人食物。诚然在一种意味里，世界上一切别的东西都是"为"着人而存在的。因为在这尘世里的"存在"的阶梯上，人是最高级的，所以他是最高的目的，从而包括所有较低的目的。但是这也并不排斥较低的存在亦各有其自己的目的的事实。它们毕竟是为着它们自己，不是为着我们而生存的。

还有一个错误，我们须要避免的，便是因自然里面的计划遂而认为自然是自觉它的计划的，或者，另一方面，认为有一个生存的意识居住在世界之外，而控制，支配着世界。后一个假定不能成立，因为上帝不是一个生存的有意识的人，前者也不能成立，就由于它自己含着内在的谬误。在这个地球之上，其能自觉他的目的者，唯有人类。像蜂蚁之类的动物，其动作似是合理的，它们的活动分明为计划所支配。但是我们绝不能因此遂而以为它们是思辩的生物。它们之达到目的乃是出乎本能，自然而然的。下至无机物质，我们也可以发现它的运动具有目的，但是没有一个人能够因此遂而臆断这些运动是有思虑、有意识的。低级自然的这些纷纭复杂的活动，固然也是理性的作用，然而绝不是一个生存的或自觉的理性的作用。这就是说，本能以至机械的力，例如引力，根本言之，都是理性。但是它们并不是理性之所创造的，它们只是理性表露其自身于较低级的形式之中。在讨论柏拉图的感觉和理性的二元论的时候，我已经说过了，凡是真正的哲学，虽然承认感觉和理性之间的区别，却也必求有以容认它们的一致，必表明感觉只是理性的一种较低的形式才行。这种观念亚里士多德彻底了解，并且企图表明，不仅乎感觉是理性，而且就连无机物的活动，例如地心吸力，也是这样。这个结果就是，"自然"虽经由理性而运行，然而并不觉得这个事实，恰可比于一个创造的艺术家，他造成美的对象乃是出乎自然的，或者，我们应该这样说，本乎灵感的，他并没有在他的心里放下那期于达到的目的，或是那必须循依以求达到它的规律。

在自然的进程里，其驱策前进的总是形式，而阻挠前进的总是物质。全部世界的运动不外乎便是形式范塑物质的努力，但是正因为物质本身之里具有一种抵抗力，所以这个努力绝非总是能够成功的。就是这个缘故，所以形式不可以离开物质而存在，因为它绝不能够克服物质的阻碍力，从而物质也绝不能够完全被塑入于形式之中。这也就可以说明自然之中偶然所发生的杂异、畸形、早产以及许多不自然的生长。在这些里面，形式范塑物质是失败了的。自然没能达到它的目的。所以科学与其研究反常的和怪异的东西，毋宁研究寻常的和自然的东西。因为自然的目的只可以发现于寻常的自然的东西里面；必须从这里面才能够了解自然。亚里士多德惯用"自然的"和"不自然的"这两个形容词，但是他总是把它们用作这个特殊的意味。所谓自然的，就是那达到它的目的者，其中形式战胜了物质。

凡是一种物理学说总不能够忽视运动、空间和时间的观念，亚里士多德当然也不能不加以探讨。他说运动便是物质进入形式的过程，共有四种不同。第一，是牵涉物之本质的运动，创生和毁灭。第二，是性质的改变。第三，是分量的改变，增和减。第四，是行动、位置的改变。这个当中，最后的一个是最根本而重要的。

亚里士多德排斥空间是虚无一物的这个定义。虚无一物的空间是一个不可能。所以他也不同意于柏拉图和毕达哥拉斯学派把原素认为是几何的形象所组成的。和这个相连的，便是他对于"一切性质均基于量或化合和分解之上"这个机械的假说的抛弃。他认为性质是具有它自己的实在的存在。他又反对那把空间认作一种实物的见解。如其果然，便是两个物体，即物与其所填满的空间，在同一时间之内，占据同一的地位。这是不可能的。所以没有别的法子，只能把空间认作一种制限。所以空间的定义便是：围绕的物体对于被围绕着的物体的制限。亚里士多德并没有承认空间是无限的，这稍迟便要论到。

时间的定义是，关于何者较早，何者较迟的运动的计量，这样，它的存在乃是根据运动的。假如宇宙之间没有变化，也就绝没有时间。又因它是运动的计量，所以它的存在也必须靠着一个计量的心。若无计量的心，也是不能够有时间的，假如我们要设想一个时候，那时有意识的生物还不存在，这句话当然便难免有困难了。但是在亚里士多德，这个困难是没有的，因为他相信人和动物自所有的永劫以来，便已生存。那么，时间的要素有二，即变化和意识。时间就是思想的连续。假如我们反对，认为这个定义不妥，因为连续就已包含时间，那无疑的是没有话可以回答的。

至于空间和时间的无限可分性和芝诺所提出的那些不可解的谜，亚里士多德认为空间和时间是潜然地无限可分，但是实际地绝没有如此分开。没有什么东西可以阻碍我们永久进行分割的程序，但是我们经验之所得的，绝没有无限分割了的时间。

这些基本观念既已说过，现在我们可以进而讨论物理学的首要问题，存在的阶梯。第一层，我们须注意，这也就是一个价值的阶梯。存在的阶梯里其更高的便更有价值，因为其中形式的原理更为进步。这个阶梯也便构成一种发展的学说，一种进化的哲学。较低的趋向较高的而发展。但是这个发展是不在时间之内的。较低的形式，在相当的时间之内，发达到更高的形式，乃是晚近的发明。但是在亚里士多德，像这样的一个概念是不可能的。他认为种族是永劫不移的。他们都是无始无终的。个人有生死，而人类则无穷期，常住于地球之上。植物和动物都是如此。人既然是永劫存在的，自不能是由下等动物在时间里进化而成的了。所以这里达尔文主义是没有一点位置的。那么，究竟在什么意味里而可谓这个是发展或进化的学说呢？这当中所包含的程序并非一时间的程序，乃是一论理的程序，而其发展便是一论理的发展。较低的总是潜然地包含着较高的。所以人是观念地存乎猿的内里。而较高的又总是实际地包含着较低的。所以人尽有猿之形式而又过之。不过其在较低的形式里仅乎是隐伏的，到了较高的形式里便成为明显的。在较低的存在里面，其挣扎而求出现，但是看不明白的形式，到了较高的里面，便把它自己实现出来。较高的同于较低的，只是一样的东西存于进化得更高的情况之里。较高的必以较低的为基础。较高的便是形式，较低的便是物质。较高的便实际地是较低的之所挣扎而求成的东西。所以世界是一连续的链索。它是一个程序，但不是一时间的程序，而是一永劫的程序。那唯一的终极的实在、上帝、理性、绝对的形式，永恒地把它自己表露于它的发展的各个阶段里。所以所有的阶段都是永远并存的。

但是一个东西的形式就是它的组织。所以在这个阶梯里，其为更高的就是更有组织的。因此，自然之所给予我们的第一个区别，便是有机和无机的区别。亚氏便是"有机物"这个观念的发明者，也就是这个字的创造者。从而在生物阶梯的底下便是无机物质。无机物质是最切近于绝对无形式的物质之生存的东西。绝对无形式的物质当然是不存在的。在无机界里，物质太占优势，甚至淹没了形式，普遍相至多只能表现得很模糊而暧昧。那么，无机物界的形式究竟是什么呢？这便等于探问它的功能、目的或根本活动。无机物质的目的是只在它的外面的。

形式绝没有真实进入了它的里面，而是存留于其外面的。所以无机物质的活动不能外乎是在空间里往它的外在的目的而运动。这个便就是我们今日所谓引力的说明。但是照亚里士多德所说，每一个原素都有它的特别的和自然的运动；其目的是只从空间上来拟想的，它的活动便是往"一定的地方"运动，而达到了它的目的，它便静止。火的运动是向上的。这个我们可以称之为一个放力的原理（a principle of levitation），和引力（gravitation）是相反的。亚里士多德因为惯用"自然的"和"不自然的"这两个名词，恒受一些浅薄的批评家的指摘。有人说他把自然的作用加上一个"自然的"招牌，便认为已经说明了而沾沾自喜。假如你要问一个很有教养的人，何以重的东西要落下，他也很可能地会这样回答，说："哦，那自然会要落下。"这不过正表明此人根本不曾思虑过这个问题，凡是他所绝对熟见的东西，他便认为是"自然的"而无需乎说明。这岂非如同要晓得一个东西之何以如此，而谓"就因为它是如此"一般吗？亚里士多德被人指为正犯了这个同样的错误。然而实际上却绝不如此。他之用"自然的"一词，并不显示思想的缺乏。这里实在具有一个思想，一个观念。无疑的他在有许多事实上，都是很错误的。例如，像放力这个原理，世界上确实是没有的。但是的确是有一个引力的原理，而他说明它的时候，谓土之向下运动是自然的，他的意思确实不是这个事实是常见的，而是谓形式的原理，或世界理性在这里面只能这样暗昧地把它自己表露出来，而产生一个比较无目的，一直线的运动。但并非绝对无目的，因为世界上绝没有像这样的东西，而这里的目的便只是物质趋向它的标的之运动。也许这个不能够为重力的真确说明，但是自他而后，究有什么人曾把它解释得更好呢？

有机和无机的区别的关键也就在于此。假如无机物是有其目的于其本身之外的东西，有机物便是有其目的于其本身之内的东西。有机物的一个根本特征就是它的目的在它自身之内。一个有机物便是一个内在的自发的原理。所以它的功能只能为这个内在的目的之现实化，这个内在的目的之自己成就。所以无机物除了空间的运动之外无活动，而有机物的活动则有生长，这个生长绝不仅乎是外来的物质之机械的附加，如同我们把一磅茶叶加上一磅一样。它乃是起于内而发于外的真实的生长。它是内部之所蕴伏的向外的表露。它是隐然的之变成显然的。它是有机物的胚胎里的潜能之化为实效。

那么，存在的阶梯里，其最低的便是无机物质，它的上面便是有机物，有机物里面，形式的原理真实化、确定化而成为物的内部的组织。这个内部的组织便是有机体的生命，或我们所谓灵魂。纵是人的灵魂也不过是身体的组织，其于身体的关系，一如形式之于物质。所以一有了有机物，我们便达到了生活的灵魂的观念。而这个生活的灵魂自身也有高下不同的阶段，其更高的便是形式的原理之更高的实现。因为有机体的根本特质就在自己实现，所以灵魂的最初的表露便是自己保存。自己保存的意义，（1）是个体的保存，由此遂而产生营养的作用；（2）是种属的保存，由此遂而发起生殖的作用。所以有机界里最低级的要算那些有机体，其作用仅限于他们自己的营养、生长和传种。这些便是植物。总而言之，植物是具有营养的灵魂的。亚里士多德曾经有心要著专书来讨论植物，可惜这个心愿他没有实现。他关于植物的见解，都散见在他的别的书里。设若他曾把这部书著成了，他的计划也是可以预想到的。他一定像对动物一样，也要表明植物界里面的有机体亦有高低不同的层次，还要企图详寻所有当时已经知道了的植物的种属，其中一贯的发展途径。

在存在的阶梯里，位于植物之上的便是动物。因为较高的总是包含着较低的，不过另有其自己的特别的和更进的形式之实现，所以动物也具有营养和生殖的作用，和植物无异。其特别而且超乎植物之上的一点就是具有感觉。感觉知觉乃是动物的特殊作用，所以动物是具有营养的灵魂而又有感觉的灵魂。有了感觉，遂生幸福和痛苦，因为幸福就是快乐的感觉，痛苦就是它的反面。于是遂而产出求快乐和避痛苦的冲动。但是这是须要凭着运动的力量才能做到的。因此，所以大多数动物都具着行动力，这是植物之所没有的，它们也不需要这个，因为它们对于快乐和痛苦是没有感受性的。在他的关于动物的书里，亚里士多德详细申论发展的原理，表明动物有机体中，哪些是较高的，哪些是较低的。他又把动物所行的不同的生殖法和这个原理连络起来。两性生殖是比独性生殖更高的有机体的标记。

存在的阶梯由动物进展而至于人。人的有机体当然包含一切较低级有机体的原理。人是营养他自己的，能够生长，传种，四面八方地运动，而又有感觉知觉的。但是除此而外，他还须要有他自己的一个特殊的所以使他超乎诸动物之上的功能。这个便是理性。理性是人的根本的、固有的目的和活动。人的灵魂是营养的、感觉的而且合理的。所以世界理性在无机物里只显而为引力和动力，在植物里只为营养，在动物里只为感觉，而在人里才以它的本当的，即根本的形式出现而为理性。世界理性经过悠远的挣扎以求表现，到了人的里面便已成功，便已实现而成为生存的。至此，世界程序便已经达到了它的近似的目的。

人的意识之里也有高下的等级，亚里士多德曾经下苦功，要把这些等级从底到头一齐明白地寻溯出来。意识里的这些阶段，就是我们寻常所谓才能。但是亚里士多德指明像柏拉图那样侈谈灵魂的部分，那是毫无意义的。灵魂是纯一的，不可分的，没有部分的。这些所谓部分只是同一物件的活动之不同的诸方面，它的发展的不同的诸阶段。它们是绝不能够分开的，恰和一弧线的凸面和凹面绝不可以分开一样。其最低的才能，假如我们必须用这个名词，便是感觉知觉。但是我们所见于一个东西的，乃是这个东西的性质。知觉告诉我们一块金子是重的、黄的等。至于维持这些性质的基体，则是不能够被知觉到的。这个便表明物质是不可知的，而形式是可知的，因为性质都是形式的部分。所以感觉知觉便发生于物体将它的形式印在灵魂的上面的时候。这个重要还不在其所说明的，而在其所含蓄的意义。亚氏的思想的彻底的理想主义的倾向便在这里表现出来。因为假如形式是一个东西里面之可知的，从而愈有形式，自必愈可知了。那么，绝对的形式，上帝，自必是绝对可知的。唯有"绝对"为完全可知，可以理会，可以了解，而有限的和物质的则是比较地不可知，这确实是理想主义的根本观念，和通常合理主义之以"绝对"为不可知，而物质为可知的观念，正相反对。在理想主义，"绝对"便是理性，思想。除了理性，还有什么东西更为可知？除了思想，还有什么东西更能为思想所了解？这自然不曾为亚里士多德所说明。然而这个意思实在含蓄在他的感觉知觉论里面。

　　这个阶梯里面，感觉而上便是常识（common sense）。这个常识和我们寻常谈话时所谓常识是没有关系的。它的意义就是一个感觉神经中枢，多数分离的感觉都在这里面会合，连络起来，而构成统一的经验。我们讨论柏拉图的时候，已经见出，纵像"这张纸是白的"这样极其简单的知识，其所包含的也不止于是些分离的感觉，而有它们的比较和对照。赤裸的感觉就连对象也构造不出来的。因为每一个对象都是一束连合起来的感觉。便是这个常识把各种纷歧的感觉，特别是那些得于不同的感觉器官的感觉，总合起来，加以比较和对照，而使它们从混乱一团的幻影，变成一个确定的经验，一个单纯的小宇宙。这个常识的机关便是心。

　　在常识之上的便是幻想力。但是这个并非艺术家的创造的幻想，而是每个人都具有的那构成心影意象的力。这个幻想力便由于感觉器官里的兴奋持续于外物已经停止了刺激它之后而起。

　　更高的便是记忆。这个和幻想是相同的，只是于意象之中又连着一种认识，知其为过去的感觉印象的摹本。

　　回忆又比记忆为高。记忆的影像不过是盲无目的地浮泛于心中。而回忆则是记忆的影像之有思虑的唤起。

　　经过回忆，我们便到了人所特具的理性。这是最高级的才能。但是理性本身又分上下两级，下为受动的理性，上为能动的理性。心是在实际地思想之前便具有思想力的。这个潜伏的能力便是受动理性。心在这时就好似一块平蜡板，有接受文字之力，而不曾接到它。可是思想本身的正面的活动便是能动理性。我们切不可因为蜡板的比譬，遂而以为灵魂仅止于接受由感觉而来的印象。其刻出文字于蜡板之上者乃是纯粹思想。

这些才能的总和，我们合而称之为灵魂。但是如我们所已知，灵魂正是身体的组织或形式。因为形式是不能够离开物质的，所以灵魂绝不能离肉体而存在。它乃是身体的功能，其于身体恰和视觉之于眼一般。本着这个见解，亚里士多德否认毕达哥拉斯学派和柏拉图的灵魂换身转世之说，尤其是投生为禽兽的话。此一物体的功能绝不能成为彼一物体的功能。灵魂之于肉体恰如笛音之于笛之自身一般。笛音便是形式，而笛之自身便是物质。比喻地说，笛音便是笛的灵魂。亚氏说，你如谓灵魂能投生于别的身体，那你也就可以说，吹笛之技艺可以转世于铁匠的铁砧里了。所以灵魂不朽之说绝不能够成立。因为功能是随物体而毁灭的。这一点不久我们便要论及。这时我们可以指出，亚氏的灵魂的学说不单较之柏拉图大有进步，而且比现代流行的思想还要进展得多。寻常关于灵魂的见解，其实就是柏拉图的见解，总把灵魂认为一种物件。无疑的它是非物质的，并且超感观的。然而它总是一种物件，它能于纳入身体之中，也能于取出来，恰如酒能够放入或取出酒瓶一般。这样，身体和灵魂的关系是纯然机械的。它们中间的联络绝非必然的，而是勉强的。它们在本质上毫无什么关系，假如灵魂于其本质上是分离的东西，便很难见出它何以要往一个身体里面跑。但是照亚里士多德的见解，灵魂乃是肉体的功能，那便是和它不可以分开的了。你不能够有灵魂而无身体。身体和灵魂的关系绝非机械的，而是有机的。灵魂绝不是出入于身体之中的东西。它全然不是一个物件，而是一种功能。

但是能动理性却是一个例外。所有较低级的才能，包含受动理性在内，都是随肉体而毁灭的。唯有能动理性是不灭的和永劫的。它是无始无终的。它从外面来到身体内里，死的时候便又离身体而去。上帝是绝对的理性，人的理性是从上帝而来的，在身体停止了它的机能之后，便回归于上帝。但是我们如把这些话认为是人格不朽的说明，还先须要深思一回才好。一切较低级的才能死时都归毁灭，而这些是包含记忆在内的。但是记忆乃是人格的根本网维。如果没有记忆，我们的经验便要成为不相连贯，各自分离的感觉。我的过去的经验之所以能够连于我的现在的经验者，便因我的已过的经验是"我的"。但是其为"我的"，必有记忆而后可。所以记忆就有如一种线索，分离的经验在它的上面连贯起来，才能归于统一，这个统一就是我所称为我自己，我的人格。记忆毁灭了，人格的生命便断不能够存在。我们还须记着，亚里士多德的本意非仅是，在未来的生命里——假如我们要一定如此名之——今生的记忆便都消灭。他的意思是认为在未来的生命本身里，理性对它自己从此一刹那到彼一刹那也绝无记忆。但是亚里士多德自己的思想究竟如何，我们也不能臆断。他好似是回避这个问题。大概他是对于当时人关于这个问题的成见，有所顾忌，不敢直接冲突。无论如何，我们没有从他得到一个明确的断语。我们只能说他的学说没有给人格不灭的信仰以什么根据。其实他否定了记忆持续，就已分明打破了这个信仰的基础。况且纵使亚里士多德确实把理性想作一个物件，可以进出于身体之中，而成为他的一般的灵魂论的一个例外，我们也只能认为他的体系遭了猝然的坠落。他始则已经建立了一个很进步的学说，而终于仍然堕回了柏拉图的粗浅的见解。因为这个是不至于竟然的，所以最或能的说明是，这里他所说的大概是比喻之词，也许是因为期图方便于当时流行的宗教信仰，不欲与之公然反对的缘故。假如是这样，那么，所谓能动理性是不朽的，来于上帝，亦归于上帝之说，其意义只不过是世界理性是永劫的，人的理性便是这个永劫的理性之现实化，就在这个意味里是"来于上帝"，亦归于上帝。而且我可以补充地说一句，因为上帝虽然是实在的，却不能视如一生存的个体，从而我们之回归于他，也万不可以想作一个个体生存的延续。人格不朽和亚里士多德的体系的根本观念绝不相容。我们不当假想他是这样地自相矛盾。然而假如亚里士多德所用的词语含着人格不朽的意味，那也并非毫无意思，或是不忠实。他之把灵魂看作永劫的，固与旁人无殊。但是所谓永劫绝非时间里的永续，而是无时间的意思。理性，就连我们的理性，是无时间的。灵魂便在理性里面而有其永劫。所以这个永劫是一刹那之里的永劫。便是这个分出人和畜的区别。

以上我们既把存在的阶梯自无机物质，经过植物和动物，而溯寻到了人类。此外，更进一步，还有什么呢？或者，这个阶梯是否便到此为止呢？亚氏的体系，在这一点上，骤然中断，从而有许多人都认为人便是这个阶梯的顶点。亚氏物理学其余部分便是讨论我们的地球以外的东西，如星辰等。他讨论起来，好像它们竟是纯然不同的问题，而与尘世的存在的阶梯没有关系。但是这里有两个事实，我们不可以忘记。（1）是亚里士多德的著作传至我们，许多已经不完全，还有许多并没有完成。（2）是他有一个古怪的习惯，就是他总把他的体系的不同的部分，写成各自分开的专篇，而不把它们中间的关联指明出来，虽然这种关联无疑地是存在的。

虽则他自己没有说白，然而有几样很好的理由，可以使我们相信他的本意，断乎不是存在的阶梯到人便止，相连的阶段并不就此中断，而是由人更进，经过行星和恒星——亚里士多德把它们都看作神明的存在，和柏拉图一样——直达乎上帝自身。第一层，这确乎是他的体系的论理之所必需的。这个阶梯底下是无形式的物质，而顶上是无物质的形式。它自应由此一端而直达于彼一端。在他的体系里，宇宙必须是一个单纯的连续的链索才行，所以在人和更高的存在之间，不容许有这样的一个裂罅。第二层，尘世的生命既然形成一个阶梯，天界的存在当不至于又都是平等，在它们当中竟没有上下的关系。我们看得出来他的见解绝非如此。天上的物体其中也有等级。其较高的之于较低的之关系，也犹如形式之对于物质的关系。恒星便是照这样高于行星。故若我们假定进化到人便止，那我们岂非在中间有了一个裂罅，上面一段阶梯和下面一段阶梯不相连接么？那岂非就如同横跨在河上的一座桥，两端均全而中间裂断一样么？所以这个理论的自然的完成，非把这个裂罅弥补起来不可。第三层，我们还有一个很重要的证据。他把他的极价值的进化的观念连上了一个非常奇异，但是无疑地荒谬的学说。就是，他说宇宙的阶梯里，最低的存在是在中央，最高的位于周围，而且较高的大抵总是在较低的之外，从而空间的宇宙便是一组同心球，外面的球之于内面的球的关系，便是较高的之于较低的，形式之于物质的关系。居于这个球形宇宙的中心的，就是我们的地。地便正在中央，是最低的分子。其次便是水层，其次为气，其次为火。天体共有五十六球。恒星位于行星之外，所以是更高的存在。依照这个系统，最高的存在——上帝，是在最外层的球的外面。由此显然可见这个系统里，从地的中心到恒星是形成一个空间的延续，从而这个结果不能不是这其中也形成一个论理的延续，即是，这个进化的链索之中没有裂断。

须知这些话并非亚里士多德之所说明的，不过是我们对于他的意思的解释，这样的解释大概是很正确的，我们可以断言人绝不是存在的阶梯的顶点。在他之上的，便是天上的众物体。行星包含日和月在内，它们是向着和恒星相反的方向，绕地而旋转的。再上便是恒星。我们也不须详细陈论那五十六个天球。这些恒星和行星都是神明的存在。但是此之所谓神明也不过是一比较的名词。人有理性，也就是神明的，不过天上物体无限地更为神明。这个意思就是它们比人更为合理，在这个阶梯里面更高。它们过的是一个绝对幸福的和完全的生命。它们是不灭的，永劫的，因为它们乃是永劫的理性之最高的自己实现。只是在这地上，才有死亡和腐坏发现，无疑地便是这个事实使亚里士多德的哲学有了这种见解，以为人和星宿之间有一道确实的鸿沟。天上的物体不是四大原素构成的，而是一种第五原素，一种极高的精华，叫作以太，所构成。和所有别的原素一样，这个第五原素也必有它的自然的运动。而且因为它是最精纯的和最完全的，所以它的运动也必是完全的。它的运动必得是一个永劫的运动，因为星宿都是永劫的生物。这个运动不能是一直线的运动，因为那是没有终止的，从而不是完全的。唯有圆的运动才是完全的。而其所以是永劫的，就因为它的终和始是二而一的。所以以太的自然的运动是圆的，群星都循着各自的完全的圆而运行。

越过了星宿，我们便达到了由物质至形式的阶梯的最高点。

这便是绝对的形式，上帝。如同无形式的物质不是生存的东西一样，无物质的形式也非生存的东西。所以上帝是不在时间和空间的世界之内的。但是这也是思想史上奇异之一，亚里士多德却竟在最外层的球的外面给了他以一个地位。那么，最外层的球之外便不是空间。所有的空间全在这个球形的宇宙之内。从而空间自必是有限的。上帝定须是在最外层的球的外面，因为他是最高的存在，而较高的总是位于较低的之外。

进化的全阶梯既如上述，我们现在可以一考其内里所含的重要的意义。"绝对"就是理性，就是无物质的形式。所以世界上每一个物件的根本素质都是理性。纵使我们欲知一块土的本质是什么，这个回答也是，它是理性；虽则这种见解亚里士多德没有一致地发展出来，因为他又承认物质是一个分开的原理，不能够归原于形式。全部世界万物的历程，不外乎是理性要把它自己表现出来，而存在于世界之里的努力。理性之作这个努力是确实成功的，在人里面是近似地成就，而到了星辰里面便完全地实现。至于在较低的存在里，它便只能够发而为感觉（动物），为营养（植物），或引力和其反对的力（无机物质）。

亚里士多德的进化学说的价值是很大的。它的重要不在其所包含的枝节。这个原理应用于物质和生命界里，在当时物理科学的情况之下，要有完满的结果是不可能的。就在今日，也没有哪个把它讲得完全满意。这个非等到有了全知全能，是得不到定论的。但是这个原理本身是极有关系的。这乃是哲学上的一个最紧要的概念，为明了起见，我们可以把它先和现代科学的进化论，再和印度泛神论的特点，比较一下。

亚里士多德和近代学者如斯宾塞（Herbert Spencer）有没

有什么共通点？照斯宾塞所说，进化便是一个由混沌至确定，由散乱至密合，由简单至复杂的运动。所有这些话，亚氏确实也已道出，不过他的措辞不同。他把进化称为由物质到形式的运动。他说明形式乃是所以使一个物件确定化的。物质是无定的基体，而形式则给予之以确定。所以在他，较高的存在也是更为确定的，因为它具有更多的形式。这样说来，物质自也是简单的，而形式是复杂的。我们已经见出，物质本身里面是绝无分异的，因为其中没有性质。这实在便等于说它是简单的。复杂，即是分化，乃是由形式引来的。亚里士多德自己的定义也是，一个东西的形式就是它的组织。照他所说，恰如斯宾塞看见的一样，存在之较高的就是更有组织的。凡是关于进化的理论总必依"有机物"（organism）这个观念为基础。这个观念和这个字便都是亚里士多德所发明的。斯宾塞确实没有什么进步可言，不过他的那时候物理知识发达了，使他能有更丰富的说明罢了。

但是亚里士多德和现代学者究竟有一个差别，就是后者发明了进化不仅乎是一个论理的发展，而且是一个时间里的事实，这是前者所没有见到的。所谓较高的和较低的有机体，这个意义亚里士多德是充分了解的，并不亚于达尔文，却是他没有知道较低的有机体经过长久时期之后，可以实际地变为较高的有机体。然而这虽很为明显，还不真是斯宾塞和亚里士多德的最重要的差别。这个真正的差别便是，亚里士多德对于进化的哲学，其深入精到迥非现代科学之所能比及。实际言之，现代简直可以说是根本没有进化哲学。因为这里有一个基本问题，就是，假如我们说起较高的和较低的存在，这究竟是凭着什么合理的标准，而称它们为较高的和较低的？较低的经过长时间可变成较高的，这个事实自是一很有劲的发明，但是一到上面所说的这个问题之前，便立即无甚意味，因为这个世界到底是要看作徒然的、无意义的和不合理的，抑还是要看作具有一定的秩序、计虑和目的，都须视此问题之解决而定。斯宾塞的学说果成为一种发展的学说，抑只不过是一种变化的学说呢？像猿猴这种东西变成了人，这当中果真有所谓发展吗？就是，这果真是从一种确乎较低的东西而到一种确乎较高的东西的运动吗？这真确不仅止于是从一种不同的东西到另一种东西而无所谓优劣之分的变化吗？到底其中是确实具有进步，抑还是只有差异呢？如果其中只有差异而已，那么，无论猿猴变人也好，或人变猿猴也好，也就毫无什么区别了。两下变来变去，都不过是一样，这样的变化实在毫无意义，又有什么重要呢？

　　现代的进化论要想使世界更能为人所了解，要想发达而成为一种进化哲学，非先证明进化不徒是变化不可，而要想证明进化不仅乎是变化，非先有合理的根据，明示存在的形式何者为高，何者为低不可。简单说来，何以人比马为高，而马又高于海绵？回答了这个问题，你便有了一个进化哲学。不能够回答它，你便根本没有。寻常人也许说人之所以高于马者，就因为人不吃草，又能思想、计虑，并且还有艺术、科学、宗教和道德。若再追问他何以这些事情比吃草为高，他便无词可对了。那么，让我们来看斯宾塞有一个怎样的解答，他说人之所以为高者，就因他是组织得更复杂。但是何以组织得更复杂的便是更高的呢？于此，科学也是不能够回答的。假如勉强它回答，科学当然也未尝不可以说："在万物的实在之中并无高下之分，

我所谓高下不过是组织繁简的意思；高下只是比喻的话，都是
人对万物的看法；我们自然把那最近于我们自己的认作较高的；
但是若从绝对的观点看来，是无所谓较高和较低的。"可是这便
又把世界弄成混乱一团了。这就表明一切发生的事情都是毫无
目的，毫无理性。那么，世界便是不合理的，不可得而说明的。
哲学不过是徒劳，不仅哲学，就连道德以及一切的东西也无非
是枉然的了。假如无所谓高下，也就无所谓好坏。从而杀人者
与圣贤毫无分别。而善和恶也必成为一样。我们从此也不必要
努力做什么道德家、政治家、学问家，仅可以嬉戏终日，悠游
一世，落得快活，因为那些高下的价值都不过是幻想，都不过
是"人对万物的看法"。

可见斯宾塞对于组织得更复杂的便是更好的这个问题，也
是没有解答的。所以我们现在回到亚里士多德来一看。他却有
一个解答。他灼见了如非根据对于一个目的的关系，而高谈发
展、进步、高下、优劣，那是没有意思的。除了它是趋向某种
目的的进步，绝无所谓进步。一个物体盲无目的地循着一直线，
飞跑于无限的空间，是没有进步的。不问它走得多远，总是一样，
因为它并没有更走近一个什么东西。但若它是向着一个确定点
而运动，我们便可以称之为进步了。它的运动更远一点，便是
对于它的目的更近一点。所以假如我们有一个进化哲学，它定
必是目的论的。若自然非向一目的而进行，便根本没有更近与
更远，没有高下优劣，也没有发展。然则什么是那目的呢？亚
里士多德说这就是理性之实现。最高的存在是永劫的理性。它
不是生存的，却必求进而成为生存的。第一步，它只把它自己
暧昧地发露出来而成为引力。但是这个距它的目的，理性之存

在于世界，是很远的。到了植物和动物里面，它便稍为更近了它的目的。而在人里面，它的目的就可算是近似地达到了，因为人便是生存的理性。但是这个目的被达到了的时候，世界的进程便就停止，确实不成为问题（这是通常对于目的论反对的理由）。因为绝对的目的，绝对的形式，是断不能够达到的。照这样，较高的便是更合理的，而较低的便是较不合理的了。于此，假如我们要再问："为什么更合理的便是更好的？"我们就将发现我们是不能够回答像这样的问题的。"为什么"这个成语的意思便是要我们寻出一个理由。这个问题实在便是荒谬的，因为它所追究的，就是理性之理由。为什么合理的便是更好的，这个意思就是："理性如何是合理的。"对于这个而要怀疑便是自己矛盾。换言之，理性就是"绝对"。如问何以合理的便是更好的，那就是要求究极的实在由超乎它这以外的东西来说明。所以现代科学没有进化哲学，而亚里士多德则有之。

泛神论的主要观念便是，每一种东西都是神。就连一块土也是神明的，因为它是神的一种表露。这个观念是很好的，而且事实上对于哲学也是不可少的。我们在亚里士多德的思想里，可以寻出这种观念来，因为照他所说，整个的世界是理性的现实化，而理性便是上帝。然而这也是一个很危险的观念，假如不辅之以一种根据理性的价值的尺度。每一种东西无疑的在一种意义上都是神。但是假如说到这里便止，没有别的，那么，每一个东西既然都是一样神明的，就根本没有高下的区分了。假如一块土，和最大的圣人一样，都是神，绝不容有其他可言，那么，圣贤较之泥土还有什么更高之处呢？既然一切都是相等的，我们又何必为着较高的事物而奋斗？如果凶恶和祥善同是神的表现，又何必要避免凶恶？纯粹的泛神论是必得陷于这个绝望的见解的。这个不幸的效果也就可以说明印度哲学何以虽然有那样高超的理想，而竟纳受牛鬼蛇神的崇拜；虽然主张那样严峻的道德，而竟承认许多极不堪的孽行丑状。这两个特色都是由于泛神论的思想，把所有的东西都认为是一样神圣的，平等无差的而来。当然印度哲学也未尝绝无一种进化的理论，一种高下优劣的信仰。每个人都知道，它也是认为灵魂一次一次地投生，可以逐渐升高，直至最后与万物的共同的本源复合为一。差不多没有一个人种这样野蛮，对于外物不会自然而然地觉到一点高下优劣的分别。但是这个要点是，虽则印度哲学也有它的价值的尺度和它的发展的学说，然而它对于这些纯然没有合理的根据；虽则它也有高下之别的观念，但是因为这个观念是没有根据的，从而它也就捉摸不住这个观念，而很容易堕入一切都是神圣、平等无差的见地。一切都是神这个思想和分别高下优劣的思想在表面上虽似相反，而实则缺一不可，而把它们寻求一调解之方，实为哲学之本务。这个调解亚里士多德可算做到好处，而印度哲学却失败了。它把这两样都说了出来，却没有把它们统一起来。它一时是这个见解，而一时又是那个见解。这自然有关于东洋思想之一般的缺陷，即是暧昧。各样的东西都是见到了的，但总是隔着一重云雾，在这云雾里面，样样东西都望得出来，却都是迷蒙的，没有清晰的轮廓，没有明了的界限。所以东洋思想，这样或那样，差不多包涵了一切哲学的观念，却不会真实抓住一个，它擒着了它的对象，但是它的轻松的把握立刻便被滑脱。印度哲学和现代科学是一样，都是只有一种进化学说，而绝无进化哲学。

五、伦理学

（a）个人

亚里士多德的伦理学其根本音调不外乎是实际的中庸（moderation）。柏拉图的伦理学说是超越人间生活，迷于乌托邦的空想，而亚里士多德则不然，他是最注重实际的考虑的。他也探求什么是善，但是他所谓善，并非在这个地球上不能达到的观念的善，而是一切人生情况之下应该能够实现的善。所以柏拉图和亚里士多德的伦理学说正可代表他们两人的特性。柏拉图鄙夷感觉的世界，而要完全超脱于平常感觉生活之外，以得大自在。而亚里士多德则喜事实而重实际，绝不肯舍离现实的人间的经验。伦理学的第一问题便是要问，最高善的本质是什么。但凡我们企求一个东西，总是为着另一个东西的缘故，而企求此另一个东西又必为着别一个东西的缘故。但是假如手段和目的如此相续，无有终止，那一切的欲求和行为便都成为盲目的，徒然的了。所以断不能不有一种东西，其为我们所欲求，绝非为着任何别的东西的缘故，而仅乎是为着它本身。然则这个自身的，为一切人间活动最后的标的之所在的最高善，究竟是什么呢？亚里士多德谓每个人对此目的之名都一致承认它就是幸福。其为一切人之所企求，为人的一切行为之动机，并且人之企求它，只因为它本身的缘故，而绝非为着它本身以外的任何东西者，正是幸福。但是所有的人对于幸福之名虽都一致，而于幸福的真义则所见各殊。常人固盲无定见，哲学家也议论纷歧。有的说幸福便是快乐的生活。又有人说幸福在乎抛弃快乐。

有的说是这样，有的说是那样。真是人言各别，莫知所从。

我们讨论柏拉图时，对于他称最高善为幸福一层而说的话，这里须要重述一下。亚里士多德的学说也是不可以和现代实利主义混为一谈的，恰和柏拉图的学说一样。道德的活动总附带着一种主观的愉快的感情。现今幸福这个名词确实含着享乐的意味。但是在希腊人，这个名词乃是指着道德的活动。照亚里士多德所说，一个行为并非因其产生享乐的感觉遂而是善。反之，其所以产生享乐的感觉，乃因其是善。实利主义的学说以享乐的感觉为道德价值的根据。而亚里士多德则认为享乐的感觉乃是道德价值的效果。所以他告诉我们最高善是幸福的时候，他并不是给我们以最高善的本质的说明，只不过加以一个新的名词罢了。我们仍然要去探究善的本质到底是什么。这正如同他自己说的一样，每个人都一致承认这个名词，但是真正的问题乃是这个名词到底是什么意思。

亚氏对于这个问题的解答，是本乎他的哲学的一般的原理的。我们已经知道了，"自然"之中，每一个存在都具有它的本当的目的，而达到这个目的便是它的特殊的功能。因此，所以每一个存在的善都便是它的特殊的功能之适宜的施行。人的善不在于感觉的快乐。感觉的快乐乃是动物—畜的特殊功能，而非人的。人的特殊功能就是理性。所以理性之妥当的活动便是最高善，人的善。而道德便存乎理性的生活之中。但是这些话其明确的意义究系如何，我们还得仔细研究一下才行。

人不止于是理性的动物。唯其为高等存在，所以他的本身里面也包涵着低级存在的才能。其有口体之欲和植物一样，而其有感觉则与动物相同。感情和欲望都是人性的有机的部分。

所以德有两种。最高诸德都须求之于理性的生活和思想的生活，即是求之于哲学。这些都是知识的德，亚里士多德称之为知德。其次为行德，行德便在于以理性辖治感情欲望。知德是更高的，因为其中运行的纯然是人的特殊功能，并因为行思想的人最近似于上帝，上帝的生活便是一个纯思想的生活。

所以幸福就在于知德和行德之结合。唯德对于人为有绝对的价值。不过他虽把幸福置于德的里面，亚里士多德在他的广大的和实际的眼光之下，却并不曾忽视了外物对于幸福有绝大的势力这个不容看轻的事实，像犬儒学派之极端排斥外物，他是不赞成的。这也并非亚里士多德承认外物本身具有什么价值。其本身是善，而以本身为目的的，唯德为然。但是外物是可以帮助人来求德的。穷困、疾病与灾厄是可以妨害人的奋斗的。所以外物本身虽非善，却是可以为到善的手段。从而它们也是不当被鄙视和排斥的。财富、朋友、康健、幸运固不足为幸福，然而却是幸福的消极的条件。有了它们，幸福便在我们的掌握之中。没有它们，要想得到幸福便是很难的。就是这个缘故，所以它们也是应该尊重的。

关于知德，亚里士多德没有什么详细的说明。我们可以直接讨论他的伦理体系的主要问题，即是行德——伦理的德。行德都不外乎是以理性控制情欲。苏格拉底认为德是纯然知识的，除知识之外，绝不需乎什么别的东西，并谓如果一个人思想能正当，其行为就必然正当，这确实是错误的。他忘记了感情的存在，它们都是不易于就范的。一个人的理性也许很完全，他的理性也许明示他以正路，然而他的感情却常能占上手，使之舍正路而不由。然则理性如何方能控制情欲，支配情欲呢？这非由习惯不可。必有不懈的努力，不断的自制，然而才能把猖狂的情欲变化为驯良。一旦置诸羁轭之下，久之，它们的被管治便可成为习惯。亚里士多德极端着重习惯在道德上的重要。必培养善的习惯，而后人才能够变善。

但是假如德就是以理性控制情欲，它便是包含两个成分，即是理性和情欲。两者是缺一不可的。情欲既然是被控制的，当然也有它的地位，所以绝欲主义要把情欲铲除尽净，那种观念是根本错误的。它却不知高等的形式并不摈除低级的形式——这是违反进化的概念的——而是包括并超越低级的形式。它忽略了情欲乃是人的有机的部分，毁灭它们，便是毁灭人性的根本要素，便是戕贼人性。实际上感情欲望便是德的物质，而理性就是其形式，绝欲主义的谬误就在破坏德的物质，而妄以为形式可以独立自存。德之意义在于控制情欲，支配情欲，而不在于歼除情欲。所以有两个极端是都须避免的。其一是灭绝情欲，另一是极端地放纵情欲。德的真谛就在乎中庸。就是对于情欲适得其中，不听其侵陆理性，亦不沦于冷酷无情。由此推演而得的结论便成了亚里士多德的舍两极端而执其中之谓德这个有名的学说。每一个德均介乎两恶之中，这两恶一为情欲过度，一为情欲缺乏。

但是这里究竟有什么标准呢？我们对于一切的事物，何所根据而可以知道怎样方能恰当其中？数学的类比于此是毫无益处的。这绝非画一直线，平分为二，而得其中点之所能办得到的。亚里士多德对于这个事情，也不肯放下什么呆板的定律。实在也绝没有这样的黄金定律可以明示我们以万事之中。这是随境而异，因人而殊的。于此事为中者，于彼事则非中。在此人为执中，而在彼人则失中。所以这件事是全靠着个人的贤明的判断的。必有敏锐的智虑，精纯的感觉，然后才可以言执中。亚氏谓此为见识（insight）。这个见识是德之因，又是德之果。它是德之因，乃因人有了见识，便知其所当为。它又是德之果，因为见识必由练习始能发展。有德则为德愈易。一个人如能一次凭着他的见识，善断而得乎其中，则第二次必辨别愈明，为之更易。

亚里士多德没有像柏拉图那样，把德作有系统的分类。这种办法是不合于他的思想的实际的精神的，他看到人生乃是极复杂的东西，不容如此对付的。中是因为事而异的，从而德也是随着人生之情况而千变万殊的。所以他之列举许多德，并不期图全尽，而只是把来做证例。德的数目固然是无限的，却是有几种为人所共认的善的行为，在人的日常生活上，无时不为重要，从而得到了确定的名称。亚里士多德便以这几种德为证例，来说明他的中庸论。例如勇敢便是懦弱和鲁莽之间的中。就是，懦弱是无勇，鲁莽是过乎勇，而勇敢才是无过无不及的中。慷慨为鄙吝和浪费之中，温良为萎靡和暴戾之中，文雅为粗野和卑屈之中，谦恭为无耻和怕羞之中，节制为麻痹和放纵之中。

正义与其说是个人的德，毋宁说是国家的德，所以有人认为亚里士多德的"伦理学"里讨论正义的那一部其位置有错误。正义有两种：一分配的，一矫正的。它的根本意义便在于论功过而行赏罚。分配的正义是依照个人的价值而授以尊荣和酬报。矫正的正义是关于惩罚的。若有人得一机会或利益而不当，便应该与以相当的不利以求公平。但是正义也不过是一个概括的原理，没有一个概括的原理能够赶得上生命之纷纭变化的。许多特别的情形是预料不到的。欲求人间关系的调谐，非时时努力使人人各得其平不可。

亚里士多德又是出名的意志自由的拥护者。他指摘苏格拉底不遗余力，因为他的德行论实际上便否定了自由。照苏格拉底所说，凡人思想能正当，行为就也必正当。这就等于否认人的选择为恶的权力。殊不知假如他不能够选择恶，也就不能够选择善。因为思想正当的人其为善并非本乎己意，而是势所必然的。亚里士多德和这个正相反对，认为人有选择善和恶的权力。苏格拉底的学说把人的一切行为都变成了非自愿的。而照亚里士多德的见解，只限于被强迫的行为方是非自愿的。不过自由意志之说，其在今日使之成为哲学上一个最棘手的问题的那些困难，亚氏都没有考虑到。所以他对于这个题目的理论，于我们没有多大价值，这里从略。

（b）国家

政治并非一个和伦理分开的问题，只不过是同一问题的另一部分。这也不仅是因为政治便是和个人对峙的国家之伦理，而且因为个人道德的目的确实便在于国家之中，没有国家，个人道德的目的断不能够达到。亚里士多德和柏拉图一致，认为国家的目的便是公民的德和幸福，德和幸福非在国家的里面，莫由以完成。因为人由于自然是一个政治的动物，其有语言文字便是一绝大的证据，语言文字如非对于社会的生物便毫无用处。这里"自然"这个名词和在其他处所一样，其意义就是国家为个人的目的，国家之里的活动为人的根本功能的一部。实际上，国家便是形式，而个人便是物质。国家的任务就在于提供德的教育和德的实行之必需的机会。如无国家，人将不能为人，而成一野蛮的动物。

亚里士多德发明国家是由家庭而起源的。其初只有个人。个人得了配偶而家庭以兴。照亚氏所说，家庭是包括奴隶在内的，因为他和柏拉图一样，也看不出奴隶制有什么不妥当的地方。集合许多家庭遂而成村社，集合许多村社遂而成市府（polis）或国家。希腊的国家观念当然是不出市府的范围之外的。

以上所述便是国家的历史的起源。但是最要紧的，我们须知，照亚氏的见解，这个历史的起源对于国家的本质是什么这个更其要紧的问题，是毫不相干的。国家绝非仅乎是多数家庭和村社的机械的集合。国家的本质绝非这样可以说明的。因为在时间的次序上家庭虽先乎国家，而在思想的次序上和实在上，国家是先乎家庭以及个人的。因为国家是目的，目的是存于起始，且先于起始的。国家之先乎家庭便是形式之先乎物质，家庭之先乎个人亦如之。因为万物的说明非根据目的论不可，始必由终而说明，所以家庭必由国家而说明，而绝不可以说明国家。

所以国家的本质绝非个人的机械的总和，如同一堆沙之为许多粒的总合一样。国家乃是一个真实的有机体，其部分对于部分的关系不是机械的，而是有机的。国家是有她自己的一个生命的。她的分子亦各有其自己的生命，但是各分子的生命是包含于国家的更高的生命之中。一个有机体其所有的各部分自身也都是一有机体。又有机体和无机体之分，就在前者有其目的于其本身之里，而后者的目的则在其本身之外，这便表明国家本身就是一个目的，各个人本身也都是一个目的，而后者的目的便包含于前者的目的之中。换一句话说，就是，在国家里面，其全体和部分都应该认为是实在的，两者各有它们自己的生命，而且既然同是目的，所以也各有它们自己的权限。从而有两种关于国家本质的见解，亚里士多德认为都是根本错误的。第一个是主张部分的实在，而否认全体的实在的见解。这种见解是只承认个人自身是一个目的，而否认国家全体自为一个目的，有她自己的生命。第二个谬见与此相反，只承认整个的国家的实在，而否认她的部分，个人的实在。前一派的见解把国家认为仅乎是多数个人的机械的集合，其由个人或家族之连合而形成国家，乃所以谋互助和共利，她的存在只是为着这些目标的。这种见解是把国家附属于个人的。其视国家不过是一种策略，所以求个人的生命财产之安全，而图个人之便利的。国家之存在纯然是为个人之故，其自身并非一个目的。只有个人是实在的，而国家绝非实在的，因为它只是多数个人的集团。这等见解忘记了国家是一个有机体，忘记了这里面所含的意义。所以若依亚氏所说，风行于 18 世纪的民约论以及晚近个人主义，认为国家的存在，只是所以求保障个人的自由仅在维持别人的同样的自由范围以内才受限制，这些思想都是要排斥的。至于和这个相反的谬见，柏拉图的理想国便可为其代表。和上面所说的那些见解否认全体的，实在正相反对，柏拉图的见解是否认部分的实在的。在他看来，个人是没有的，国家便是一切。个人是为着国家而被绝对牺牲了。个人生存只是为着国家。于是柏拉图造成一个谬误，认为国家是唯一目的，而否认个人自身也是一个目的。柏拉图妄想国家是一单纯的统一，在她的里面一切部分均皆消灭。实则国家乃是一个有机体，统一之中涵着差异。她是整合的，又是杂多的。柏拉图对于家庭的见解，和他对于个人的观念犯了同样的错误。亚里士多德则认为家庭和个人一样，都是整个社会的一个实在的部分。家庭是一个有机体中的有机体。唯其如此，所以它自身便是一个目的，具有绝对的权限，不容抹杀的。但是柏拉图却明白主张取消家庭以图有利于国家，并且倡导妇女公有及儿童出世之后即由国家幼稚院教养之说，实正对国家组织的根本部分加以致命的打击。不过亚氏之拥护家庭制度，并非发于感情，而是本乎哲学的基础的。

亚氏没有把不同形式的国家作详尽的分类，因为政体是环境的产品，随环境之不同而变化无穷的。他的分类只是期于包括最重要的几种范型。他发现有六种范型，三种是优的，三种是劣的。劣的便是优的腐败的结果。（1）君主政体，为一人具有超群绝伦的智慧，而自然使其同辈受其支配之政制。君主政体腐败就变而为（2）专制政体，为一人非本智慧和才能而凭武力的政制。第二种优良的政体是（3）贵族政体，为贤明的少数人的政制，这个腐败就成为（4）寡头政体，即有资财、有势力的少数人的政制。（5）平民政体，是人民差不多都有相等的能力，没有过高的或过低的个人或阶级存在，所有的人或大多数人都参加政治的地方所发达的政制。相当于此的腐败的政体便是（6）愚民政体，这虽也是多数人的政制，但是在无知识、无办法的多数人的手上的政制。

亚氏没有像柏拉图描写一个理想的国家。他认为没有一种政体本身是最好的，一切均须视环境而定。其在此一时代，此一国度，是最好的政体，在彼一时代，彼一国度，则不必然。并且就连讨论乌托邦的宪法也是没有用处的。亚氏本其清醒而平衡的心境，所最注重的就是我们可以期于真确地实现出来的那种制度。他认为三种优良的政体之中，理论上要以君主政体为最好。

一个完全贤明和正直的人的政治，必为任何他种政治之所不及。但这是实际上不能行的，因为世界上绝无像这样一个完全的人存在。只有在原始人里面，我们才可找出这种英雄，其为人各方面全皆胜过他的侪辈，而自然成为主宰。其次便是贵族政体最好。最后便是平民政体，但是这个大概是最适于当时希腊的诸市府发展的程度和特殊的需要的。

六、美学或艺术论

柏拉图没有具体的艺术哲学，他的艺术上的见解，都是从他的零言碎语里搜集而来。亚里士多德也没有建立一个体系，虽然他的意见较有组织，并且在这方面他还著了一本专书《诗学》（*Poetics*）。这本书传至我们，也已不全，而且仅乎是讨论诗的。并且即以诗而论，其所详细论述的也只限于戏剧。亚氏对于艺术的见解大略可分为两部分：（1）为关于艺术的一般的本质和意义之思想。（2）是这些原理之应用于诗的艺术上之详细的考究。我们现在就照此次序分别讨论如下：

欲知艺术是什么，先须知其不是什么。我们先要把它和几种类似的活动分开。（1）它和道德是不相同的，道德是关于行为，而艺术则是关于出产。道德在于活动之本身，而艺术则在于活动之所出产的东西。所以行为者的心境，他的动机、感情等，在道德上是重要的，因为它们都便是行为的一部分；然而在艺术上却并不重要，艺术的根本要点便在艺术品产出来之后能够臻乎完美。（2）艺术和自然的活动亦各有别，虽然有许多相似点。有机物都产出它们自己的种类，在这个事实上，生物之化育实有似于艺术。但是生物仅限于产出它们的自身。植物只能产生植物，人亦只能生人。而艺术家却能产出一首诗、一张画、一座雕像，这些都是和他自己迥然不同的东西。

艺术之种类有二，一种其目的在完成自然的功用，一种其目的在创造新颖的东西，即是它自己的幻想的世界，实在的世界的摹本。前者有医药的艺术。自然要是受了挫折，不能产出一康健的身体，医者可以加以辅助，来完成自然之所已发起的工作。后者有现代所称为美术，亚氏称之为模仿的艺术。我们已知柏拉图把所有的艺术都视为模仿，这样的见地是根本不能满意的。现在亚里士多德也用了这个同样的字，这大概是从柏拉图袭取来的，不过他的命意却和柏拉图不同，他没有犯同样的错误。他说艺术是模仿，其意绝非谓艺术的目的仅在于忠实地摹临自然的对象。这个事实便是一个明证，他谓在一切艺术中，音乐最为模仿。但是其实就这个模仿的意味而论，音乐确实要算最非模仿。一个绘画家可以视为模仿山、河、人、树，而一个音乐家之所产出的是和自然界里一切东西都不相像的。可见亚氏的意思并非认为艺术家是摹仿感觉的对象，而是认为艺术家摹仿柏拉图之所谓观念。这样，艺术便不是柏拉图之所谓摹本的摹本，而是原型的摹本。其对象绝非这个或那个特别的物件，而是表露于特别体之中的普遍相。艺术是把自然观念化的，就是，在自然之中见出观念。它对于个别的东西，绝不以个体视之，而是就其普遍的状态，视为一个永劫的思想之刹那的显现。所以雕刻家之所刻画的不是个人，宁是范型人，人的种类的完全。又如现代人体画家，其所从事也绝不是替他的模特儿描绘一忠实的相片，而只是借着模特儿暗示，以捆捉那因于感觉的物质之里而射耀出来的根本质素和永劫的精英，那观念或普遍相。他的任务就是要把它从这个幽囚里面解放出来。寻常人只看见个别的东西。而艺术家则从特别体之中，见到普遍相。每一个别东西都是物质和形式，特别体和普遍相的结合。艺术的功用就在把它里面的普遍相透发出来。

所以诗比历史更为真实，更为哲学的。因为历史是只把特殊事物看作特殊事物而讨论的，它只告诉我们事实，只告诉我们什么发生过了。它给予我们的不过是准确、切实。却是它不像艺术有活跃的和永劫的生命。它和观念无关。它所提供的只限于已经发现，已经过去，已经完毕了的何种事情的知识。它的对象是暂时的，可灭的。它是只问没有意义的事实之不断的反复。可是艺术的对象却是物体和事实之内里的本质，这个本质是不灭的，而物体和事实不过是其外面的衣裳。所以我们若论起根本的崇高和真实而定哲学、艺术和历史的位次，哲学应居第一，因为它的对象便是普遍相的本身，纯粹的普遍相。艺术应居第二，因为它的对象是特别物中的普遍相；而历史则为最后，因为它仅以特别体来看特别体而加以讨论的。但是因为世界上每一个东西都具有它自己的本当的功能，而强图施行别一个东西的功能，便是错误，从而亚氏认为艺术必不可以侵犯哲学的任务。它必不可来管抽象的普遍相。诗人切不可把诗歌用为抽象思想的运载之具，他的本当的领域止限于发露在个别

体之中的普遍相，而不是普遍相自身。亚氏本着这个见解，极
端排斥训诲式的诗歌。他认为像恩培多克勒以诗句来发挥他的
哲学主张的那种诗，实际上全然不成其为诗。那不过是有韵的
哲理文罢了。这样，艺术是在哲学之下。因为绝对的实在，世
界之内在的本质，是思想、理性、普遍相。观看这个实在固然
是哲学和艺术的共同的目的，但是艺术不看"绝对"的最后的
真相，只见包里于其外的感觉的浮面，而哲学则直看"绝对"
的本身，它的本质，它的完满的真实；哲学是以思想来观看它
而一如其本体的。所以哲学乃是完全的真理。但是这个意思也
并非是艺术可以除去不要。哲学虽高于艺术，然而从这里面并
不能推断一个人应该牺牲他的艺术的天才以企进于哲学。亚氏
哲学有一个根本观念，就是，在存在的阶梯里，纵是低级的形
式自身也是一个目的，并且是有绝对的权限的。有高级的活动，
必先有低级的活动，高级的必建立于低级的之上。较高的虽是
包涵较低的，但是较低的，唯其为较高的之一有机的部分，所
以是绝不能够被殄灭了而不害及全体的。尊重哲学而至于压迫
艺术，其为错误毫无异于绝欲主义的道德上的错误。亚里士多
德的伦理思想虽把理性的活动认为是最高的，而对于歼灭情欲
的企图也斥为谬妄。哲学虽为人的精神活动的极致，而艺术也
有它的权限，其本身也是一个绝对的目的，这一点是柏拉图之
所未能见到的。这正如人体一样，头固是首要的肢体，但是从
无一人因为手或足非头，而遂将它斫去。

　　现在我们来一看亚里士多德的特别关于诗的艺术的理论。
须知在这个问题上面，他的注意差不多是只限于戏剧。戏剧的
情节无论是历史的还是幻想的，都不成为问题。因为艺术的目

的便是普遍相的表露，这个目的可以由一串真实的事实而达到，也可以由一串幻想的事实而达到，其中是毫无分别的。它的目的不在准确而在真实，不在事实而在观念。戏剧有两种，就是悲剧和喜剧。悲剧所表现的是更高尚的人性的范型，而喜剧之所表现的次之。但是这句话切不可以误会。这并不是说一个悲剧的英雄必然是一个寻常意味的善人。悲剧的英雄甚至能是一个恶人。但是这个要点是，在某种意义上，他必为一伟大的人格。他必不是一个平常的人物。他绝不能是一个无价值的人。无论他是善或是恶，我们总须承认他是超越的。弥尔顿（Milton）的撒旦（Satan）不是善的，但是伟大的，也就配做一个悲剧的主人。这里亚里士多德思想之健全是极可佩服的。凡是平庸凡俗的东西，都不足为悲剧的基础。现代报章时常滥用悲剧这个名词。一个可怜的人被火车或汽车轧死了，报上便大书曰："柏克罕路恐怖的悲剧"。像这样的变故，许是很凄惨的，许是触目惊心的，许是极可怕的，然而绝不能算是悲剧。悲剧固然是有关于苦难，但是悲剧乃是伟大的苦难，而在这等不幸事件里面确实毫无什么伟大而可以令人感到崇高的成分。同样，亚里士多德的意思也并不以为喜剧的英雄必是一恶人，然而大体上他总是一可悯的卑弱不足道的人。他也许是很可敬的，却是总有一种庸俗可鄙的地方引我们发笑。

悲剧可以使我们的灵魂由悲怜和恐怖而净化。而平凡、卑下或可怕的事物都是不能够致我们于高尚的心境的。真正伟大的和悲哀的惨痛之表演，可以激起观众内心的悲怜和恐怖，洗洁他们的精神，而使他们进入于清纯澄寂的境界。这才是一位精深伟大的批评家的思想。有些学者根据字源学的见证，而倡言灵魂不是由悲哀和恐怖而净化，而是泻尽了悲哀和恐怖，那些不愉快的情绪由发泄而解脱，所以我们的心境终于释然而畅快，发明这种学说的人，其学问也许是很渊博的，然而其于艺术的见解则甚有限。照这种学说讲来，亚氏的伟大而深切著明的批评，直成了一个法利赛人的无意义的胡言了。

七、亚里士多德哲学之批评

批评亚里士多德的哲学不必如批评柏拉图之多费时间，这是因为两层原因。第一，柏拉图虽然是伟大，却是他的缺点也很多，不能不一一指出，而对于亚里士多德则我们所可指摘的地方比较少。第二，亚里士多德的主要弊病也就是他的二元论，和柏拉图差不多是一样的情形，所以这里只要把批评柏拉图的话约略重述一下便可。

根本言之，亚里士多德的哲学和柏拉图的是一样的，只是去消了一些主要的疵谬和罅隙。柏拉图是理想主义哲学的创立者，然而他手上的理想主义之庞杂纷芜是无可讳言的。他的那把灵魂看作一个实物机械地被迫而出入于肉体之中的鄙陋的见解，他的轮回和回忆的谬说，以及灵魂这个东西可以跑到一个远远的地方，在那里能够看见所谓观念那些东西的信仰，尤其是他把实在和生存混为一物，从而把普遍相堕落而成为特别体——这便是他的一切其余的错误的根本——这些都是他的理想主义的累赘。亚里士多德的特殊的任务就是要提取纯粹的观念论——虽然他没有用这个名字——消除柏拉图学说的渣滓，洗刷它的疵瑕。思想、普遍相、观念、形式——随便称之为何——便是究极的实在，世界的根源，万物之基本。这是柏拉图和亚里士多德两人的共同的思想。但是柏拉图把普遍相造成心影意象，幻想它是独立于它自己的一个世界里面，能为流浪的灵魂所看见；而亚里士多德则认为这样便是把思想如同实物一般的看待，便是把它重新变为特别体。亚氏看出来普遍相固然是实在的，却断没有在它自己的世界里的存在，而是只在这个世界里面，只是特殊的万物之一种生发的原理。这就是他的哲学的根本精神之所在。所以亚里士多德比较柏拉图大有进步。他的体系实为希腊理想主义的完成。希腊哲学到了他的体系可算已登峰造极。尽取前人学说之精华，而扫除其所有的垢污糟粕，于是亚氏的哲学遂开成了希腊思想的稀世之花。所可惜者，希腊精神到此遂不再能够进展，而日就于颓废，亚氏的哲学竟成了绝调。

我们所知道的唯一的进化哲学便是亚里士多德所发明的，在这一点上，除黑格尔而外，真是无与伦比。而且黑格尔之所以能于发明一新的进化学说，大部分也是遵循亚氏所辟的途径。这可算是亚氏在思想上最原创的贡献。然而这个问题的因素，纵然不是这个问题的解答，他却是从他的前人得来的。变化的问题自始以来便为希腊思想家争论的焦点。赫拉克利特的哲学以全力对付这个问题，也竟归失败。赫拉克利特和他的继起者都费尽了心血来探究变化怎样可能。但是即使他们解决了这个问题，还是有一个更大的问题的，就是，这个变化究有什么意义？他们之所谓变化，只不过是无意义的改变，而绝非发展，世界程序只不过是一徒然的盲目的纷乱的事实之不尽的长流，又有如一痴人在说一篇故事，充满了咆哮和狂躁，却毫无意味可寻。而亚里士多德则不仅乎探究变化是怎样可能的，并且明示变化具有一种意义，一种功效，世界程序乃是一合理的秩然的发展，向着一个合理的目的而趋进。

但是亚里士多德的虽为古代哲学之极致，却绝不能认为尽美无疵最后的定论。实在哲学是绝没有得到最后的定论之一目的。现在让我们把他的体系也加以双重试验。他的原理果然说明了世界，并可以说明其自身么？第一，它能够说明世界么？这里，柏拉图失败的原因，就是他的体系里的感觉和思想，物质和观念，二元的对立。要从观念推演出世界来是不可能的，因为观念是和世界绝对地分开，其中永造不了桥梁。物质和观念两下隔离，无从连合起来。亚里士多德见出了柏拉图的这个二元的罅隙，从而企图排解这种困难。所以他主张普遍相和特别体并非分离在各自不同的世界里。绝不能认为观念在这里，物质在那里，两下都是毫不相通的东西，必须机械地和强暴地被迫才可以连合起来而形成一个世界。普遍相和特别体，物质和形式，是不可分的。它们中间的关系不是机械的，而是有机的。于是柏拉图的二元论遂被显明而推翻。但是这个困难果真排解了么？对这个问题，我们只能有一否定的回答。徒然把物质和形式勉强拉拢到一块来，仅乎断言它们是不可分的，而在原理上，它们却仍然是分开的不相干的东西，那是绝不够的。假如"绝对"便是形式，物质就应该从形式推演出来，证明只是形式的投射和发露才对。那就须要表明形式不单范塑物质，而且产生物质。假如我们断言唯一的本始的实在是形式，那我们就非证明世界之内一切其他的东西，包含物质在内，都从那个原始的存在而发生出来不可，这是很显然的。物质或由形式而产生，或非由形式而产生，二者必居其一。如果它是从形式产生出来的，这个产生的经过就必须阐示明白。如果它不是从形式而来的，那么，形式便绝非唯一最后的实在，因为物质是一个同样最后的、非派生的、原始的本质。那我们便是有两个一样实在的终极的存在，不相上下，各自独立，而对峙于所有的永劫之里。这便是二元论，而这也正就为亚里士多德的缺点之所在。他不仅未曾把物质从形式里推演出来，而且分明没有看见这种必要。他甚或至于要反对人作这样的企图，因为他认为形式因、究竟因和动力因都是相同，而独有物质因不在其内的时候，这实在无异于断言物质不能够归原于形式。这样说来，他的二元论实是有意的，并且是牢不可破的了。他说世界是物质和形式构成的。但是这个物质究系从何而来的呢？因为在他的体系里，它不是由形式而产生的，我们只能断定它的存在完全在于它的本身，即是，它是一个本质，一种绝对的实在。而这却又和亚氏所云物质自身仅乎是一种潜能之说完全抵触。这样，毕竟这个感觉和思想，物质和观念，无限和有限的二元的对立，为一切希腊哲学之所不能解决的问题，至此还是没有解决。世界仍然没有说明，因为它没有从一个单纯的原理推演出来。假使形式就是"绝对"，那整个的世界便须由它而产生。可是在亚氏的体系里，却并不如此。

复次，所谓形式这个原理可以自明么？这里，我们还是要给一个否定的答复。关于这一点，我们讨论柏拉图而说的话，大部分都可以同样适用于亚里士多德。柏拉图断言"绝对"是理性，所以他非能显明他的理性的说明是确实合理的不可。但是他要显明这个，是失败了。亚里士多德所说的是一样的话，因为形式只不过是理性的又一名词。所以他也须要明示我们这个原理确实是一个合理的原理，这个意思就是，他必须要明示我们，它是必然的。然而他也是失败了。形式如何是一个必然的和自决的原理呢？因何而有像形式这样的一个原理呢？我们看不出一点什么必然来。它仅乎是一个事实，一个终极的神秘。它只是如此，便完了。它何以而如此，我们一点也看不出来。我们也看不出来何以而有各种特殊的形式。要想说明这个，亚氏应得表明诸种形式组成一整个的体系，并且它们中此一能从彼一推演出来，恰如我们所已看见柏拉图之应该能把所有的观念此一从彼一推演出来一样。今亚氏谓植物的形式是营养，动物的形式是感觉，而且彼此是互相连贯的。但是即使这句话是真确的，也不过是一个事实。他不仅乎应该说出这个，而是要从营养把感觉推演出来。他不应该以道出营养变为感觉，道出一个事实而自足，而应该表明它必得变为感觉，此一至彼一之变化为一论理的必然。不如此，我们便看不出这个变化何以产生的理由。这便等于说，这个变化那就根本没有被说明。

我们再试一考察这个缺略在他的进化学说上所产生的影响。我们被告知，世界程序是向着一个目的而趋进的，并且这个目的到了人便已是近似地达到，因为人是理智的生物。到此为止，都可以说得过去。但是这个当中便含着进化的程途里每一步都较其前一步为高的意味，因为每进一步便是对于世界程序之所趋向的目的更进一步。又因那个目的便是理性的实现，所以这就等于说，每一步之所以高于其前一步，就因为它是更合理的。但是何以感觉较之营养更为合理呢？我们何以不能倒转来说呢？营养经过了感觉遂成为人的理性。但是为什么感觉就不能够经过营养而成为人的理性呢？这个秩序有什么不可以颠倒过来的理由呢？我们根本不能说明，但是无论哪一种进化哲学一有了像这样的一个承认，便是宣告破产。因为这种哲学的全部目的就在使我们明白较高的形式何以是较高，较低的形式何以是较低，比如，何以营养是较低的遂定须出现于前，感觉则出现于后，而不能够颠倒过来。假如我们看不出这个次序何以不能倒转过来的缘故，那就是我们的进化哲学在他的主要点上已经失败了。那便表明我们看不出高下优劣之间有什么真确的区别，从而我们也就只有变化，并无发展，因为无论是甲变为乙，抑是乙变为甲，这其中确实没有什么不同。要想排解这些困难，唯一的方法就是须要证明感觉便是理性之一种发展，而超乎营养之上。而要想做到这个，他必得表明感觉是论理地，必然地由营养而发生出来才行。因为论理的发展便是合理的发展。他应该把感觉从营养里面论理地推演出来，对于一切其他的形式也都须如此。可是这个他却根本没有做到。因此，所以我们只可以说亚里士多德是一种进化哲学的创立者，因为他见到了进化内里含着向一个目的而趋的运动，并且企图指出达到那个目的的进程之中的不同的阶段；但是他没有能把他的这个学说从一个阶段到一个阶段逐步合理地发展出来，这是他的失败。

那么，一般的形式的原理既显不出是必然的，各种特殊形式彼此也不能够相生，我们实只能断定亚里士多德和柏拉图一样，也仅乎指定了一个自明的原理，称之为理性或形式，而认之为万物最后的本源，却不能详细说明其何以是自明的。可是不拘这些缺点如何，亚里士多德的哲学毕竟是古今来最伟大的哲学之一，其光辉就在将来也不会少减的。它纵然不曾解决了所有的问题，然而自此以后，宇宙的神奇对于我们遂更有意义。

第十四章　亚里士多德以后哲学之一般的特征

希腊哲学至亚里士多德以后便入了衰败时代，很快的就可以说完。希腊思想三个时期以这一期为最无可观，以下只约略一述其重要的纲领。

亚氏以后思想上普通的衰颓的特征，与当时政治上、社会上、道德上的实际情况是密切相连的。亚历山大的帝国虽因这位大征服者一死而分裂，但是这却未能使希腊各邦脱除羁轭。除了斯巴达一处抵抗不屈之外，他们都完全压伏于马其顿的威权之下。亚历山大王之死并没有把这个事实改变一点。这也不尽然是强暴的武力颠覆了美丽优秀的文明。那文明自身确实先已腐败了。希腊人至是已经不再是伟大的自由的民族了。他们的活力业已消沉，纵使不遇马其顿，也必有其他强敌灭之使亡。他们已经衰老了，必然是要挫败而让出其地位于青年强力的民族的。自此而后，希腊迭受外人蹂躏，没有多年，便成为罗马帝国之一省。

哲学这种东西本来绝不能离开民族精神盛衰之影响而独立存在。它是和政治的、社会的、宗教的与艺术的发展携手偕行，

274

同时并进的。政治的组织、艺术、宗教、科学和哲学，都只是一个民族的生命所由而表现的不同的形式。一个民族的生命的根本精神就存乎这个民族的哲学，哲学的历史便不啻民族历史的核仁。所以自亚里士多德而降，希腊哲学之日趋于衰颓，确实也是很自然的现象。

希腊思想颓败的重要表征便在其强烈的主观主义，这是亚里士多德以后一期一切学派之所同具的一个特点。他们当中没有一个再有无所为的兴趣，来探求宇宙问题之解答。纯粹的科学精神，为知识之故而求知识的欲望，已经丧失。那好奇心，那惊奇，亚里士多德所称为哲学之所自而发扬的精神，已经死灭。哲学之动力不再是无所为的真理之追求，而只是个人求避生活之苦痛的愿欲。人之注意哲学仅在其影响到人生的范围以内。从而哲学变成了人中心的，自我中心的。一切都以个人的主观、他的遭遇、他的命运、他的灵魂的安乐为枢轴。宗教是久已腐败而毫无价值了，于是哲学乃被人期望着能够代宗教而为生命狂潮中之安稳的逃难的海港。由此，哲学遂成为根本实际的，特别是伦理的。一切他种思想此时都不如伦理之重要。当年塞诺芬尼或阿那克萨戈拉仰视碧天，见旭日蓝星，而憨然惊奇宇宙之如何发生，那种青春而有强力的希腊精神是过去了。人的思想已不再远及于星辰，而只内观他们自身。其使人思考不绝的，不是宇宙之谜，而是人生之谜了。

这种主观主义结果必然成为片面的，缺乏创造性，最后一定完全成为怀疑主义。人如对于广大的宇宙问题失其兴趣，而唯人生的比较琐屑问题是顾，他的眼界自必成为纯然伦理的、狭隘的和褊感的。人若时时不能忘怀其一己，不能与宇宙融合为一而臻乎无我之境地，对于一切事物的观察只限于一己利害的范围，断不会产生伟大广博的思想。这样的人是一己中心的，是要叫全宇宙绕着他而旋转的。由是我们遂再寻不着像柏拉图和亚里士多德的那样广大宏博、包罗万象的体系。形而上学、物理学、逻辑学，一切都不再为其本身之故而被研究，而只是用来做伦理的预备。但是狭隘总是取偿于强烈的，这个结果总是偏激。这便正是斯多亚学派（Stoics）之苦行忍受的毅力达于最高程度，出乎人情之外的根本原因。凡失其平衡而陷于一偏的哲学必趋于极端。这种哲学总是执迷于一简单的观念，对于一切其他同等重要的真理的因子都不暇顾及，从而悍然抹杀一切，唯奔向这个观念的论理的极端。这个结果定然成为独断与过激。就是这个原故，所以斯多亚学派用起"义务"这个名词来，就必把它解作和一切自然的冲动极端相反，其残酷的程度，除了犬儒学派的思想而外，在任何以前的伦理学说里是未之前闻的。所以怀疑学派（Sceptics）假如想到了知识是不容易达到的，就必走极端而断言一切知识全然是不可能的。所以新柏拉图学派（Neo-Platonists）主张必致灵魂于惝恍迷离的境地，而后始可以窥探哲学之玄奥，甚至想出许多巫术、精怪和神仙来，正可代表这些倾向的顶点。可见这一期希腊哲学的共同特征就是缺乏了清醒和均衡。柏拉图和亚里士多德的清明和恬静已随时代而过去，替代的只有浮夸和过激。

　　缺少创造性便是这个时代主观主义的第二个结果。形而上学、物理学和逻辑学，一切的学问，除了在纯粹实际的范围之内，都不讲究，从而也都不能发达。这一期的一切学术都不前进而倒退。古来久已为人所弃置了的体系都重交好运，腐朽的尸骸重被抬出，而备受夸耀和赞美。斯多亚学派重倡赫拉克利特的物理学，伊壁鸠鲁恢复德谟克里特的原子论。纵是在他们所聚精会神的伦理方面，亚里士多德以后各派也都根本没有什么新奇的创见可云。斯多亚学派思想不过是因袭犬儒学派的观念，而伊壁鸠鲁学派学说不过剽窃昔勒尼学派的主张。所有亚里士多德以后的各派，都不过是把陈旧的思想重新配置一下。他们都把死人的观念拿来，就其此一方面或彼一方面，而加以铺张扬厉。他们想尽了方法，欲从这些里面，榨压一点滴的新生命出来。却是结果一点新东西也不能发现。希腊思想至是已经完了，无论他们怎样地死命扭绞穿凿，也得不到一点新的东西了。从斯多亚学派至新柏拉图学派，对于哲学根本没有一点什么新贡献，除了新柏拉图学派输进来些东方悲惨的和疲倦的观念而外。

最后，这种主观主义结果自然成为怀疑主义，否定一切知识，而摈斥一切哲学。我们已经见过了一次，智者运动之际，主观主义结果成为怀疑主义。智者们先是倡导个人的主观为真理和道德之权衡，后来竟弄到把真理和道德否定了干干净净。现在也恰是这样。继斯多亚学派和伊壁鸠鲁学派的主观主义而起的，便是皮浪和其后嗣们的怀疑主义。他们都和智者学派一样，主张没有一样东西其本身是真的或善的，皆不过是主见以为如是。

第十五章　斯多亚学派

这一派的创始者是塞浦路斯（Cyprus）的芝诺（Zeno），他是一个由芬尼西亚族来的希腊人，约生于公元前 342 年，卒于公元前 270 年。据说他从事哲学，就因一次行船遇险，所有的资财尽遭损失，以致破产的缘故——这种动机也就很可以象征这个时代。他特意来到雅典，师事犬儒学派的克拉底（Crates）、麦加拉学派的斯提尔波（Stilpo）和学院派的波莱谟（Polemo），研究哲学。公元前 300 年，他在斯多亚波爱西里（Stoa Poecile，意思就是色彩繁多的走廊）创立了他的学派，斯多亚这个名词便是由这个地名而来的。后来他是自杀了。继他而为这派的领袖的先是克里尼雪斯（Cleanthes），后为格里西普斯（Chrysippus）。格氏是一位好学深思而多产的人。他有七百卷以上的著作，惜乎全都遗失。他虽然不是斯多亚学派的元勋，却是它的首要的柱石。这个学派吸引了许多的跟从者，发达了许多世纪，不仅限于希腊，后来罗马许多最有名的著作家，如马可·奥勒留（Marcus Aurelius）、塞涅卡（Seneca）和艾比克泰德（Epictetus），都自认为这一派的门人。

　　我们现在已不能确定芝诺、克里尼雪斯或格里西普斯个人对于斯多亚学派的学说其贡献各为如何。不过自格里西普斯而后，这一派的理论大纲便臻于圆满。所以我们不必讨论这派里的各个人的特殊的思想，只就这一派整个的学说来讲。它的体系分为逻辑学、物理学和伦理学三部，而前两者则完全附属于后一者。斯多亚学派的学说根本就是一伦理的体系，以逻辑学为方法的理论，而以物理学为立足的根据的。

一、逻辑学

　　斯多亚学派的形式的逻辑学根本是因袭亚里士多德而来的。但是他们却加上了一个关于知识之起源和真理之标准的特殊理论。他们主张一切知识都是经由感觉而进入于心的。心如白版，感觉印象都刻于其上。心也许有一些自己的作用，但是这个作用是绝对限于感觉器官之所供给的材料的。这种理论当然和柏拉图认为心是知识之泉源、感觉是幻妄错误的根本的理想主义背道而驰。斯多亚学派否定了概念的形而上的实在，认为概念只不过是心里的观念，从特别的事物抽象得来的，在意识之外绝无实在可言。

　　既然一切知识都是感觉对象的知识，真理自必就在乎我们的印象对于外物之吻合了。然则我们将怎样知道我们的观念是或不是对于外物的真确的仿本呢？怎样可以分别实在和幻想，梦或虚妄呢？什么可为真理之标准呢？这个标准不能存于概念，因为概念都是我们自造的。除了感觉印象之外，绝无真实的东西，所以真理之标准断乎就在感觉本身之中。它不能在思想里面，只能在感情里面。斯多亚学派谓实在的对象于我们内里产生一个知其为实在的强烈的感情或信念。这个影像的强力和活跃便可以别实在的知觉于梦幻或妄想。所以唯一的真理标准就是这种强有力的信念，这便是实在强加其自身于我们的意识之上，而不容我们否认。这样的理论实已完全堕入了主观的囚笼之内。所谓标准不以理性而以感情为根据，当然绝无普遍的真理标准，一切都唯个人主观的信念是赖了。

二、物理学

斯多亚学派物理学的根本定理便是："没有一件不具形体而存在。"这种唯物论和他们的知识论上的唯感论是相合的。柏拉图置知识于思想里面，从而认为"实在"存于观念之中；但是斯多亚学派则置知识于感觉里面，所以认为"实在"存于由感觉而认知的物质之中。他们主张一切东西，就连灵魂，就连上帝自身，都是物质的，绝不比物质加盛一点。这个见解是根据两个重要的观察而来的。（1）世界的统一要求如此，世界是整个的，故必须从一个原理而发出。我们必须要有一个一元论。柏拉图和亚里士多德的理想主义欲调和心与物，而终于成为徒劳。因为这当中的鸿沟不能从观念方面渡过，所以我们势必要立足于物质上面，而把心归到它里面去。（2）身体与灵魂，上帝与世界，都是交相感动的。例如，身体产生思想（感觉印象）于灵魂里面，而灵魂又产生运动于身体里面。如果身体和灵魂非属同一本质，这便绝不可能。有形体的绝不能有所作为于无形体的，无形体的亦绝不能有所作为于有形体的。因为它们没有接触点。所以一切都必是一样有形体的。

　　一切的东西既然都是物质的，然则世界之所由而造成的原始物质或质料是什么呢？对于这个问题，斯多亚学派拿出了赫拉克利特的答案来，谓火是最始种类的存在，一切都由火而构成。他们又把泛神论和这个唯物论结合起来，认为原始的火便是上帝。上帝之于世界，恰如灵魂之于身体一般。人的灵魂也是火，便由此圣火而来，透彻于人的全身。为要把这个互相渗透说到完全的地步，他们又否定了物质之不可透入性。恰如灵魂的火贯彻于全身一样，上帝，即原始的火，也渗透于全体世界，无所不在。他就是世界的灵魂。世界便是他的身体。

　　但是不拘他们的唯物论是怎样，斯多亚学派却断言上帝是绝对的理性。但这并非回归理想主义。这并不含有上帝的无形体性。因为理性和所有别的东西一样，也是物质的。这个意思只不过是那圣火是一种合理的原素。因上帝是理性，所以世界是为理性所统治。这里面含有两种意义。第一，世界之中存有目的，所以发生秩序、和谐、美和计划。第二，因为理性是有法则而反于无法则的，所以宇宙是受绝对的法则和必然的因果律的支配的。

　　因此，个人不是自由的在一个为必然之所支配的世界之中，绝不能有真正的意志自由。我们尽可说我们选择去做这样，做那样，我们的行为是自愿的，这个没有什么妨害。但是这些话都不过是表明我们同意于我们所做的。我们所做的却是为原因所支配，所以是必然的。

世界程序是周而复始的。上帝变化他自身的火的本质，而造成气，再造成水，又造成地。于是乃生世界。但是结局必有一场大火，使万物一齐复成为原始之火。以后，在一个预定了的时间，上帝必再化身而形成一个世界。因为必然的法则的原故，那第二个以及各个后来的世界进程，无论在哪一点上都必和第一个世界所循的轨迹，全然相同。这种程序，永恒地进行，是终古不会另翻新样的。每个相连的世界的历史，直到最微末的枝节，都必和一切别的世界完全一致。

人的灵魂是圣火的一部，由上帝而入于人的。所以灵魂是合理的，这一点于斯多亚学派极关重要。但是各个人的灵魂并非直接来于上帝。圣火初是喷入于人类的鼻祖第一人内里，是后便在传种的动作里，由父及子，一代一代的相传。死后，他们当中有的说一切人的灵魂，又有的说只有善人的灵魂，继续存在，直至世界末日，大火来到，和一切别的东西同返于上帝。

三、伦理学

斯多亚学派的伦理学说是以他们的物理学说里所发展的两个原理为根据的：（1）宇宙是为绝不许有例外的绝对的定律所支配；（2）人的根本性质便是理性。这两个原理便总括于"顺自然之性而生活"这一句出名的斯多亚学派的箴言。这句话有两层意思：（1）人须遵从广义的自然之性，即是遵从宇宙的定律；（2）人须使其行为适合狭义的自然之性，即是适合他自己的本性——理性。在斯多亚学派，这两层意思是一样的。因为宇宙不单是为定律所支配，而且是为理性的定律所支配，从而人于顺循他自己的合理的本性之中，实际就是遵从大宇宙的定律。当然，在一种意义上，人没有违背自然定律之可能，因为人和世界上一切其他的东西一样，其行为都是迫于必然的。但是我们要问，人既然是宇宙的大机械的一部分，绝不能有为他事之可能，那么，又训勉其服从宇宙的定律，岂非多事么？对于这层困难，在斯多亚学派的理论里，是找不出一个真正的解答的。但是，他们主张人虽在一切事件上都必照着自然的必然所使而施其行为，然而上帝却只许了人不仅服从定律，且可以同意于其自己的服从，自觉地、审虑地顺依定律，这是只有合理的生物才能行的。

那么，所谓德就是顺从理性的生活。道德便只是合理的行为。支配我们的生活的应该是普遍的理性，而绝不可以凭个人反复无常的一己的意向。智人必自觉地使他的生活服从整个宇宙的生活，而自认仅乎是宇宙的大机构中之一轮齿。把道德认作就是顺乎理性的生活，这种定义也并非斯多亚学派独有的主张。柏拉图和亚里士多德都是这样说的。实际上，如我们所已知，把道德建立在理性上面，而不置于个人各自特别的癖性、感情或直观之上，确实是一切真正伦理的基础。斯多亚学派的特点就在他们对于这个原理所下的褊狭的解释：亚里士多德虽谓人的根本性质是理性，而道德就在于遵从理性，但是他却也承认感情欲望在人的机构里自有其地位。他并非要以理性来抑制它们，只是要以理性来支配它们。然而斯多亚学派却把情欲看作根本与理性冲突，而要把它们铲除净尽。在他们看来，人生就是一场反对情欲的战争，情欲非完全灭绝不可。就是这个缘故，所以他们的伦理观念成了过激的惨酷的绝欲主义。

亚里士多德虽认为只有德具着内在的价值，却并没有把外面的境遇和福利摈除于人生之外。可是斯多亚学派却主张唯有德是善，唯有罪是恶，其余一切都绝对于人无关轻重。穷困、疾病、痛苦和死亡，都不足为恶。财富、健康、快乐和生命，也都不足为善。一个人是可以自杀的，因为毁灭了生命，并不是毁灭了什么有价值的东西。尤其是快乐并非是善，人是用不着去求它的。德才是唯一的快乐。人须要有德，但这绝不是为快乐的缘故，而是为义务的缘故。由唯有德是善，唯有罪是恶之说，他们又引出了一个僻论，认为一切德都是一样的善，一切罪都是一样的恶。善和恶绝没有程度的差异。

德既是建立于理性之上，就是建立于知识之上，从而科学、物理学、逻辑学是极重要的。这并非因为它们本身是可贵的，而是因为它们便是道德的基础。因此，所以智慧是最高的德，而为众德之源。智人和善人是同意义的。由根本的德——智慧而产出四种主要的德，就是，明达、勇敢、自制、正直。但是因为众德都起源于一根，所以人若有智慧，则必兼有一切的美德，无智慧则必并一切而无之。人善则完全善，恶则完全恶。世界分为智愚两等人，智人是十足的善，愚人是十足的恶。善和恶绝无中间阶级。两者之间绝无循序渐进之事。故欲迁善，便须立刻洗心革面。智人便是完全的人，尽一切快乐、自由、富有和美而有之。唯有智人才能为完全的王、政治家、诗人、预言家、雄辩家、批评家以及医士。愚人则尽有一切丑恶、一切不幸、一切穷困，凡人不为此，则必为彼。问到这样的善人在什么地方可以找得到呢？斯多亚学派好像就以苏格拉底和犬儒学派的第欧根尼为理想中的智人。他们认为智人最少，且将由少而更少。人间在他们看来是再黑暗不过的，只是一个罪恶哀苦的海洋，一天坏似一天。

所有这些，我们很易见出，不过是犬儒学派的主张之死灰复燃。但是他们把犬儒学派严格的主张加上了一些通融迁就，使它变温和了许多。这其实就是自己矛盾。他们既确定了锐刻的定理，而又加以别解，施以软化，济以例外。但是这个矛盾，斯多亚学派却以其惯常的欣然的态度，出之毫无瞻顾。他们调解他们先前所说的话其方法有三。（1）他们修正了他们始所主张的完全铲除情欲的原理。因为这是万做不到的，而且即使可以做到，也不过置人于了无生气消沉颓废的境地，于是他们遂承认智人也可以表现一些冲和而合理的情绪，各种情欲的根苗在智人之里也可以发现，虽然他从不让它们滋炽起来。（2）他们把那除德和罪之外，一切都于人无足重轻这个原理也更改了。这个观念是不真实的，因为它和人生的实况不合。所以斯多亚学派遂毅然不顾矛盾，一方面坚持这个主张，一方面又申言在无足重轻的东西之中，有些是比较别的更为可取。健康和疾病虽同为无足重轻，但智人则必舍疾病而取健康。他们把无足重轻的东西分为三等，一宜取的，一宜避的，一绝对无足重轻的。（3）他们又变动了人善则全善，恶则全恶这个原理，谓历史上著名的英雄和大政治家，虽也是愚人，但其为人世罪孽所污不若一般人之甚。但是他们以为他们自己是怎样呢？他们是智人，抑还是愚人呢？他们也不好意思自命为完全，与苏格拉底和第欧根尼匹配。可是他们却也不甘承认他们自己和一般人没有区别。他们说他们自己是"达人"（proficients），虽然算不得全智，但是很切近于智慧。

假如斯多亚学派只不过是不彻底的犬儒学派，在物理和伦理思想上没有什么独创的见解，至少有一个观念却是他们发明的。这就是世界主义（cosmopolitanism）的观念。这个他们是由两个根据得来的。（1）宇宙是统一的，自同一上帝而来，为一个定律所支配，而形成一个整然的体系。（2）人在许多不重要的处所虽各许不同，但是于其根本性质、理性，则共而有之。所以既然一切人都是合理的生物，便是同属于一族，而应该成为一个国家。人类之分成许多敌对的国度，实是全不合理，荒谬之极。智人绝非这一国或那一国的国民。他是世界的公民。

但是这也不过是已定了的原理的一个应用而已。斯多亚学派无论在物理上或伦理上，确实根本没有产出什么新颖的思想。他们的全部观念都不过是窃拾前人所衍展了的观念，拼合而成。他们的思想是偏感的、过激的、趋于极端的。他们的真理可以说是半面的真理。而且他们把哲学看得太主观的。他们所注意的仅乎是我应该怎样生活这一个问题。但是不拘这些缺点，他们对于义务之极恳切的诚意，对于世俗一切卑琐的东西之超脱的精神，对于一切低级的目的之绝对的蔑视，其中确实无疑地存有很高贵的成分。施威格勒（Schwegler）评斯多亚学派的哲学，谓"于毁灭的时代而尽忠坚守道德的观念"是他们的值得赞美的功绩，这句话实在是很中肯的。

第十六章　伊壁鸠鲁学派

伊壁鸠鲁（Epicurus）公元前 342 年生于萨摩斯（Samas）。他开创他的学派正在芝诺建立斯多亚学派两年之前，所以这两个学派在时间上自始是并行的。伊壁鸠鲁学派持续了六世纪以上。伊氏很早就知道了德谟克里特的原子论，但是他对前代各家体系的知识似乎不广。他的生平和人格是很可敬的。他约在公元前 306 年设院讲学。伊壁鸠鲁学派的哲学便是他创始的，也是他一手完成的。这一派后来的人，对于创始者所于定的学说，都没有什么重要的贡献和改变。

伊壁鸠鲁学派的体系在倾向上比斯多亚学派的更为纯然实际。斯多亚学派虽把论理和物理一齐附隶于伦理之下，然而他们对于像真理之标准、世界的本质、灵魂这一类的理论之注意用心，可以证明他们之于这些问题是具着真实的，纵然是附带的重视的。伊壁鸠鲁虽亦分其体系为逻辑学（他称之为范畴学）、物理学和伦理学三部，可是他于前两部分的思想则殊掉以轻心。深沉的讨论显然是伊氏之所烦厌的。他的体系是很浅薄的，从而易于为人所欢迎。为知识自身之故的知识，是他所不要的。他说数学毫无用处，因为它和人生没有关系。这一派的逻辑学或范畴学，我们可以完全置诸不论，其中简直毫无精彩可寻，现在让我们即来研究一下他们的物理学。

一、物理学

伊壁鸠鲁推重物理学全由于这一个观点，就是它有祛除人心里的迷信的恐惧之效力。所有超自然的宗教其操纵人类大部分都是凭着恐惧的心理。人之怕神灵、怕报应、怕死就因为有许多故事说死后怎样，非常可怖。这种不断的恐怖和焦急，实为人生不快乐的主要的根苗。打倒了它，至少我们便消除了人间到快乐之路的最大的障碍。要想做到这个，我们必须假手于一个适宜的物理学说才行。必须要能够把世界看作一个大机器，全然为自然的原因所支配，而绝无什么超自然的东西的影响，人在其中，无论什么时候，无论是要怎样，都可以自由寻求快乐，而不受流行宗教的妖魔鬼魅的恐吓。因为世界虽是机械地支配着，但是，伊壁鸠鲁反对斯多亚学派，而认为人是有自由意志的，而哲学的问题就是要考察应该怎样才能充分善用这个天赋的特权在此世界里面。所以伊氏所需要的便是一个纯机械哲学。而要发明像这样的一种哲学，这件事又殊不适于他的懒惰的性质，他也没有为这个事业所不可少的资格。于是乎他遂搜寻往古，立刻便找到了德谟克里特的原子论。这个是十足的机械的哲学，完全合乎他的目的，他遂把它选择了来做他的哲学。但是须知这种选择是没有客观真理的根据，只出于主观需要和个人愿欲的。这也就是这个时代的一个表征，当真理被人认作可以按照人的实在的或幻想的需要而随便制造，无客观的标准可依的时候，我们在颓败之路上的进程也就必来得很有点样子了。于是伊壁鸠鲁遂把德谟克里特的原子论依样画葫芦，至多也只略加粉饰，捧将出来，而他的体系便于焉告成。一切东西都是原子和虚空构成的。原子只在形状上和重量上不同，而性质上则绝无差异。它们都是永劫下坠于虚空之里。因自由意志之力，它们坠落之际，在微小程度内，可以离开垂直而互相冲击。这一点当然是伊壁鸠鲁的发明，不是德谟克里特的学说原来所有。但是这个对于伊壁鸠鲁是可想而知，他的改动是不会变为进步的。并且这里他给予原子以自由意志，实在对于机械论的论理的一致，反有妨害。原子互相冲击，产生了一个回旋运动，世界就由此而产出。不仅这个世界，一切个别的现象，都须机械地说明。目的论是绝对排斥了。但是伊壁鸠鲁对于任何特别的事件，并不想知道一种现象是什么特殊的原因之所决定的。他只要信得住它是完全决定于机械的原因，而把超自然的作用尽都摈除于其外，便满足了。

灵魂也是原子所组成，死后便飞散，故来生是谈不到的。但这实在是一个绝大的幸事。这个事实便可以解除我们死后的恐怖和将来的忧愁。死不足为凶恶。死在则我们不在，我们在则死不在。死来到了的时候，我们也便不觉得它，因为死不就是感情意识之完结么？然则我们又何必惧怕那我们现在明知它来到了的时候，我们便不觉得的东西呢？

既把他生报应的恐惧这样地打消，伊壁鸠鲁又来解决对于神干涉人生的恐怖。我们也许以为伊壁鸠鲁的目的既然如此，他一定要主张无神的。但是，反之，他不单相信有神，而且有无量数的神。他们都是人形，因为人的形相在一切形相当中是最美丽的。他们也有男女之别，吃饭、饮酒、睡觉和人一般，并且说的也是希腊话。他们的身体是像光一样的物质所构成。但是伊壁鸠鲁虽许他们存在，却很留心的把他们全部缴械，消灭了他们的危险。他们住在辽远的星宿里，过一种安分的寂静的不死的生活。他们享他们的福，快乐极了，绝不干涉这个世界上的事。他们何苦来管与他们不相干的事，徒惹麻烦呢？他们过着无挂无牵、逍遥自在的幸福的时光。斯温伯恩（A. C. Swinburne）在他的《仙福》（Felise）一诗里歌颂得好：

> 他们周身是力，长生不老，
> 无牵无碍无烦恼，
> 云间终古尽逍遥，
> 隔绝人寰，
> 惊惶，欢慰，叫喊，均难到。

那么，死既无可忧，神亦不足惧，人在此短促的生命的瞬间，当然只要尽其所能，寻求快乐，绝无其他的义务了。我们现在可以怀着轻松的心境，丢开物理这一部分，转来一探那唯一关乎重要的伦理学，考察一下人应该怎样来生活。

二、伦理学

假如斯多亚学派是犬儒学派的智识上的承继者。那么，伊壁鸠鲁学派对昔勒尼学派的关系是同样的。他们和亚里斯提波一般，也认为快乐是道德的基础，但是他们却发展了一种快乐的观念，比起昔勒尼学派的来，更为纯洁一些，高尚一些，这又是他们不同的地方。只有快乐本身就是一个目的。它便是唯一的善。痛苦就是唯一的恶。所以道德便是产生快乐的活动。德并非因其自身之故而有什么价值，它的价值乃是从偕之俱来的快乐而得。

这便是伊壁鸠鲁为道德的行为所能寻出的，或所欲寻出的唯一基础。这便是他的独一无二的伦理的原理。伊氏伦理学说其余的部分，都是解释快乐的观念。

第一，伊氏所说的快乐，绝不同于昔勒尼学派之所主张，只是暂时的肉体上或心理上的快乐。他指的乃是可以终身受之不尽的快乐，一种幸福的生活。所以我们不可容我们自己役于任何特别的快乐或欲望。我们须要控制我们的情欲。我们时常须要舍弃一种快乐，假如这种快乐的结果会引起更大的痛苦。我们更须要毅然忍受痛苦以求将来更大的快乐。

第二，正因为这个理由，所以伊氏主张精神上和心理上的快乐，其重要远甚于肉体的快乐。因为肉体之感受快乐与痛苦只在快乐与痛苦存续之时。但是肉体是没有记忆和先见的。只有心能够回忆过去，预察未来。而大概最有力的快乐与痛苦，乃起于追思和期待。形骸的迷恋之为快乐，仅乎限于现在。但是将来痛苦之期待乃是内心的焦灼，过去快乐之回想不啻现时之欢愉。所以最要紧的便是必须有一个宁静不扰的心灵，因为形体的快乐瞬息即逝，而精神的快乐则可以长存。伊壁鸠鲁学派和斯多亚学派一样，倡言人必超脱于形骸的痛苦和外面环境之上。所以人必不可依托外物以求快乐，而必求之于他的本身。智人即在身体的苦难之中亦能怡然自得，因为在他的灵魂的恬静之里，他自有一种真乐，迥非形骸的苦乐之所能增损。不过正当的感官的快乐，他们也不禁止和鄙视。智人可以享受他所能享受的，无论什么，毫无妨害。在心灵的快乐之中，伊壁鸠鲁学派尤其是着重友情。学院不仅乎是研究学问的同学的聚处，特别是朋友的亲密的团体。

第三，伊壁鸠鲁学派的快乐的观念，结果变成了一种消极的概念。他们的目标不是享乐的情境，更不是感情的兴奋。他们的理想不是热烈的人间快乐。他们所望的只是一种消极的没有痛苦，淡泊宁静，无恐惧焦愁之累。恰如一般抱快乐主义的人的惯例一样，他们的世界观也染着一种优雅的，甚至炫耀的悲观主义。正面的快乐是寄蜉蝣于天地的人类之所求不到的。人之所能希冀的只有避免痛苦，生活于寂静的知足之中。

第四，快乐不在欲望之繁多与其满足。欲望愈多徒使其更难满足。这只足以致生活于梦乱，而绝不能有裨于快乐，我们应该尽力缩减欲望，越少越好。伊壁鸠鲁自己便过一种极其简单的生活，并且教导他的跟从者也要如此。他说，智人饭疏食，饮水，而乐可以比希腊护国之天神宙斯（Zeus）。朴素、愉快、中庸、节制是到快乐最好之路。人类的欲望大部分，如名誉之渴望，都是全然不必需要，而且毫无用处的。

最后，伊壁鸠鲁学派的理想，虽然不含有崇峻高尚的可能，却也绝非完全自利的。这些人都表露出一种和善仁爱的气氛。他们说行一个仁爱的事比接收一个更为愉快。在这些蝴蝶哲学家的温和的道德讲话里，确实的，英雄的严厉的质料很少，而优美可爱的成分很多。

第十七章　怀疑学派

怀疑主义（scepticism）这个名词只算得哲学上一个半专门的术语，就指那怀疑或否定知识之可能的学说而言。所以它之于哲学是破坏性的，因为哲学的意义就是要求知识。在哲学史上，怀疑主义是周期发现的。在智者运动时代，我们已经见过了它一回。当高尔吉亚说纵使有什么东西存在，也是不可知的，这便是怀疑主义的精神之直接的表现。普罗泰戈拉的"人为万物的权衡"一语便是同样的意义，因为这里面就包含着人对于一切的东西，其所知道的只能如他所见，而绝不能一如物之本体。近代最出名的怀疑主义者是休谟，他所努力的就是要表明人类思想的最根本的范畴，如本质和原因，都是虚幻，从而打破全部知识的组织，主观主义结果总是成为怀疑主义。因为知识本是主体和客体之间的关系，若纯然着重一端主体而忽视客体，势必至于除了主观所见而外，一切东西的实在均加否认。这就是智者运动时代的现象。而现在便是这种现象之复演。我们在这里所要讨论的怀疑学派，差不多是和斯多亚学派与伊壁鸠鲁学派同时出现的。后两派的主观的倾向可算在怀疑学派里，得到了他们的论理的结论。怀疑主义通常，但也非总是，在一个民族的精神力衰颓的时候出现。这时候这个民族的精神上和知识上的生机既已枯竭，故精神日沦于萎靡、疲怠、失去自信力，从而怀疑自己寻得真理的能力；这种对于真理的失望便就是怀疑主义。

一、皮浪

在希腊人中首先引进彻底的怀疑主义者，便是皮浪（Pyrrho）。皮氏约生于公元前360年，本来是一个绘画家。他曾参与过亚历山大第一的印度远征。他没有留下什么著作，我们的关于他的思想的知识都是由他的门人斐里斯（Phlius）的蒂蒙（Timon）而得来的。他的哲学和亚里士多德以后各家体系一般，其眼光也是纯粹实际的。他所以主张怀疑论，否定一切知识，不是因为理论上的关系，而只不过是因为他看见这个里面便有到快乐之路，离开人生苦难的躲避处。

皮氏说，一个人要做圣人不难，他只要问他自己三个问题。（1）他须要问，万物究竟是什么，并且是怎样造成的？（2）我们和这些东西是怎样相关连着？（3）我们对它们的态度应该怎样？对于万物是什么这个问题，我们只能够回答一点不知道。我们所知道于它们的仅乎如我们所见，至于它们内在的本质，我们是根本莫名其妙的。同一样的东西，不同的人看来，所见是各殊的，所以要想知道哪一种观念是对的绝不可能。智人当中意见之参差和愚人当中意见之分歧一样，这就是一个明显的证据。对于任何一个断语，总可以寻出一个相反的断语，有一般好的理由可据。无论我的意见是怎样，总会有人持着与我反对的意见，他们的智慧是不亚于我的。意见我是可以有的，然而真确和知识则是不可能的。因此，我们对于外界东西的态度（第三个问题）应该完全存疑，切勿臆断。我们不能确定一样东西，纵于最微末的断语也是毫无实在的把握的。所以我们对于任何问题，都不应该说一点肯定的话。真的，皮浪主义者在他们的日常生活中，于最琐屑的言语里，也非常谨慎地实行这种怀疑主义。他们不说"这个是如此"，只说"这个似乎如此"，或"这个我以为如此"。每一句话前头总要加上一个"大概"或"也许"。

在实际的方面如是，在理论的方面亦然。没有东西其本身有所谓真伪之分。都不过是幻象。同样，没有东西其自身有善恶之别。这皆是由于观念、习惯、法律而造成的。圣人明乎此，故对于一切事物都无所取舍，是之谓"不动心"（ataraxia）。一切活动都是选择的结果，而选择则是根据把某一种东西认为优于别一种东西的意念而起的。譬如我现在往北而行，这一定是由于我因某种理由遂而相信往北比往南更好的缘故。消灭了这种意念，了然于实际上此并不优于彼，仅乎像是如此而已，一个人便可不想往任何方向而去了。所以完全消灭意念，便是完全消灭活动，这就是皮浪的目的之所在。不要意念便是怀疑主义的原则。这在实行上就是不动，完全的寂静。一切活动本乎信仰，而一切信仰都是虚幻，故圣人不为其所惑而妄为一切活动。唯其不动心所以他能够抹除一切欲望，因为欲望就起于此善于彼的意念。他的生活安宁而寂静，灵魂泰然，不为一切幻妄所扰。不快乐是一个人得不到其所欲望的，或既得而复失之的结果。

智人既不为欲望所累，故亦无不快乐。他知道人为了欲望而挣扎苦斗，妄想某一东西比别的东西更好，这种活动不过是无目的的徒劳，因为一切东西于人都是一样无足轻重的。健康和疾病，生和死之间并没有什么差别。但是圣人要是不得不活动的时候，他也遵循概然性、意念、习惯和法律而行，不过根本绝不相信这些标准有什么确实的真理可言。

二、新学院派

皮浪所创立的怀疑主义不久便没落了，但是在柏拉图学派里却产出了一个相似的学说。柏拉图死后，他的学院换了许多领袖，继续循着创立者所划出的道路进行。却是到了阿尔克西劳（Arcesilaus）的领导之下，怀疑主义便输入了这一派。自此而后，这个学院的历史上的连续虽不曾断绝，而其根本精神已大非昔比，所以通常都把它改称作新学院（New Academy）。新学院中人最显著的特点便在他们对于斯多亚学派之猛烈的反对。他们斥斯多亚学派里的人为当代的大独断家。我们所说的独断论（dogmatism），寻常的意思就是没有正当根据的断语。但是怀疑主义视一切断语都是同样的无稽之谈，所以在它的面前抱着任何一种正面的意见都是被认作独断论的。斯多亚学派在当时持有正面的哲学主张的人中，要算最有势力。所以新学院派特别把他们挑选出来加以抨击，认为最大的独断者。阿尔克西劳尤其反对他们的真理标准的理论。那强有力的信念，斯多亚学说它是附随着真理的，也一样地伴着错误。无论在感觉里面，还是理性里面，都是绝无真理之标准的。"我不能够确定一样东西，"阿尔克西劳说，"而且就连对于我不能确定一样东西这个事实，我也是不确定的。"

但是新学院派却没有和皮浪一样，从他们的怀疑论引出关于活动的充分论理的结论。他们认为人是必须活动的。确定的知识虽是不可能的。但是"概然性"便足以为我们活动的引导。

卡尔内亚德（Carneades）通常都认为是新学院派怀疑主义者的巨星。却是他对于他们的结论也并无甚新奇的贡献。但是他的议论锐利恶辣，鲜与比伦。他的破坏的批评不仅使斯多亚学派的主张在他的面前抖动，一切已成的哲学思想都无不遭其摧毁。现在且举下面两点，借为他的思想的实例。第一，没有东西可以被证明，因为结论必由前提来证明，而前提也须要证明，如此无有终止。第二，要想知道我们的对于一种东西的观念是否真确，即是，是否和这个东西相像，是不可能的，因为我们根本不能把我们的观念和这个东西本身相比较。这便含着踏出我们自己的心之外。我们对于外物，除了我们对于它的观念，是一点也不知道的，所以我们不能把原本和摹本比较，因为我们仅乎能看见摹本。

三、后怀疑学派

经过一个淹没的时期之后，怀疑主义在这个学院里又复活了起来。代表希腊的怀疑主义最后的状态者，先有艾纳西德漠（Aenesidemus），一个和西塞罗同时的人，后有辛普里丘

（Simplicius）和恩披里柯（Sextus Empiricus），这两个人是很
为出名的。这个时候的怀疑主义的显著的特色，便是回到皮浪
的立场。新学院派于热烈掊击斯多亚派的独断论之中，自己也
沦入于一种独断论而不自知。斯多亚学派要是独断地肯定，新
学院派便是同样独断地否定。但是智慧不在于肯定，亦不在于
否定，而在于怀疑。于是后怀疑派遂回归了完全存疑，绝对不
下判断的态度。不宁唯是，新学院派还承认或然的知识的可能。
现在则并此而亦被斥为独断论。艾纳西德漠提出十大论据以证
明知识绝对不可能。其实并没有十个，不过只有两三个不同的
观念，余者都只是同样的理论的不同的说法而已。这十大论据
就是：（1）众生之感情和知觉都各有不同。（2）人任体质上
和心灵上的赋禀各异，使其所见于物的亦必各异。（3）不同
的感官对于同一的东西得到不同的印象。（4）我们的知觉都
视知觉的时候之体质上和知识上的状况而定。（5）同样的东
西在不同的位置和不同的距离里，也便不同。（6）知觉从不
是直接的，总必经由一种媒介。例如，我们必经由空气而看
见外物。（7）一切的东西都随着分量、色彩、运动和温度之变
化而生差异。（8）一种东西已经熟悉了的时候，和未熟悉的时候，
其感人不同。（9）一切假定的知识都是谓语。一切谓语都不过
告诉我们外物对于外物，或对于我们自己的关系；其于物之本
体如何，一点也不能告诉我们。（10）不同国度里的人其观念
和风尚亦不同。

第十八章　新柏拉图学派以前之转变期

新柏拉图学派的思想应否归入于希腊哲学尚属疑问，艾尔德曼（Erdmann），在他的哲学史里就把它纳入了中世纪。第一，因为新柏拉图学派之出现，去希腊斯多亚学派、伊壁鸠鲁学派和怀疑学派之成立不下五世纪之久。我们只要一想希腊思想的全进展，自泰勒斯至怀疑学派，不过三百年左右，便可见这是多么长久的时间了。新柏拉图学派的真正的创始者，普罗提诺（Plotinus），生于公元205年，所以就时间而论，这一派实在是基督时代的产品。第二，它的特质大体都是非希腊的、非欧洲的。希腊的质素大体都被东方神秘主义所侵蚀了。它的坐场已经不复是希腊，而是亚历山大里亚（Alexandria），这个城市不属于希腊，而是一个世界的都会。那个时候，各种人都在这里相会，特别这里便就为东西接触之地；由此而生的思想的混合便成了新柏拉图主义。然而另一方面，把普罗提诺和他的后嗣的思想归入中世的哲学，实在又似乎是很错误的。通常所称为中世哲学之全部特质，都是在明显的基督教的根底之上生长出来的。它便是基督教的哲学。它便是基督教拿来替代异教思想的新时代的出产。而新柏拉图学派的思想则不仅是非基督教的，而且是反基督教的。我们只看见它和基督教相尅。它实在是基督时代中异教精神之残照。它的内容便是旧日的异教精神和新兴的敌人作最后的挣扎，而终归于屈服。我们从它里面可以看得见古代希腊文化的最后的残喘和绝息。然而它的质素却绝不是亚洲的，它的根本精神实完全来于古代哲学，完全由于希腊的思想和文化而发生。所以大体上，把它列为希腊哲学的最后的一派，实是很适当的。

自上面所述的先前的各学派之起至新柏拉图学派之兴，在这个很长的时间之内，主要的希腊学派、学院派、逍遥派、斯多亚派和伊壁鸠鲁派，都继续存在着，唯日就僵化，并且不时地受怀疑主义的冲荡。要仔细寻究这些派别发展的经过及其多少不免于琐屑的论辩，殊属无味。他们没有产出一点新颖的思想，独特的原理。随着时间的进展，各派越来越接近，大有化除异见，连为一家之势。理智的活力衰微，便必有不顾差异的倾向，如东方人所为，酣然持着那个和气而便利的妄想，认为一切宗教和哲学都不过是一样的意思。于是折中便成了这些派别的公通的特点。他们不复使他们自己能被区别出来。但见斯多亚学派的学说为学院派所提倡，而学院派的思想也为斯多亚学派所倡导。唯有伊壁鸠鲁学派还保持了他们的纯系，不为当时风靡一时的折中主义所牵动。这时候，又有几种别的倾向发现。毕达哥拉斯的学说连其附带的象征主义和神秘主义居然也死灰复燃。并且又出现了一种倾向，把上帝的概念提得这样高，使上帝和人隔离到互通成为不可能，上帝绝不能有何影响于物质，物质也断不能如上帝何。这种交通是可以玷污"绝对"的纯洁的。

于是遂发明了各式各样的魔君、精灵和天使，把来做上帝和世界两下的中间人。

一方面可为这些倾向的一例，一方面也可算新柏拉图学派的先驱，有一位犹太人斐洛（Philo）值得简单地一述。他住在亚历山大利亚，约生于公元前30年，死于公元后50年。他是希伯来族的宗教和经典的热心拥护者，信仰《旧约》是最神圣的书。但是他对于各种希腊学问研究很深，并且认为希腊哲学便是他自己的一族的圣书里面显示得更为完全的那些真理之较蒙昧的宣露。恰和埃及僧侣为民族虚荣心所驱使，而妄称希腊哲学来自埃及，东方人僭称它来自印度一样，斐洛说希腊哲学里面所有伟大的成分都渊源于犹太。他相信柏拉图和亚里士多德都是摩西的信徒，用了《旧约》，便是从这里面得到了他们的智慧！斐洛所希冀的就是要把犹太神学和希腊哲学冶为一炉。所以把东方神秘主义的浊雾，混迷了希腊思想纯洁清明的空气，这个责任大部分是斐洛所负着的。

斐洛说上帝既然是绝对无限的，所以必然是完全超越于有限之上。没有言诠，没有思想可以相当于上帝之无限。他是不可思议的，他的本质不是理性之所能达到的。人的灵魂接于上帝，不是依由思想，而靠着一种神秘的内在的超乎思想之上的烛照和显示。上帝不能直接有所作为于世界，因为这个便要使他为物质所玷污，而致其无限变为有限。因此，所以必有中间的精灵做上帝的臣仆，替他创造了并治理着这个世界。所有这些中间的精灵一齐都包含于Logos，即是支配世界的合理的思想之里。上帝对Logos，和Logos对世界的关系是一种递进的流出。很明了的，这个流出的观念不过只是一个比喻：一点东西也不能够说明的。我们只要一看斐洛把这个流出比诸光线之从一个光辉的中心发放出来越远越不亮，就更加明显。我们只要听到这些话，立刻就可以明白我们是向着那一个方面前进了。这是亚细亚的假伪哲学特有的音调。它强烈地使我们想起印度的经典《奥义书》来。我们已经走出了思想、理性和哲学的国土，而踏入了东方神秘主义的梦影迷离的境地，那里有美丽的毒人的花之浓郁的芳香，麻醉了人的理智，汩没了人的思想，而使人沉酣寂灭，陶乐忘醒。

第十九章　新柏拉图学派

新柏拉图主义这个名词并不是确当的，因为它所代表的并非确是柏拉图思想的复活。新柏拉图学派固然不能不认为是柏拉图的后裔，然而却是不纯正的后裔。柏拉图的真正的伟大便在于他的合理主义的理想主义，而他的缺点大都与他的神秘主义的倾向相连。新柏拉图学派却就奉他的缺点为他的真谛，坦然加以发展，而把它们和东方的惝恍迷离的梦的哲学结合起来。据说开创这一派的是阿摩尼阿斯·萨卡斯（Ammoni us Saccas）。但是我们可以把他放下不提，单来说他的弟子普罗提诺（Plotinus），就是他首先完成了新柏拉图学派的体系。他便是这一派的最杰出的人才，可以认作它的真正的创始者。他是公元后 205 年生于埃及的里可波里斯（Lycopolis）。245 年至罗马，便在那里设立了他的学院，自为领袖，直到 270 年他死时为止。他留下了浩广的著作，现在还保存着。

柏拉图已经明示一的观念，若绝对摈斥杂多于其外，便是一个不可能的抽象。就连说"一在"，这句话也就包含着一的双重性质。"绝对的存在"断不能是一个抽象的统一，而是一杂多之中的统一。却是普罗提诺一着手便先抹杀了这个最为重要的哲学原理。他转回到东方一元论的较低的水平，认为上帝是绝对的"一"，其统一纯然存于杂多之外。在上帝内里，绝没有多，绝无运动，绝无区别。思想含有主体和客体的分别，所以"一"是外乎而超乎思想的。"一"亦绝不能以意志或活动这些名词来加以形容，因为意志便含着立意志者和意志所向的东西之对立，活动含着主动者和被动者的区别。因此，上帝既非思想，亦非意志，亦非活动。"他"是超乎一切思想，一切存在之外的。唯其是终对无限的，所以他必也是绝对无定的。一切谓语都是限制其主语的，从而"一"是绝不能加以任何谓语的。"他"是不可思想的，因为一切思想都是所以限制和约束被思想的东西的。"他"是说不出来，想不出来的。普罗提诺所用于"他"的只有"一"和"善"这两个谓语。但是他明知这两个字和别的一般，都是限制"无限"的。所以他认为这两个字绝不能表示"无限"的本质，只不过略喻其仿佛而已。把它们用来仅乎是一种类比的法子。其实我们对于这个"一"，除了它存在之外，是一点也不能够知晓了。

今欲从像这样的一种第一原理而推演出这个世界来，确实是不可的。唯其太超越了这个世界，上帝也就不能进入这个世界。唯其是绝对无限的，"他"也就不能限制他的本身而使成为有限，以产生世界万物。唯其是绝对的"一"，"多"也就绝不能够由"他"而发生。这个"一"绝不能创造世界，因为创造便是一个活动，而这个"一"是不动的，摈绝一切活动于其外的。唯其是万物所公具的无限的第一原理，所以这个"一"在一种意义里，就必须认为是一切存在的根源。可是它怎样而能产生万物，却是不可着想的，因为这样的活动势必捣乱它的统一和无限。我们讨论爱利亚学派的时候，已经知道，如果把"绝对"认为是和杂多及运动完全不相容，乃是一条绝路，这样，便休想说明世界从这个"绝对"发生出来。普罗提诺恰也就是这样。在他的体系里有一个绝对的矛盾，就是，一方面把"一"认作世界的根本，而另一方面又把它如此超举于世界之上，令其和世界之间一切的关系成为不可能。在这一点上，我们确乎已经走入了死门，不能前进一步，因为上帝和世界之中绝无通路。我们实在无法可以解决这样一个绝望的论理的矛盾。然而普罗提诺是一个神秘主义者，自来论理的谬妄是不足以使神秘主义者为难的。因为不能说明这个世界如何而能从这样的一个"一"的空虚渺茫之中发生出来，于是他遂照着东洋的法子，玩弄起诗歌和比喻来。他说，上帝因为他的超完全的缘故，他的本身泛涨起来，便出这个泛涨的作用遂而产生了世界。他的法身"射出一道霞光出来"。如火发亮，如雪生寒一般，一切下级的存在都照这样子由"一"而生。只消这样的三言两语，困难便一点也没有了，于是普罗提诺遂轻巧地一直说下去。

从"一"首先流出来的便叫作睿智（Nous），这个睿智就是思想、心、理性。我们已知道，柏拉图认为"绝对"的本质便是思想，而普罗提诺则认为思想乃是派生的。"一"超乎思想之外，思想便是"一"的第一次的流出。但是睿智并非论辩的思想。它是不在时间之内的。它是直接的体认，或直观。它的对象是双重的。（1）它是思考"一"的，虽然它的那思想是必然不切合的。（2）它又思考它自身。它便是思想的思想，如同亚里士多德的上帝一样。它和柏拉图的观念的世界相当。一切东西的观念都存在于这个睿智之里，种类的观念和个别物的观念皆然。

这个睿智的第二次的流出便是世界魂。这个，拿艾尔德曼的话来说，就是睿智的褪色的摹本，它也是存于时间之外，无形体的，看不见的。它合理地运行着，而不具意识。它有双重特点，一方面向上趋向睿智，一方面向下趋向自然的世界。它从它的本身里面产出个别的灵魂，居住在这世界上。

这个"流出"的观念根本不是一个合理的概念，只是一种诗歌的比喻。普罗提诺在一种诗的意味里面，把它看作像光一样，从一个辉煌的中心发出来，越渐远了便越渐不亮，直到最后完全消逝于黑暗之里。这个完的黑暗就是物质。物质便是光的反面，存在的界限，其自身就是非存在。于此，一切希腊哲学所不能排解的困难，物质何自而来，物质和思想二元的问题，柏拉图和亚里士多德费尽心血终于无可如何，到了普罗提诺手上只要来几句诗歌的比喻，美艳的词句，便不成问题了。

普罗提诺把物质认为是杂多的根本万恶的原因。所以人生的目的只能和柏拉图一样，逃出于感觉的物质世界之外。这个解放的程序的第一步便是纯化，即是把自己超拔于肉体和感官的束缚之外。这个便包含一切日常行德。第二步便是思想、理性和哲学。到了第三个阶段，灵魂便超越思想而达乎睿智的直观。但是所有这些都不过是为最后的和最高的阶段的预备，这个最后的和最高的阶段便是要在得意忘形之中超升而进入于"绝对的一"之里。到了这个地步，灵魂便超乎一切思想之上，迷离恛恍之中，不可思议地与上帝合而为一。这不是上帝的思想，也非灵魂看见上帝，因为所有像这样的意识的活动都含着主体和客体的分离。在得意忘形之里，一切区别和隔阂都消灭了。灵魂不是由外而仰视上帝。它是和上帝合为一体。它就是上帝。像这样的神秘的快乐总只是一刹那的，灵魂立必疲乏而复堕于普通的意识的水平。普罗提诺自称他一生只曾有几回达到这种神而明之的大自在的境地。

继普罗提诺而起的有波菲利（Porphyry）、杨布里柯（Iamblicus）、叙亚努（Syrianus）、普罗克洛（Proclus），还有些别人。他们的主张微有出入。

新柏拉图主义的根本特征就在它的神秘的主观超入上帝之说。这便是极端的主观主义，强把个人主观立于宇宙的中心，"绝对的存在"的地位。这个结果自然是怀疑主义。在怀疑主义者中，所有对于思想和理性的权力之信仰，是都必归于消灭。他们的标语就是理性没有力量可以达到真理。这只须再进一步，便是假如我们不能够以思想的自然的手段达到真理，我们便可凭一个奇迹来成就之。假如普通的意识够不上这个，我们便可完全超越于普通的意识之外。所以新柏拉图主义就是建立于绝望——对理性的绝望——之上。它便代表希腊精神最后发狂般的挣扎，欲凭强暴的手段，不讲理的途径，来达到他觉得理性是已经失败而不能达到的处所。它想猛扑、袭击、来擒住"绝对"。它感到清醒镇定已经不中用，唯有狂暴的迷醉的精神才可成功。

至此，哲学自然便要没落了。因为哲学便是以理性为根基的。它便是要凭理智来体认，来了解，来捆捉事物之实在的奋斗。所以它绝不能承认任何超越理性的东西。如今直观、愉悦、大自在驾乎理性之上，那就是宣布哲学的死刑。哲学有了这样的一个承认，那就是自绝其生命之血——思想。所以古代哲学至新柏拉图主义便就自杀了，自此而后，哲学的地位便为宗教所替代。基督教勃兴，一切独立的思想无不被斯扫荡而去。直到文艺复兴和宗教改革运动涌起了新的研究和奇异的精神之前，哲学殆成绝响。新时代开始之后，哲学才获得了新的生机，我们至今还处在这个影响之下。但是在这个哲学的新时代未到临的时候，人的精神却先要经过经院哲学（scholasticism）的悠长的寂寞的枯野。

西方哲学经典影印

01. 第尔斯（Diels）、克兰茨（Kranz）：前苏格拉底哲学家残篇（希德）

02. 弗里曼（Freeman）英译：前苏格拉底哲学家残篇

03. 柏奈特（Burnet）：早期希腊哲学（英文）

04. 策勒（Zeller）：古希腊哲学史纲（德文）

05. 柏拉图：游叙弗伦 申辩 克力同 斐多（希英），福勒（Fowler）英译

06. 柏拉图：理想国（希英），肖里（Shorey）英译

07. 亚里士多德：形而上学，罗斯（Ross）英译

08. 亚里士多德：尼各马可伦理学，罗斯（Ross）英译

09. 笛卡尔：第一哲学沉思集（法文），Adam et Tannery 编

10. 康德：纯粹理性批判（德文迈纳版），Schmidt 编

11. 康德：实践理性批判（德文迈纳版），Vorländer 编

12. 康德：判断力批判（德文迈纳版），Vorländer 编

13. 黑格尔：精神现象学（德文迈纳版），Hoffmeister 编

14. 黑格尔：哲学全书纲要（德文迈纳版），Lasson 编

15. 康德：纯粹理性批判，斯密（Smith）英译

16. 弗雷格：算术基础（德英），奥斯汀（Austin）英译

17. 罗素：数理哲学导论（英文）

18. 维特根斯坦：逻辑哲学论（德英），奥格登（Ogden）英译

19. 胡塞尔：纯粹现象学通论（德文1922年版）

20. 罗素：西方哲学史（英文）

21. 休谟：人性论（英文），Selby-Bigge 编

22. 康德：纯粹理性批判（德文科学院版）

23. 康德：实践理性批判 判断力批判（德文科学院版）

24. 梅洛－庞蒂：知觉现象学（法文）

西方科学经典影印

1. 欧几里得：几何原本，希思（Heath）英译

2. 阿基米德全集，希思（Heath）英译

3. 阿波罗尼奥斯：圆锥曲线论，希思（Heath）英译

4. 牛顿：自然哲学的数学原理，莫特（Motte）、卡加里（Cajori）英译

5. 爱因斯坦：狭义与广义相对论浅说（德英），罗森（Lawson）英译

6. 希尔伯特：几何基础 数学问题（德英），汤森德（Townsend）、纽苏（Newson）英译

7. 克莱因（Klein）：高观点下的初等数学：算术 代数 分析 几何，赫德里克（Hedrick）、诺布尔（Noble）英译

西方人文经典影印

01. 拉尔修：名哲言行录（希英对照）[待出]

02. 弗里曼（Freeman）英译：前苏格拉底哲学家残篇

03. 卢克莱修：物性论，芒罗（Munro）英译
爱比克泰德论说集，马可·奥勒留沉思录，乔治·朗（George Long）英译

04. 西塞罗：论老年 论友谊（拉英对照）[待出]

05. 塞涅卡：道德文集（拉英对照）[待出]

06. 波爱修：哲学的慰藉（拉英对照）[待出]

07. 蒙田随笔全集，科顿（Cotton）英译

08. 培根论说文集（英文）

09. 弥尔顿散文作品（英文）

10. 帕斯卡尔：思想录，特罗特（Trotter）英译

11. 斯宾诺莎：知性改进论 伦理学，埃尔维斯（Elwes）英译

12. 贝克莱：人类知识原理 三篇对话（英文）

13. 马基亚维利：君主论，马里奥特（Marriott）英译

14. 卢梭：社会契约论（法英），柯尔（Cole）英译

15. 洛克：政府论（下篇） 论宽容（英文）

16. 密尔：论自由 功利主义（英文）

17. 潘恩：常识 人的权利（英文）

18. 汉密尔顿、杰伊、麦迪逊：联邦论（英文）[待出]

19. 亚当·斯密：道德情操论（英文）[待出]

20. 亚当·斯密：国富论（英文）

21. 荷马：伊利亚特，蒲柏（Pope）英译

22. 荷马：奥德赛，蒲柏（Pope）英译

23. 古希腊神话（英文）[待出]

24. 古希腊戏剧九种（英文）

25. 维吉尔：埃涅阿斯纪，德莱顿（Dryden）英译

26. 但丁：神曲（英文）

27. 歌德：浮士德（德文）

28. 歌德：浮士德，拉撒姆（Latham）英译

29. 尼采：查拉图斯特拉如是说（德文）

30. 尼采：查拉图斯特拉如是说，康芒（Thomas Common）英译

31. 里尔克：给青年诗人的十封信 杜伊诺哀歌 致俄耳甫斯的十四行诗（德文）

32. 加缪：西西弗神话（法英），贾斯汀·奥布莱恩（Justin O'Brien）英译

33. 荷尔德林诗集（德文）

34. 普鲁塔克：希腊罗马名人传，德莱顿（Dryden）英译

唯识学丛书

01.周叔迦：唯识研究

02.唐大圆：唯识方便谈

03.慈　航：成唯识论讲话

04.法　舫：唯识史观及其哲学

05.吕澂唯识论著集

06.王恩洋唯识论著集

07.梅光羲唯识论著集

08.韩清净唯识论著集

09.王恩洋：摄论疏

10.王恩洋、周叔迦：唯识二十论注疏（二种）

11.王恩洋、周叔迦：因明入正理论释（二种）

12.无著、世亲等：唯识基本论典合集

13.太虚、欧阳竟无等：唯识义理论争集

14.王夫之、废名等：诸家论唯识

15.熊十力等：新唯识论（批评本）

16.太虚唯识论著精选集

17.唯识所依经三种合刊（藏要本影印）

18.唯识十支论·无著卷（藏要本影印）

19.唯识十支论·世亲卷（藏要本影印）

20.成唯识论（藏要本影印）

21.田光烈唯识论著集

22.欧阳竟无：唯识讲义

23.罗时宪：唯识方隅

24.倪梁康：八识规矩颂注译（二种）

25.杨廷福：玄奘年谱

26.金陵刻经处大事记长编（1864—1952）

27.成唯识论（金陵本影印）

禅解儒道丛书

1—2.憨山：老子道德经解　庄子内篇注

3—4.蕅益：四书蕅益解　周易禅解

5.杨仁山：经典发隐　　欧阳竟无：孔学杂著 [待重印]

6.马一浮：老子注　章太炎：齐物论释 [待重印]

7.张纯一：老子通释　阴符经真解

中国近现代哲学

01. 熊十力：新唯识论（批评本）

02. 胡　适：说儒

03. 马一浮：泰和宜山会语　法数钩玄

04. 汤用彤讲西方哲学

05. 国学到底是什么

06. 阳明心学得失论

07. 熊十力：心书　尊闻录

08. 王恩洋：新理学评论　儒学中兴论

09. 太虚讲国学哲学

10. 王国维哲学论著集

11. 章太炎文选

12. 梁启超：新民说

13. 谭嗣同：仁学

14. 鲁　迅：坟　热风

徐梵澄著译选集

1. 尼采自传（德译汉）　　2. 薄伽梵歌（梵译汉）

3. 玄理参同（英译汉）　　4. 陆王学述

5. 老子臆解　　　　｜　　6. 孙波：徐梵澄传

中国古代哲学典籍丛刊

1. 〔明〕王肯堂 证义，倪梁康、许伟 校证：成唯识论证义

2. 〔唐〕杨倞 注，〔日〕久保爱 增注，张觉 校正：荀子增注

3. 〔清〕郭庆藩 撰，黄钊 著：清本《庄子》校训析

4. 张纯一 著：墨子集解

西方汉学经典影印

1. 〔英〕修中诚（Hughes）译：古典时代的中国哲学（英文）

印度经典影印

1. 〔英〕策纳（Zaehner）译：印度圣典（吠陀 奥义书 薄伽梵歌，英文）

崇文学术译丛·西方哲学

01.〔英〕斯退士 著，鲍训吾 译：黑格尔哲学

02.〔英〕斯退士 著，庆泽彭 译：批评的希腊哲学史

03.〔法〕笛卡尔 著，关文运 译：哲学原理 方法论

04.〔德〕康德 著，关文运 译：实践理性批判

05.〔英〕休谟 著，周晓亮 译：人类理智研究

06.〔英〕休谟 著，周晓亮 译：道德原理研究

07.〔美〕迈克尔·哥文 著，周建漳 译：于思之际，何所发生

08.〔美〕迈克尔·哥文 著，周建漳 译：真理与存在

09.〔法〕梅洛-庞蒂 著，张尧均 译：可见者与不可见者[待出]

10.〔日〕慎改康之 著，叶晨阳 译：米歇尔·福柯：一种挣脱自我的哲学尝试

语言与文字

01.〔法〕梅耶 著，岑麒祥 译：历史语言学中的比较方法

02.〔美〕萨克斯 著，康慨 译：伟大的字母

03.〔法〕托里 著，曹莉 译：字母的科学与艺术

04.〔英〕麦克唐奈（Macdonell）：学生梵语语法

05.〔法〕迪罗塞乐（Duroiselle）：实用巴利语语法

06.〔美〕艾伦（Allen）、格里诺（Greenough）：拉丁语语法新编

07.〔英〕威廉斯（Williams）：梵英大词典

08.〔美〕刘易斯（Lewis）、肖特（Short）：拉英大词典

09.〔丹麦〕叶斯柏森（Jespersen）著：语法哲学

10.〔瑞士〕索绪尔（Saussure）著，〔美〕巴斯金（Baskin）译：普通语言学教程

武内义雄文集

1. 中国思想史　　2. 论语之研究
3. 老子原始　　　4. 中国学研究法

生命文化丛书

1. 谢　观：中国医学源流论

出品：崇文书局人文学术编辑部

联系：027-87679738，mwh902@163.com

我
思 ®

敢于运用你的理智